本书获得2016—2017年度上海交通大学课程教学改革研究项目
"使用国外教材配套系统中国经济案例的《经济学原理》教学研究"的支持（编号：035）

U0653857

中国经济发展案例分析

The Case Study of China's Economic Development

主　编　罗守贵

副主编　范纯增　陆蓓　潘小军　胥莉　黄丞

上海交通大学出版社
SHANGHAI JIAO TONG UNIVERSITY PRESS

内容提要

　　本书是为配套曼昆的《经济学原理》而编写的中国经济案例,每章配套1～2个案例,全书共收录了51个案例。案例材料来自现实中国经济发展中现实的热点问题或经典的历史事件及文献,作者为每个案例撰写了导读,并针对每个案例材料采用对应章节的经济理论进行分析。本书有两个重要特点:一是实践性,所选材料全部来自中国经济实践,大多数是近年来发生的热点事件,如共享单车、离婚买房、生育二胎、网红等;二是针对性,每个案例对应《经济学原理》的一个知识点,并运用该知识点进行经济理论剖析。本书内容适合经济学或管理学专业同学学习《经济学原理》课程参考,也适合对经济学感兴趣的读者自学经济学时阅读。

图书在版编目(CIP)数据

中国经济发展案例分析/ 罗守贵主编. —上海:
上海交通大学出版社,2018 (2020 重印)
ISBN 978 - 7 - 313 - 19263 - 9

Ⅰ. ①中… Ⅱ. ①罗… Ⅲ. ①中国经济—经济发展—
案例 Ⅳ. ①F124

中国版本图书馆 CIP 数据核字(2018)第 076613 号

中国经济发展案例分析

主　　编：罗守贵
出版发行 上海交通大学出版社 　　　　地　　址：上海市番禺路 951 号
邮政编码：200030 　　　　电　　话：021 - 64071208
印　　制：当纳利(上海)信息技术有限公司 　　　　经　　销：全国新华书店
开　　本：787 mm×1092 mm　1/16 　　　　印　　张：13.5
字　　数：275 千字
版　　次：2018 年 7 月第 1 版 　　　　印　　次：2020 年 1 月第 2 次印刷
书　　号：ISBN 978 - 7 - 313 - 19263 - 9
定　　价：56.00 元

前　言

　　与其他社会科学不同,改革开放以来,中国国内高校的经济学教学普遍采用国外经典的经济学原版教材或其中译本,这对中国大学生系统掌握西方经济学理论并与国际经济学界紧密接轨大有好处。上海交通大学安泰经济与管理学院多年来一直采用曼昆的《经济学原理》作为经济学与管理学专业大学一年级的基础课教材,效果也比较好。但我们承担经济学原理教学任务的教师一直有一个遗憾,就是国外经济学教材中的案例几乎全是西方的。这对大学一年级的中国学生来说,非常不利于他们结合中国经济发展的现实问题理解经济学原理;反之,也不利于他们运用经济学原理分析和解决中国的现实经济问题。在这种情况下,我们经济学原理课程组一直打算编写一套与西方经济学配套的中国案例。

　　非常幸运的是,2016 年,我们的这个设想得到了上海交通大学课程教学改革项目的支持。学校和学院非常支持我们的案例编写工作,不仅给予经费支持,而且通过中期评估组织专家对项目提出了许多建设性和指导性的意见,对案例的选取和分析起到了非常重要的作用。

　　在整个案例编写的过程中,课程组全体教师和助教充分发挥了他们的聪明才智和主观能动性,年轻的学者们敏锐地捕捉这个时代中国经济的脉搏,并给出了富有才华的解析。其中既有诸如生二胎、离婚买房、“双十一”狂欢等特定阶段的特殊现象,又有诸如高速公路免费、延迟退休等社会关注的热点问题,还有诸如网红、专车、共享单车、比特币等极其新鲜的事物。

　　全书共包括 51 个案例,每个案例包括三部分:一是案例导读,概述该案例针对的是本部分教学内容中的哪些知识点,引导学生阅读案例时带着问题思考;二是案例分析,针对所选中国经济材料运用本部分知识点进行剖析;三是选取的分析背景材料。其中的背景材料绝大部分来自近年来媒体报道的中国经济发展中的热点问题,少部分来自中国历史上的经典事件或文献,总之完全是中国的事情。

　　值得一提的是,本书作为经济学教改项目的成果之一,并不是为了编写案例而编写,我们的目的是通过这些配套案例启发学生运用西方经济学理论思考具有中国特色的经济问题。案例编写后,课程组按照教学进度逐篇发给授课班级的同学学习,并采取科学的方法检验学习效果。这种安排不仅深受同学们的欢迎,还调动了他们的积极性,许多同学也加入到案例编写的工作中来。所以,本书中的部分案例是吸收了同学们的案例习作材料并修改后形成的。

需要感谢的是参与本书编写的九位博士生助教,他们是栾强、张珺涵、文俊涵、周仕盈、张翕、刘通、何东伟、范娇娇、梅奕欣,他们的经济学才华和创造性的劳动构成了本书重要的基础。

还需要感谢的是安泰经济与管理学院的唐宁玉副院长与教务办的张晓丽主任、康聪娟老师,他们对案例的编写和整个教改项目的进行给予了极大的支持。

因为本书中选取的分析背景材料来自各种媒体,无法一一联系作者,如有不当引用之处,请与我联系:maozhu@sjtu.edu.cn。

罗守贵

2018 年 1 月 25 日于上海交通大学

目　录

第一篇

市场如何运行

案例 1　不战而屈人之兵：供求的力量

导读：供给与需求构成了博弈的双方，由此产生的市场力量往往可以提高经济效率，增进社会福利。同时，运用得好的话，还能够在国家外交甚至战争中达到事半功倍的效果。本文在《管子·轻重篇》中讲到的"衡山之谋"这一典型的经济战争的基础上进行演绎，以期可以映衬供求力量的奇妙和伟大。

"老管！老管！"

管仲刚吃了一碗黄羊肉，还没来得及擦嘴巴就听见了小白的脚步声：咯噔咯噔。全齐国也就他跑得最有节奏。

"大王进膳了没？要不要来串羊腰？"管仲客气地说道。

"不用了，不用了。谈正事。寡人这两天都着急上火了。"几日不见，齐桓公的发际线果然又高了半寸。"你听说了吗？楚国又给衡山国送礼了。一头大金牛，上面还坐着两个美女。衡山国这块大肥肉，还长在我们齐国脚底下。要是给楚国吃掉了，我们就危险了。寡人想派熊琼出战了，车五千乘，带甲十万，速战速决。尤其要把衡山国科学院那帮老头搞到手，不然我们在军械武器上就先落下风了，听说他们已经把燧人氏传下来的《木经》研究透了，高水平论文发了一大摞，接下来就是造战车了。"

"大王稍安勿躁。隰朋刚出访回来了，您没召见他吗？"

"是吗？寡人这两天一直在跟熊琼商议出兵的事情，刚回来，还没来得及找他叙叙旧呢。先说衡山国的事情吧，此事刻不容缓。"

"大王，上个月张教授的经济学原理课您不是去听了吗？正好讲到了供求的市场力量。我可是受益颇多。您就没点想法？"

"哎呀，惭愧。晚上批奏折太累，课上寡人都做梦去了。难道说，供求的力量能解决衡山国的问题？"

"当然。张教授可是在甲类权威期刊《子曰知乎》上发过百十篇论文的大学者。听完上个月的课，我就盘算着衡山国的问题有眉目了。隰朋调研列国民情后带回来的消息又坚定了我的信念。"

"真的吗？先生真是我齐国之幸啊！愿闻其详。"

"您也知道，我从张教授那里总结的轻重理论，比教材论文通俗易懂多了。简单点讲：假如衡山国忽然变得入不敷出、食不果腹、青黄不接，我们再去慰问一下，您觉得衡山国的最优决策将会是什么呢?"

"这个呀,当然是举国归顺我大齐咯。想我两国世代交好,衡山国也应该知道跟我们混是能吃香喝辣的。"

"这就对啦。大王您就听我的吧。我这里有一计,可以不战而屈人之兵,既保存了实力,又到手了肥肉。关键就是利用这供求的力量。现在衡山国是物阜民丰,而且产业结构也极其合理,农业繁荣,工业发达,贸易兴盛。但是,隰朋带回来的信息是,衡山国的国民整体上都有两大特点:一是急功近利,二是刚愎自用。这在我们民风淳朴的齐国可是很少见的。我的办法,简单点讲,就是利用衡山国国民的弱点来打垮他们的产业,然后我们坐收渔翁之利即可。"

桓公眼前一亮,仿佛闪过了一丝念头:"先生请继续讲下去。"

"就是用我之前跟您讲过的'谷贵则万物必贱,谷贱则万物必贵'的道理。大王您下午就可以派隰朋出发了,让他带一队商人,车载金银珠宝玉璧无数,就到衡山国去买武器。人家要多少钱就给多少钱,也甭管是不是款式精美、用着顺手,全部加钱买,买贵不买贱。"

"金钱,我们齐国是不缺的。可是,我们也不需要这么多武器呀!去年采购的那一批,用着还好好的呢。"

"大王,这只是我计划的第一步,让短视的衡山国国民全部投身到武器制造行业,那他们的田地不就会荒芜了吗?"

"道理确实是这么回事,可是单凭我们载几车金银去,好像也起不到这么大的作用吧?"

"是的,大王,单凭我们一国的力量,这个需求确实是不太够。但是,我们的大量采购能够起到杠杆效果。您也说过,衡山国是块大肥肉,其实我们自己又何尝不是肥肉?秦国、赵国、宋国,哪一个不是肥肉?我们不光要买,而且要大张旗鼓地买。您想啊,其他国家会采取什么样的行动呢?难道他们不害怕吗?"

"原来如此,先生。寡人好像明白您的意思了。而且,隐约也记起张教授上课讲的内容了。我们大批购进衡山国的武器,燕、代、秦、赵等国也肯定会以为我们实力猛增,必有兵临城下之忧。士兵是不能从土里长出来的,那他们唯一能做的也就是同样去衡山国大批购买武器。如此,对衡山国所造武器的需求肯定会大幅增加,而他们的劳动人口也不过几万,在这样供给有限的情况下,武器的价格肯定会大幅涨价。而且,这种恶性竞争必然还会以网络病毒的形式散播出去,导致全天下都会去争相购买衡山国的武器。如此下去,将会进一步大大增加衡山国武器的需求,最终必然导致武器价格飞涨,起码几十倍吧!先生您实在是太厉害了!"桓公长吁一口气,笑容满面。但旋即眉现愁云:"但是,先生,这样的话我们也会有个大问题:掏空了国库,买了一堆根本用不完的武器呀!这可如何是好?"

"大王,您还记得前年齐西灾荒,粮价飞涨,我给您出了什么计策吗?"

"当然记得！寡人至今都激动不已。将国库存粮的三分之二抛售到市场上，既平抑了物价，又赢得了民心，还大赚了一笔，十足精彩的一石三鸟之计呐。"

"是的。所以，这一招我们还能继续用。在隰朋大量采购武器的同时，其他国家也必然会蜂拥而至，这时候我们再派一批商人，乔装打扮成衡山国国民，然后倒手把我们刚买来的武器卖掉。如此，岂不是就能十车金银去，百车珠宝归了吗？再加上完成击垮衡山国经济结构的目标，又可以一箭双雕啦。"

桓公听完，乐得合不拢嘴："好，好，太好了。寡人这就回去找隰朋。"

隰朋刚盛了一碗粥，还没来得及吃就被桓公召进宫了。不到半炷香的时间，君臣就把凑钱出人的事合计好了。下午，隰朋就带着金银珠宝和一队人马去了衡山国，而且路上极其张扬，逢店必进，逢人必讲，搞得齐国去衡山国大批采购武器的事无人不知。到了衡山国以后，齐国商人见武器就买，不管多少钱，有多少买多少。

这样过了有 10 个月的样子，燕王和代王也都坐不住了："小白啊小白，你这是要搞大事情啊！"于是，两国都派了一大批人去衡山国买武器，看到就买，不管贵贱。这样再过了 3 个月，3 个国家争相购买衡山国武器的事情也都传到了秦王的耳朵里。于是，秦王也派了一大批人去衡山国买武器，犹如疯抢。

衡山国国君知道自己国家生产的武器如此受欢迎以后，还以为都是大力提高研发经费支出的功劳，毕竟科学院发的论文他也听说过一些。懂没懂是一码事，反正"不明觉厉"。于是，衡山国国君召见心腹宰相："果然是科学院院士们不辱使命啊，把《木经》都付诸实践了。你看看，全天下都在争着抢着来买我们衡山国生产的武器。传令下去，全国的武器出售价格再提高 10 倍。这一票一定得赚个盆满钵满。"君臣二人喜笑颜开，宰相也屁颠屁颠地传令去了。

这时，衡山国国民的表现果然如管仲所料，全部丢弃了农具，荒废了田地，一头扎进武器的制造生产当中。这可是千载难逢的机会，土地虽然荒了，但是钱赚得更多了，国内不产粮食，去齐国买不就得了吗？与此同时，管仲的计划也在顺利进行着。首先，齐国把过量购买的武器以超过进货价 20 倍的价格卖出，赚了一大笔。接下来，桓公让隰朋到赵国的国际粮食市场上去购买粮食。赵国出价 15 钱买一石粮食，隰朋就抬价到 50 钱一石来收购粮食。各国的商人听说后，全都把粮食运送到齐国出售。如此，齐国武器也买足了，金钱也赚满了，粮食也充盈了，击溃衡山国的目的也快要达到了。

在齐国大批购进衡山国武器 17 个月后，同时也是齐国高价收购粮食 5 个月后，管仲使出了致命一击：与衡山国绝交，切断所有贸易。燕国、代国、秦国以及赵国等国家看到这架势，也就明白了齐国之前只是装装样子，短期内并没有挑起战争的意思。于是也各回各家，不再购买军械了。

这时候我们再拉近镜头，看一看一年前还歌舞升平的衡山国：土地一片荒芜，先前生产的武器也全都换成了金钱，GDP 增速趋零，失业率猛增。鲁国看准了时机，侵占了衡山国南面的国土。齐国更是长驱直入,占领了衡山国的北部。衡山国国君看到自己吃没得吃,打没得打,权衡之后,索性举国归顺了齐国。

（案例作者：罗守贵　栾强）

相关材料

《管子轻重》选段①

　　桓公问于管子曰:"吾欲制衡山之术,为之奈何?"管子对曰:"公其令人贵买衡山之械器而卖之。燕、代必从公而买之,秦、赵闻之,必与公争之。衡山之械器必倍其贾,天下争之,衡山械器必什倍以上。"公曰:"诺。"因令人之衡山求买械器,不敢辩其贵贾。齐修械器于衡山十月,燕、代闻之,果令人之衡山求买械器,燕、代修三月,秦国闻之,果令人之衡山求买械器。衡山之君告其相曰,"天下争吾械器,令其贾再什以上。"衡山之民释其本,修械器之巧。齐即令隰朋漕粟于赵。赵粜十五,隰朋取之石五十。天下闻之,载粟而之齐。齐修械器十七月,修粜五月,即闭关不与衡山通使。燕、代、秦、赵即引其使而归。衡山械器尽,鲁削衡山之南,齐削衡山之北。内自量无械器以应二敌,即奉国而归齐矣。

---

①　资料来源:刘向,《管子通释》,西苑出版社,2016年4月第1版。

案例 2　商品价格定得越高越畅销表明需求定理是错误的吗?

导读: 随着社会经济的发展,人们的消费会随着收入的增加而逐步由追求数量和质量过渡到追求品位和格调。了解了"凡勃伦效应",我们就可以利用它来探索新的经营策略。比如凭借媒体的宣传,将自己的形象转化为商品或服务上的声誉,使商品附带上一种高层次的形象,给人以"名贵"和"超凡脱俗"的印象,从而提升消费者对商品的好感,但这并不能否定需求定理的正确性。

2007 年 7 月,来自日本新潟县产的"越光"大米 40 吨和宫城县产的"一见钟情"大米 10 吨,以每袋(2 公斤)198 元和每袋(2 公斤)188 元(分别折合每公斤 99 元和 94 元)的价格,很快在北京和上海销售一空。而且,每袋 198 元的大米比每袋 188 元的大米卖得更快。这些大米的价格是一些中国产大米价格的 25 倍之多,被媒体称为"天价"大米。而在日本,同样品种的大米,每袋(2 公斤)的售价约合人民币 60~70 元。

无独有偶,我们经常在生活中看到这样的情景:款式、皮质差不多的一双皮鞋,在普通的鞋店卖 80 元,进入大商场的柜台,就要卖到几百元,却总有人愿意买。1.66 万元的眼镜架、6.88 万元的纪念表、168 万元的顶级钢琴,这些近乎"天价"的商品,往往也能在市场上走俏。

经济学的基本规律表明:在其他条件不变的情况下,价格和需求量呈反比,也就是说同样一种东西,价格升高的时候销量会变低,价格下降的时候销量会变高。这一规律被称为"需求定理",这里的"其他条件不变"是需求定理成立的条件。但上述"越光"大米、"一见钟情"大米、高价眼镜、高价纪念表、顶级钢琴等的需求,已经超出了需求定理存在所必需的"其他条件不变"的基础。需求定理中其他条件是假设消费是为了获得直接的物质满足和享受,而上述消费更大程度上是一种高端消费,多为富人群体的一个选择项,是为了获得心理上的满足,是为了得到更多更好的体验及享受,呈现为需求定律之外的特例,即一些商品价格定得越高,就越能受到消费者的青睐。这种消费也被称为"挥霍消费",这种商品价格定得越高越能畅销的现象则被称为"凡勃伦效应"。

凡勃伦效应最早由美国经济学家凡勃伦提出,指消费者对一种商品需求的程度因其标价较高而不是较低而增加,它反映了人们进行挥霍性消费的心理愿望。因此,凡勃伦效应并没有反证需求定理是错误的,而是进一步说明了需求定理成立的条件性。当然,凡勃伦效应也告诉我们,高端消费人群影响并带动消费行为,也可以理解为领袖的意见导向。即商品价格下降,有的消费者会认为是该商品品质滑落,或将之视为其独占性的丧失,进而停止再购买该商品。它可以给我们一个启示:价值的转换在消费者从数量、质量购买阶段过渡到感性购买阶段时,就成为可能。当感性消费成为一种时尚,当消费者有能力进行这种感性购买时,"凡勃伦效应"就可以被有效地转化为提高市场份额的营销策略。

(案例作者:范纯增　高飞雪)

相关资料

日本天价大米再次登陆中国　价格近日本国内 3 倍[①]

　　2007 年,日本天价大米畅销北京、上海,引起轰动,2008 年初,在广州上市了由日本运来的第二批 50 吨大米。这批大米品种与第一批一样,包括 40 吨新潟县产的"越光"和 10 吨宫城县产的"一见钟情",价格不变,分别是每袋(2 公斤)198 元和每袋(2 公斤)188 元。这是 2007 年 12 月中日两国政府决定追加的 150 吨日本大米中的一部分。

　　日本大米为何在中国卖得如此天价? 泽濑正明是日本农林水产省综合食料局食粮部食粮贸易课课长辅佐,负责粮食贸易方面的事务,他一直关注着日本大米在中国的销售状况。半年前,日本恢复对华出口大米,第一批 24 吨大米同时在北京、上海的少数商场销售,两地分别都是 12 吨。很快,这批大米就脱销了,这超出了泽濑正明的预期。去年 7 月底上市,北京在去年 8 月中旬就卖光了,上海在 9 月份也没货了。

　　这批迅速脱销的日本大米的价格并不普通,它的品种是日本新潟县产的"越光"和宫城县产的"一见钟情"大米。"越光"大米零售价为每袋 2 公斤 198 元,"一见钟情"大米为每袋 2 公斤 188 元,分别折合每公斤 99 元和 94 元。和一些中国产的大米相比,其价格是中国大米价格的 25 倍之多,媒体称之为"天价"大米。在销售的第一天,北京、上海两地各售出日本大米 300 袋和 500 袋。

　　第一批大米销售的反馈让泽濑正明吃了一惊,第一是卖得快,第二是卖得贵,这都超过了他们的意料。每袋 198 元的大米比每袋 188 元的卖得更快,在日本,居民们通常购买价格低廉的普通大米,而到了中国,日本天价大米却如此畅销,显然得益于中国出现的高消费群体。一次性购买 20 袋、30 袋的顾客比较多,有些大公司为答谢他们的客户,把这些大米作为礼品馈赠;有些机构为奖励员工,购买大米作为奖品。此外,一些富裕阶层购买得也比较多。

　　中粮集团是日本进口大米的独家代理,他们表示日本进口大米的主要定位是中国国内以大米为主食的大城市高端消费者,零售价是在综合了日本的成本价、运费、关税及风

---

　　① 资料来源:《广州日报》,2008 年 2 月 19 日。

险因素等基础上制定的。

在国内销售的大米主要包含了关税和运输成本，运输费用比关税还高，关税才1%，而运输费用大约占5%～10%。"越光"和"一见钟情"大米在中国的售价，比日本国内贵了很多，是日本国内售价的2～3倍。在日本，同样品种的大米，每袋2公斤的售价，约合60～70元人民币。

此外，它们在中国香港的售价，也比在中国内地便宜。同样类型的大米，在香港每公斤的售价约合65元人民币。然而在中国内地，1公斤居然卖到了99元，比香港卖得贵颇让人意外。（有删节）

案例 3 茅台酒限供的背后——供给与需求的市场力量

导读：供给与需求是使市场经济运行的力量，供给与需求间的博弈决定了每种物品的产量及其出售的价格，从而配置市场中的稀缺资源。合理地运用供给与需求间的关系，能够有利于企业配置资源，赢得利润。2016 年 12 月 6 日，茅台公司下发的暂停 43 度茅台酒开票以及 15 年陈酒大单审批的限供文件，其用意是利用供给与需求的关系，以市场的力量来调控茅台酒的价格。

2016 年 12 月 6 日，国酒茅台（贵州仁怀）营销有限公司下发《关于近期业务办理的通知》，表示："鉴于近期市场需求增加，公司物流配送紧张，为加强业务办理和物流配送服务，保障节前市场需求，明确通知，由于 43 度茅台酒基酒供应不足，特暂停 43 度茅台酒开票。同时，由于 15 年陈年酒包装材料生产缓慢，暂停 15 年陈酒大单审批。对每家经销合同实行限量批售。"

上述文件显示，茅台公司暂停 43 度茅台酒开票和 15 年陈酒大单审批的原因是"基酒不足""包装材料生产缓慢"，然而是果真如此还是另有战略？这项举措又会对普通大众和茅台公司造成什么影响？这些都需要我们从市场中的供求关系来考虑。

在市场中，需求定理告诉我们：在其他条件不变时，一种物品的价格上升，对该物品的需求量减少，反之亦然。供给定理是指在其他条件不变时，一种物品价格上升，该物品的供给量增加，反之亦然。由此可以知道，物品的需求量和供给量受到物品价格的影响。而供给与需求的改变反过来也会影响价格。当生产者的供给发生变化时，供给曲线将会向左或右移动，需求曲线也是如此，从而改变了物品的均衡价格和均衡数量。而茅台的限供政策也远远没有基酒不足、包装材料生产问题那么简单，其背后是明显的供求关系原理和市场的调节机制在起作用。茅台的限供使其白酒的供给量减少，供给曲线向左移动，即使需求没有变化，也会导致白酒均衡价格升高。所以说，茅台公司目前的限供政策，是在茅台酒需求旺盛的大前提下，减少供给量，这自然是一种饥饿营销，从而为后期茅台酒价的提高做了准备。

茅台价格持续攀升，究其原因有二：一是随着当前消费水平的提高，茅台的实际需求量与实际消费率明显提升；二是经过近几年的调整，经济形势出现较大改观，未来茅台酒的销量也将进一步增加。"2017 年茅台酒公司将继续放量稳价抢占市场，在茅台市场价格上会继续坚持市场配置资源的决定性作用,同时促进经销商效益的合理回归,不期望暴利,不追求暴利。"上述文字更进一步表明,茅台公司进行限购令的举措是有用意的,即通过供给与需求间的博弈,稳步提高茅台酒的价格,使其在市场上的地位更加稳固,品质和档次都得以进一步提升。

其实不止茅台公司,早在茅台之前,泸州老窖等知名酒业也发布了停货通知。除此之外,多个酒业也对线上销售进行了控制。如在"双十一"期间,进行促销宣传的名酒少之又少,这是因为网上出售的白酒价格大都过于便宜,对线下的销售进行了冲击,同时也不利于名酒高端品牌的定位。

总的来说,茅台公司进行白酒限购,是为了减少白酒的供给,从而提高白酒的价格,通过供需之间的博弈与平衡,使茅台酒的价位定在一个对茅台公司来说满意的位置,当然,这些都是由市场这只"看不见的手"进行调控,从而对市场资源进行更好的配置。

(案例作者:范纯增 王艺璇)

相关材料

年底各大白酒企业出大招,中高端两产品限供[①]

2016年末,为了冲刺业绩,各大白酒企业纷纷采取限供措施。12月6日,茅台下发的文件中显示,鉴于近期市场需求增加,公司物流配送紧张,为加强业务办理和物流配送服务,保障节前市场需求,明确通知,由于43度茅台酒基酒供应不足,特暂停43度茅台酒开票。同时,由于15年陈年酒包装材料生产缓慢,暂停15年陈年酒大单审批。除了上述对43度茅台和15年陈年酒两个产品停供的核心内容之外,茅台还要求经销商合同计划严格按月执行,要求各经销商按照审核后的订单汇款。

临近春节,市场对于茅台酒的需求不断上涨,对于茅台酒市场行情的持续看涨,在茅台价格的管控上,要用市场调节的手段而不是单纯地用类似于行政的手段来干预市场价格。不只是茅台,进入年末,不少白酒品牌的年度销售任务已经完成在望,行业的整体向暖带来了优异的业绩表现,也让企业有了停货涨价的底气,越来越多的品牌加入了停供的行列。

11月7日,泸州老窖发布了《关于老字号特曲停货的通知》,决定"即日起,停止接收老字号特曲销售订单,并停止老字号特曲产品发货"。随后,另一家知名酒企古井贡酒也于11月11日发布了一份《关于年份原浆省内献礼版、省外古井贡酒5年原浆、全国古井贡酒8年原浆不再接受订单的通知》,声明自即日起对年份原浆省内献礼版、省外古井贡酒5年原浆、全国古井贡酒8年原浆停止新订单开票。

---

① 资料来源:《华夏时报》,2016年12月10日。

但这已不是两家酒企年内第一次发布停货通知,今年9月26日,泸州老窖就曾宣布停止旗下的国窖1573经典装的订单接收及发货,同时不再接收百年泸州老窖窖龄酒30年、60年常规装销售订单,停止了百年泸州老窖30年、60年常规装产品发布。古井贡酒也在10月17日下发过关于省外市场年份原浆古5、古8四季度暂停供货的通知。除了上述酒企的品牌之外,洋河旗下的梦之蓝以及五粮液集团的水晶瓶五粮液也均已宣布停止供货。

有些酒企采取了对线上线下两个渠道双管齐下的限制措施。从刚刚过去的"双十一"购物节也可以看出,酒类的促销很少,尤其以往被用来当作吸引流量利器的茅台,促销更是少之又少。

实际上,在"双十一"来临之前,茅台就发布了名为《关于"双十一"期间的温馨提示》的文件,强调2016年公司与酒仙网、中酒网、购酒网、我买网、1919网等电子商务平台没有业务合作关系。而在以往,电商渠道往往推出低价茅台,当作吸引顾客的招牌,多个电商平台都曾出现过700元以下的价格,今年随着行业的整体复苏,虽然茅台819元的出厂价未变,但零售价格却早已一飞冲天,不少地区茅台一批价就已经超过千元。这种情况下,为了避免市场价格体系受到冲击,茅台冷对电商渠道也就显得理所当然了。

对于停止供货原因的解释,泸州老窖表示是为了进一步稳固老字号特曲的价格体系,保障各经销客户及各渠道环节的利润。古井贡酒也表示停供旨在实现控货、保价。而据了解,这些停止供货的产品均已提前完成全年任务目标,因此有业内人士分析,酒企敢于停供的直接基础,还是来自于优异的市场表现。(有删节)

案例 4　为什么人们不愿生二胎?

导读：从 2016 年 1 月 1 日起,中国实行了近 40 年的独生子女政策正式宣告终结,迎来全面二孩时代。全面二孩政策意在减缓人口老龄化压力,增加劳动力供给,为中华民族的复兴注入源源不断的动力。尽管各种生育鼓励政策频出,但是从数据上来看,国人生二胎的意愿并不高,预想中的生育高峰并没有如期到来。经济收入提高会导致生育孩子的需求增加,但是养孩子的机会成本也在增加。此外,经济的发展使孩子的"用途"持续减小,从而导致新生儿数量低于政府预期。

为防止人口过快增长,1980 年起我国将计划生育政策定为基本国策,规定:一般情况下一对夫妇只能生育一个子女。计划生育政策有效地控制了我国的人口增长,避免了大约 4 亿人口的出生。我国的人口出生率由 1970 年的 33.4‰下降到 2012 年的 12.1‰,人口自然增长率由 1970 年的 25.8‰下降到 2012 年的 4.95‰,大约是世界平均水平的一半。计划生育政策还有效缓解了人口对资源和环境的压力,其倡导的优生优育为子孙后代的良性发展创造了有利条件。

与此同时,计划生育也显现出一系列的负面效应:人口老龄化加速,未富先老的问题十分严重;偏爱男孩的传统观念导致一些孕妇将女胎流产,人口性别比例失调;年轻人口不足导致青壮年劳动力缺失;独生子女的社会适应性较差……基于国情,我国从 2011 年起对生育政策进行了一系列的调整和放松:同年 11 月,中国各地全面实施"双独二孩"政策;2013 年 12 月,实施"单独二孩"政策;2016 年 1 月 1 日起,实施"全面二孩"政策。二孩政策对于想要多个子女的夫妇来说无疑是一个好消息。但与预期不同的是,一年多过去了,大规模的"婴儿潮"并没有出现。许多夫妇坚持只生一个,放弃生二胎的机会,甚至不愿要孩子的也大有人在。这个现象不仅出现在中国,其他没有实行过计划生育的国家也是如此。尤其像瑞典、日本这样的发达国家,即使政府的政策鼓励多生多育,人口仍然维持着多年的负增长。由此可见,鼓励生育政策不是在每个国家都有明显的实施效果。

网上调查显示,不想生两个孩子的原因有许多:部分有生育意愿的人因为年龄偏大,担心生育风险大而放弃生育;有的家庭生活态度发生变化,更注重生活质量,而不是抚养下一代的责任,担心生了二孩后生活质量会下降,不想生;更多的是因为生育成本、生活成本等太高,生活压力太大,有意愿生却没能力抚养。从经济学角度来分析,假设孩子是物品,根据它与经济收入的关系,如果收入越高,需求量越大,这是"收入效应";同时,收入越高的女性,生育小孩的机会成本就越高,生育会减少,这是"替代效应"。如果替代效应大于收入效应,人们就会选择少生或者不生孩子。事实上,收入高的发达国家,生育率普遍偏低。此外,经济的发展使孩子的"用途"持续减小,传统的观念已不适用于今天的社会。

在原始社会中,生育是非常重要的一环。它的作用就是延续血脉,增加劳动力,从而使生存变得更有竞争力。因此,生育孩子的多少成为衡量母亲好坏的指标。迈入农业社会后,人们对于孩子的高需求主要源于传统农业家庭的三个职能:组织生产、养老和互相保险。多生育子女带来的是更加充沛的劳动力和更稳定的继承机制。这有助于家庭创造更多财富,使每个成员过得更好。同时通过扩大家族体系,某种程度上也提升了社会地位。父母抚养孩子,孩子长大后反过来照顾不再有生产能力的父母。更多的子女意味着每个子女养老的负担更轻,使他们在养老反哺的同时能够从事自己的生产活动。一个家庭的成员越多,某种意义上分摊到每个成员身上的风险就越低。拿最简单的继承来说,若有孩子去世、生病,其他的兄弟姐妹可以弥补,继承财产,延续血脉。尤其在医疗和社会保障不足的小农经济时代,一个孩子早夭的可能性是非常大的,因此需要较多数量的孩子来分摊风险。

在现代城市社会中,家庭的职能发生了某种程度的改变,人们对孩子的需求减少了。工业革命后,家庭作为社会生产中心的地位逐渐减弱,一个工厂就可以实现成百上千人的共同生产。生育一个孩子增加的不再是家庭的劳动力,而是社会的劳动力。这对家庭本身来说,生育的激励就不再强烈。家庭从一个生产单位转变成了一个仅仅由亲情维系的有血缘关系的集合,这种情况下过多的孩子反而变得没有意义。当今社会,金融产品和财产存储帮助人们实现了"自我赡养"。人们可以进行多元化投资——储蓄、股票、债券、房产等,在年老缺乏资金收入时生活费用可以得到保障。同时,社会也提供了各种保险产品和社会福利。在自我养老能够实现的情况下,多生育孩子也就失去了它的养老意义。例如在生育率极低的日本,医疗保健系统覆盖所有国民,且规定所有医院必须是非营利性质,对40岁以上公民实行完全免费的预防诊断、健康检查和治疗。极高的医疗保障使得公民们几乎不需要担心自己的健康问题。至少在自己陷入病痛时,可以靠国家的社会保障,对于孩子反哺照顾的需求不再那么强烈。再比如世界最早进入负人口增长阶段的国家之一的瑞典,所有20岁以上的失业者可以领取320瑞典克朗的基本失业保险金。自愿失业保险职工可以参加全国36个失业基金,如果失业,在头200天里,可以领取过去12个月平均工资的80%。在这种极高的社会福利保障制度下,人们内心就有了"即使没有孩子也能自己养活自己"的想法。孩子的"用途"与原始社会和传统农业社会相比被弱化。生育孩子更多地变成了一种亲情的行为——看着孩子慢慢长大,内心得到幸福和满足。

与此同时,生育孩子的成本也是节节攀升,养育孩子的成本占家庭总支出的30%以上,有的家庭甚至达到50%。2017年2月央视财经《消费主张》栏目组走访了北京、上海、深圳、成都四个城市,选择了四个家庭计算生二孩的成本。北京夫妇称养到7岁幼儿园毕业要 260 万元,上海夫妇称两个孩子上学等每年开支合计 25 万元,深圳夫妇称从生孩子到中学毕业总计 54 万元。在当今的中国,家庭养育模式更加趋向于重质量。很多人生育时考虑更多的是:有没有能力让孩子的个人价值实现最大化。家长不但要给孩子最好的衣食住行的生存条件,还要让孩子上最好的学校,接受最优质的教育,甚至要"一掷千金"送孩子出国深造。父母为新婚子女买房早已屡见不鲜,房价如此之高,经济压力可想而知。多生育一个孩子意味着高昂的花费要翻倍,人们不愿多生的决定也就不奇怪了。

除了高昂的显性成本外,养育二孩还面临着许多隐性成本。多养一个孩子,父母们不可避免地要牺牲更多的时间、兴趣、甚至自己的事业,尤其母亲的牺牲更为普遍。如今一般女性生育孩子的年龄是 28 岁至 35 岁,该年龄正处于非常关键的事业上升期。母亲因怀孕、生育、抚养子女花费的时间减少了其工资性收入和晋升机会。中国职场上还存在着"婚育歧视"的现象,一些公司倾向于招聘已经婚育的女员工。结果就是,生一胎尚且要犹豫,生二胎就更不敢想了。

全面二孩政策无论对家庭还是对社会发展都有很大益处,但如果政府没有对生育成本进行有力支持,女性的地位和工作条件得不到有效改善,大多数夫妻对于生二胎的选择会越来越慎重。

（案例作者：陆蓓　王陶然）

相关材料

中国放宽"二胎政策"①

曾几何时,"只生一个好"是家喻户晓的计生标语。如今,中国将放松饱受争议的"一孩化"政策,夫妇可生育两个孩子,这是一个"关键的决定"。

市场对中国开放"单独二胎"的反应直截了当,逢婴必买。政策一出台,投资者便蜂拥至各类婴儿用品产业,奶粉生产商雅士利在香港的股价升了接近 12％,婴儿床制造商好孩子国际集团则升了 6％。婴儿用品、医药医疗热涨的同时,生产避孕套的人福医药集团股份公司股票却遭遇冷缩,从 15 日的顶点每股 26.23 元人民币的位置一路跌宕往下,18 日一度降至每股 25.15 元,收市报每股 25.58 元。

中国目前面临的最艰巨的问题是如何遏制因 30 多年的计划生育政策而导致的人口老龄化现象。人口政策的放松主要是出于经济的考量,因为当局已经开始担心未来 20年、甚至更早就可能出现的劳动力匮乏的问题。

尽管中国 30 多年来首次放松有争议的一胎政策,但是别预期中国会出现新的婴儿潮。很多夫妻还是选择只生一个,年轻人的生育愿望发生了变化。生育政策虽呈逐步放

① 资料来源:《参考消息》锐参考 035 期,2013 年 11 月 22 日。

开的趋势,但因"有人养不起孩子",中国的人口增势并不会发生明显变化。在中国,生存成本与极速增长的经济一样快速上涨,一些中国人表示:由于经济压力,即使政府允许,他们也不想要第二个孩子。

30多年来,随着束缚解开,个人价值被重视甚至是过度重视。很多人生育时考虑得更多的是:有没有能力让孩子的个人价值实现最大化。在这种观念的引导下,养孩子就意味着要付出巨大的成本,父母们也不可避免地要牺牲时间、兴趣甚至自己的事业,或许还会降低生活品质。一旦有人认为这种牺牲让自己的人生价值受损过多时,那"怕生"自然成为一种"自救"的手段。

当应对人口减少所带来的养老问题、人口红利危机时,放开人口政策并非解决问题的全案,还应从提升生存发展环境的"软实力"着手,降低"生养成本",提高"幸福感"。(有删节)

案例 5　上海离婚买房者挤爆民政局现象分析

导读：不断上涨的房价，让人们对房子的心态变得扭曲。"假离婚"成为当下购房手法中最投机的方法。2016 年 8 月 29 日上海离婚买房者挤爆民政局意味着什么？意味着离婚者可以买两套首套房，意味着离婚者可能享受更低的契税，意味着离婚者可以以经济上最小的成本获得两套住房。当然天下没有免费的午饭，获利是以所谓的"假离婚"为代价，当事人可能冒着婚姻真正破裂的风险。离婚买房最原始的动因表面上看是房价的不断飙升，背后却有着深层次的供需原因。

2016 年 8 月 29 日，上海一些区的民政局离婚登记处被前来办理离婚的市民挤爆，离婚人群从上午 7 时开始就来排队。不少区民政局近几日办理的离婚数量为平时的两倍，徐汇区民政局更是采取了临时"封闭"措施。出现这种状况的原因，是因为上海房地产调控传闻不断，近期传出 9 月初将出台购房信贷政策调整的传言，导致恐慌性购房蔓延，出现了"扎堆离婚"的怪现象。

29 日傍晚，上海市住建委回应社会上"购房信贷新政传言"，明确表示没有研究过此类政策。但是，让人没想到的是，谣言澄清的第二天，上海一手房签约套数继续创新高。《每日经济新闻》记者调查发现，在辟谣之后，不少区的民政局仍旧人满为患。在同几对前来办理离婚的夫妻聊天后发现，他们前来办离婚的目的都很明确——为了买房。

在过去的一年里，上海的房价持续飙涨，引起了大家的惊叹：眼下经济这么低迷，上海怎么突然涌现出不计其数的"壕"①？为了买房，挑战婚姻的严肃性，办理假离婚或者假离婚证，这样做值得吗？这里就不得不讨论一下上海房地产市场的供求关系。

上海房地产市场出现了结构供需严重失衡。从供给方面来说，市中心的土地供应比例明显减少，新建住宅由于上海土地、建筑材料等的成本并没有降低，所以上海房地产的供给价格不可能降低。而从需求方面来说：一是就目前的国内投资市场来说，股票市场波动太大，人们望而却步，而房产却有保值增值的功效，随着近年来上海房价的节节攀升，人们预期未来房价仍会持续上涨的可能性加大，以货币换房产的愿望更加强烈，世界各地的投资者也纷纷加入上海购房者大军，导致上海房价飙升；二是上海优越的生活和工作环境，吸引着各地的富人及 80、90 后刚刚就业的年轻人融入定居，增加了对新增住房的需

---

① 此处非用本义，而是网络用语，意为"土豪"。

求;三是中国居民宁可购买住房而不愿意租赁住房。面对猛涨的房价,大多数人对未来房产增值抱乐观预期,并考虑通过转手获得额外的收益。尤其在货币贬值的情况下,人们迫切需要抓住一根"救命稻草"。上述种种原因造成上海的房地产市场价格需求弹性较小,需求对于价格上升的变化反应不敏感,甚至表现为所谓的"刚性需求",而需求收入弹性相对较大,随着人民收入的增加,在上海购房的欲望也随之增加,上海的房地产市场需求旺盛。

伴随着 2016 年 8 月上海拍出百亿地王、苏州等地重启限购新政等市场因素影响,上海楼市近期频现限购限贷政策传闻。除了首套房认定、首付比例、信贷政策等内容外,甚至包括"离婚不足一年的购房者,限购及贷款政策按照离婚前的家庭情况处理"。按照现行政策,上海户籍单身人士可以购买一套住宅,非单身人士可以购买两套住宅,但第二套需按照二套房政策来执行(二套房普通住宅首付五成,非普通住宅首付七成)。首套房的契税是 1.5%,二套房是 3%。在这样的政策下,一些人采用通过离婚将名下房产划归夫妻中的某一方,然后另一方恢复单身身份,再购房可以按照首套房政策的办法,来规避高首付高契税,并能享受支持刚需购房的利率优惠。受传言影响,恐慌的购房者涌入了各个区县的民政局,使得原本就存在的离婚买房现象迎来了一个峰值。

这次所谓限购限贷政策谣言带来的离婚闹剧发人深省。目前我国房地产调控以短期需求调控为主。简单的限制需求政策只是通过抑制需求,使得需求延后爆发,不能化解楼市的热度,甚至可能带来种种社会问题和道德问题。有相关学者认为,对于房价的调控更应从供给侧改革入手,调整供给结构。供给调控有利于从更加基础的层面改善我国房地产市场的运行。例如从目前上海商业用地供大于求的情况入手,适当缩减工业用地和商业用地规模,加大住宅用地的供应等。

(案例作者:胥莉 张珺涵)

相关材料

上海离婚人士挤爆民政局! 原因竟是……①

近日上海地区传言称楼市将出台新政提高购房门槛,从上周末至今,上海房屋成交量暴涨,传言甚至引发了"离婚潮"。

昨天 7 时,徐汇区婚姻登记中心就开始排队。这次,不是结婚登记排队,而是协议离婚。随着各种调控传闻的不断被放大,上海离婚买房也进入白热化放量冲刺阶段。上海多个婚姻登记中心从上周末开始出现了前所未有的协议离婚高峰:浦东上周六一天超过百对夫妇协议离婚,杨浦则有 97 对夫妇协议离婚,是平时的三倍。昨天是周一,排队离婚

---

① 资料来源:搜狐网 http://www.sohu.com/a/112838885_467252。

依然在继续。

昨天 14 时,闵行区民政局一楼咨询台旁早已被市民团团围着,当问及排队缘由,市民张先生直言:"离婚啊!"

张先生身旁的数人手中除了拿着一叠申请资料外,不约而同地还拿着一张绿色纸张,上面赫然写着"离婚登记流程"。负责咨询指引的民政局工作人员在大厅内忙个不停,不断提醒来办理离婚手续的市民:"户口簿复印了吗? 照片呢? 取号了没⋯⋯"好不容易忙完一阵,工作人员才转头对记者说:"今天来离婚的人多,十个里面八个是来离婚的。"当记者问及市民离婚理由大多是什么,工作人员回应:"这我就不清楚了。"

二楼的离婚登记处更"热闹",市民们在等候区内填写信息。陈先生与妻子是今年年初才结的婚,却也在等候区内填写离婚资料。旁边同样办理离婚的李阿姨瞄到了陈先生的结婚日期后,不禁感叹道:"你们才结婚半年就来离婚啊?"陈先生低头笑着回了句:"楼市政策传言要改了,离了方便买房,顶多到时候再结呗!"

"男方与女方感情破裂,即日起两人正式离婚⋯⋯"审查处的工作人员再次宣读了同样的内容,"下一个,121 号!"记者在取号机前看到,离婚登记一栏显示"离婚登记有 151 人在等候"。比起离婚登记处的热闹,民政局二楼的结婚登记处反倒冷清不少。

目前闵行区民政局并未出现限号离婚的现象,但作出了限时规定:下午三点半后不再接受取号办理,并且过号未办理的市民需重新取号排队。

"婚姻登记中心像菜市场一样!"这样的场面,昨天一早就在位于徐汇区南宁路上的徐汇区婚姻登记中心出现了。原本 9 点才对外办理离婚登记手续,可昨天 7 点就有人排队。到 9 点,队伍已经排到了结婚大厅。为了减少大家的排队时间,徐汇区工作人员立即采取措施,给前来办理协议离婚登记手续的市民发放顺序号,劝阻顺序号在后面的市民下午再来办理。

据悉,徐汇婚姻登记中心周一、周二、周三才办理离婚登记手续,然而从上周五开始就不断有电话咨询相关事宜,甚至有人急匆匆地冲到婚姻登记中心要求办理离婚。

16 时,依然有不少市民下班赶到这里,却吃了闭门羹。徐汇婚姻登记中心在门口贴出通知:鉴于办理离婚登记人数众多,已超出我中心业务接待能力,为确保服务质量,保障婚姻登记窗口正常的工作秩序,同时为了避免当事人长时间的无谓等待,请需办理离婚登记的当事人改日再到我中心取号办理相关事务。

无独有偶,上周六,杨浦婚姻登记中心门口也开始排队离婚。杨浦区婚姻登记中心工作人员说,正常情况一天约 30 对办理离婚,但上周六增加了两三个办理窗口仍然源源不断有市民前来。如果人太多,杨浦也会考虑预约离婚。

事实上,办理协议离婚的时间要比结婚登记的时间长得多。上海市婚管处副处长孙晓红透露,2 月 1 日开始实施的新《婚姻登记工作规范》规定,办离婚要"私聊",当事人在办理离婚登记前增加询问笔录程序,婚姻登记员要分开询问当事人的离婚意愿以及对离婚协议书内容的意愿,了解当事人是否具有完全民事行为能力,是否已对子女抚养、财产及债务处理等事项协商一致等,并进行笔录,当事人阅后签名并按指纹。如果当事人材料齐全,整个流程最快也需要35～40分钟。

为什么结婚能预约,离婚不能预约?孙晓红透露,为了减少协议离婚夫妇的排队等待时间,上海民政部门从上半年开始已经在技术上进行了离婚预约的准备,最快将在明年推行"网上离婚预约"。

面对越演越烈的"中国式假离婚",却有越来越多的人人财两空。事实上,在法律上,假离婚就是真离婚,夫妻一旦离婚,所有财产将进行分割,再次购房后产权也是在其中一人名下。有的夫妻担心与对方"假离婚"后弄假成真,想靠提前写好的"忠诚协议"作后盾,防止意外。法律人士表示,由于"忠诚协议"的法律效力未获认可,一旦离婚,即使手持协议也难保权益,当事人也可能会落得人财尽失。

29日,据上海官方微信号"上海发布"公布消息称,上海市住建委表示,近期本市房地产市场交易量虽有上升,但交易秩序正常。同时,上海市住建委回应了市场上有关购房信贷新政传言,称未研究过此类政策,将继续严格执行3月25日发布的房地产调控政策。

(有删节)

案例 6　化妆品消费税的减免意味着什么？

导读：国庆七天长假期间，一条消息疯转于我们的朋友圈——化妆品要降价了！有别于朋友圈不时真假消息并传的现状，这条喜讯大体上所言不虚。本案例摘取财政部相关通知原文，应用本章关于政府税收如何影响市场方面的知识，启发大家在听闻与经济学相关的信息时，能够熟练运用经济学的思维进行思考和分析，将经济学知识运用于生活之中。

2016 年 9 月 30 日，财政部国家税务总局发布了《关于调整化妆品消费税政策的通知》和《关于调整化妆品进口环节消费税的通知》。

政策解读

细读两则政策调整通知不难获知，此次通知不仅对化妆品中的高档品类进行了定义，还大幅调整了相关税率。

财政部对特殊征税的"高档"化妆品/护肤品所进行的判断标准为"生产（进口）环节销售（完税）价格（不含增值税）在 10 元/毫升（克）或 15 元/片（张）及以上"。这一统一定义未必能完全科学地适用于所有化妆品品类，毕竟一支价格数十元的普通唇彩（净重一般只有数克）就能够轻易被判为"高档"。但我们需要关注的是，通知对高档消费品的刻意区分和独立征税体现了国家的消费税"奢侈化"倾向，而且这一倾向在逐渐作为政策被实施。

言归正传，我们看到对于不同化妆品品类，政策调整的情况有所不同。据悉，政策调整前，全部化妆品均需缴纳 30％的消费税，而护肤品则不需要缴税（没有高档和非高档之分）。因此，此次政策调整影响到的商品可根据化妆品品类分为三类：

（1）非高档化妆品：消费税取消（30％→0）。

（2）高档化妆品：消费税降低（30％→15％）。

（3）高档护肤品：新增消费税（0％→15％）。

由此可见，凡事不能一概而论，在一片叫好声之中，仍有一部分群体会遭殃——高档护肤品的消费者和主要进行中高档护肤品生产销售的企业。

但是从化妆品行业总体来讲，由于非高档化妆品市场份额较大，大部分商品将受到高达 30％幅度的消费税减免成为主要信息。故本案例将以非高档化妆品（30％→0）为主进行分析。

供需分析

抛开直觉的束缚,我们需要运用所学的经济学知识,利用供需曲线模型思考以下两个问题:

(1) 如何说明消费税的下调意味着化妆品价格的下降?

(2) 下调的30％税收会全部体现于价格的下降中吗?

我们不妨使用非高档化妆品的供需模型进行分析。由于消费税是对于卖家所征的税,不会影响到消费者的需求曲线,所以只需考虑供给曲线的移动状况。假设在政府原本对化妆品卖家征收30％消费税的情况下,非高档化妆品市场的供给曲线为实线(供给1线)。那么当政府取消征税时,对于每一个销售价格,由于产品成本的明显下降,化妆品的供给量都会增加,供给曲线将会逐渐向右下方移动到虚线处(供给2线),化妆品市场也将回归为无政府管控的自由均衡市场(理论上)。

观察前后两条供给曲线与需求曲线的交点,可以看到均衡点向右下方移动,可知化妆品的价格将由于免税而明显下降,与之对应的销量将获得明显提升。

那么接下来的问题是,假设一盒某品牌的粉底液(非高档),由于政策的实施而免收了90元人民币消费税,消费者会在不久后获得价格降低90元的优惠吗?

答案是否定的——减免税收为市场带来的收益不会全部归于消费者,其中的一部分将由化妆品的产销方获得。在供给曲线移动前后产生的楔形中,移动后的均衡价格水平线以上的收益由买家分享,以下的部分则代表卖家的收益。而实际上,现实中的化妆品市场并非只有生产者和消费者这两个角色,还存在众多中间商等环节,品牌的差异也会让价格存在复杂的因素。当降税的收益真正反映在价格上时,大概已经经过了重重关卡了。不过值得肯定的是,高达30％的降税幅度,注定了这不会是一场毫无波澜的集体降价。

政策影响

通过以上的模型分析我们可以知道,对于以非高档化妆品为主要组成的化妆品市场,这次税率调整无疑是一个巨大的利好。可以预见,非高档化妆品的市场规模将很快得到明显的扩张。短期来看,现有化妆品企业的生产线可能会得到增扩;长期来看,行业的生产门槛降低了,也可能吸引一些新的厂商入驻。市场运作的效率将获得提升,市场竞争将更加激烈。消费者除了可能会以更低的价格获得原有品牌,还能额外获得来自市场的更有效的筛选,以及对更多新品牌的选择权利。

政策发布初期,由于产品销售周期的存在,这次税率调整带来的价格变化还未影响多数化妆品品牌的专柜标价。不过据澎湃新闻记者宦艳红的报道(2016 - 10 - 01 07:41),法国著名化妆品品牌欧莱雅在政策发布后,立即宣布决定积极响应国家政策,将相应下调部分产品的价格。作为全国化妆品消费十大品牌之一,欧莱雅的回应多少能够代表众多化

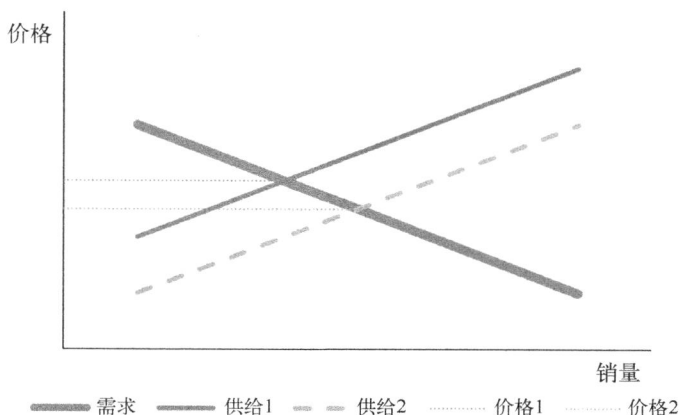

图 1 - 1　非高档化妆品的供需曲线

妆品企业对这条政策的反应。

事实上,该政策的影响也不会单单局限于化妆品行业这一领域之内,与之相关的行业也会因此受益(或反之)。

一个比较明显的例子是快递运输行业。假设某品牌化妆品的销量在价格随政策调整后意料之中地获得了明显上升,与其网店合作的快递公司不久后就将持续受理比以往更多的快递订单。在现如今逐渐普及的网上消费的带动下,化妆品行业此番的活跃有望助快递行业一臂之力,使其保持行业规模高速增长的态势。

此外,此次进口税率的同步下调,或许也能对国外化妆品的进口起到积极作用,这可能将在一定程度上带动国际运输业的发展。再者,消费兼顾推销化妆品的行业(美容美发、造型摄影等)可能也会获得少许正向影响。更多的行业相互影响留给读者继续思考。

案例延伸

化妆品行业此番看起来似乎如"天上掉馅饼"一般,获得国家政策的巨大利好,但从中国经济发展的现状来讲,其实也许并非偶然。

我们知道,处于自然竞争状态下的市场才是一个高效、健康的市场,政府税收是一种多少会降低市场效率的行为。不过,中国的市场现状需要政府进行一定的辅助管控,这些政策包括税收、最低工资政策、官方储备等。在这样的大环境下,国家在深思熟虑后放松了对化妆品行业的税收掌控,说明国家认为已经具备放松该政策的条件,并希望鼓励、刺激该行业的消费。这是化妆品行业特质的体现——化妆品的消费已经逐渐获得越来越多人的重视,化妆品已经逐渐接近食物、生活品等生活必需品的范畴。随着社会的发展和市场上商品的不断丰富,越来越多的人(女性为主)成为化妆品稳定的消费者,而不是只在特殊场合才加以使用,形成了源源不断的高频次稳定消费流。

所以,这条政策从侧面反映了人们生活质量的提高。我们有理由期待,未来会有更多的行业税收政策被放开,我们将迎来更加充满活力的市场环境。

(案例作者:潘小军　文俊涵)

相关材料

关于调整化妆品消费税政策的通知[①]

财税〔2016〕103号

各省、自治区、直辖市、计划单列市财政厅(局)、国家税务局,新疆生产建设兵团财务局:

为了引导合理消费,经国务院批准,现将化妆品消费税政策调整有关事项通知如下:

一、取消对普通美容、修饰类化妆品征收消费税,将"化妆品"税目名称更名为"高档化妆品"。征收范围包括高档美容、修饰类化妆品、高档护肤类化妆品和成套化妆品。税率调整为15%。

高档美容、修饰类化妆品和高档护肤类化妆品是指生产(进口)环节销售(完税)价格(不含增值税)在10元/毫升(克)或15元/片(张)及以上的美容、修饰类化妆品和护肤类化妆品。

二、本通知自2016年10月1日起执行。

财政部　国家税务总局

2016年9月30日

---

① 资料来源:中华人民共和国财政部网站 http：//szs. mof. gov. cn/zhengwuxinxi/zhengcefabu/201609/t20160930_2430843. html。

案例 7 政府政策与供求关系——最贵的铁皮

导读：上海车牌一直被誉为"世界上最贵的铁皮"，价格不断飚升，竞拍难度也越来越大。车牌的供给量远远小于人们的需求量，从而出现了沪牌短缺、价格高企的紧张局面。上海市政府有关部门也一直在制定政策，设置警示价，把二手车牌纳入统一拍卖，防止车牌价格过快上涨。2016 年 6 月 18 日公布了经修订完善的《上海市非营业性客车额度拍卖管理规定》，调整了个人申请参加拍卖的资格条件。简单来说，就是进一步提高参加沪牌拍卖的门槛，缓解沪牌供不应求的局面。在目前城市交通日益拥堵的大环境下，上海私车额度拍卖政策有其存在的意义，但要通过完善细则来确保车牌价格的合理。

上海车牌一直被誉为"世界上最贵的铁皮"，从 1986 年开始拍卖以来，价格一直居高不下。上海车牌的材料是铝合金，重量约 100 克。2017 年 3 月的车牌平均成交价为 87 916 元，换算过来每克车牌 879 元，同期的足金价格是每克 280 元，上海的私家车牌照价格远远超出了黄金。随着上海私家车保有量的上升，参加拍牌的人数持续增加，政府对牌照的数量限制加强，导致沪牌的价格不断飚升，竞拍难度也越来越大。尽管 2016 年 6 月 18 日出台了《上海市非营业性客车额度拍卖管理规定》，必须是上海本市户籍，或者连续缴满 3 年社保，名下无沪牌且 1 年内没有相关交通安全违法记录的人才有拍牌资格，但是对于沪牌的需求仍然持续呈现火爆状态。2017 年 1 月，232 101 人参与拍牌，投放数量 12 215，中标率为 5.26%；2017 年 2 月，251 717 人参与拍牌，投放数量 10 157，中标率为 4.04%；2017 年 3 月，262 010 人参与拍牌，投放数量 10 356，中标率为 3.95%。这也就意味着 1 000 名参拍者中，只有 40～50 个人能够成功拍到沪牌。如此盛景，引发不少市民吐槽，他们称上海车牌拍卖实质已经成了"抽签"。

从经济学角度来看，需求量是买者愿意并且能够购买的数量，它与价格成反比；供给量是卖者愿意并且能够出售的数量，它与价格成正比。上海目前私车牌照的高价位很大程度上是由于对牌照的需求远远超过牌照的供给造成的。私车牌照的社会供给就是政府的每月牌照发放数量，环境保护和城市拥堵的因素直接制约着政府每月牌照的发放数量。牌照供给是管控的，但是需求的增长潜力巨大。上海是中国发展最快的城市之一，购买私家车的人越来越多，对沪牌的需求越来越大。首先，市民的生活水平和消费能力逐渐提高，对私人出行工具的需求随之增加。其次，由于住房制度的变迁和房价的高企，市民选择到离城市中心更远的地方居住,出行距离加长使得人们更依赖于私家车的出行方式。再次,作为全球大都市,上海都市圈的人口总量已经接近东京都市圈,位居全球第二,大都市的人口聚集使对于上海牌照的需求难以下降。最后,上海对外地车牌在高架道路上的限制不断收紧,沪牌的保值功能进一步拔高了私家车主对沪牌价格上涨的心理预期。从前面的数据可以看出,上海市全年投放的车牌数量还不如一个月参加车牌拍卖的人数多,表明沪牌的供给量远远小于人们的需求量,难怪会出现沪牌数量短缺、价格持续走高的紧俏局面。

既然沪牌价格大幅上涨的原因是沪牌的发放量不足,为什么政府不增加沪牌的供给量来平抑价格呢?因为道路是一种公共资源,如果任由个人从自己的利益出发自由买车上牌,一定会产生道路的过度使用,导致道路行车拥挤,造成交通的低效率。政府进行车牌管理的主要目的是抑制小汽车保有量过快增长,缓解交通拥堵的问题。而且这些私家车排放的大量废气也会对上海的环境造成一定的影响。现在的问题是,这样的车牌拍卖制度实行下去,车牌的价格会一路走高,很快就会跨入 10 万元行列,这也是政府不愿意看到的。市场应该是公平、公正的,10 年前只要两三万元买到的车牌为何现在仍可继续使用?那些政府和国企单位的"公车"牌照,凭什么就可以免费?它们也是城市拥堵和大气污染的贡献者。

在目前城市交通日益拥堵的大环境下,遵循"价格优先、时间优先"原则的上海私车额度拍卖政策有其存在的意义,但要通过完善细则来确保车牌价格的合理性。为了防止过分供不应求导致"一牌难求"的畸形局面,上海市政府相继采取了三项措施。第一,设置警示价,当投标拍卖者在首次出价阶段的价格高于警示价时,系统将不接受此次报价,以此来控制沪牌价格,避免价格无限制地上涨。第二,为了杜绝不规范交易,政府规定上海二手车的车牌纳入统一拍卖,不得擅自转让。意味着大约 200 万上海车牌的持有人在处置自家车辆时,包括出售、继承等,车牌不得随车自由交易,必须和新车牌一起被强制拍卖。此前二手市场不受政府的管控,往往比新车牌的拍卖价格高出很多。那些多次拍牌不成功的车主和不差钱嫌费事的人会选择二手车市场购买车牌。第三,2016 年 6 月推出《上海市非营业性客车额度拍卖管理规定》,进一步提高参加沪牌拍卖的门槛。"6.18"政策被称为史上最严的沪牌限拍政策,名下已有上过牌照车辆的人及名下已有沪牌的人不能再次参拍沪牌,而非本市户籍者则需要持本市居住证明且自申请之日前已在本市连续缴纳满 3 年社会保险或个人所得税,同时对遵守交通安全法律法规提出具体要求。别抱怨有钱拍不到沪牌了,有的人可能连参加沪牌拍卖的机会都没有。政府的这些措施都说明了经济学原理中的"政府有时可以改善市场结果",提高经济效率,更好地实现资源配置。

(案例作者:罗守贵　吴玥)

相关材料 1

上海车牌拍卖价接近 9 万元大关　创今年以来价格新高①

中国经济网 10 月 26 日讯　10 月 22 日,在上海举行当月的车牌拍卖会,有 213 212 人参与拍牌,平均成交价为 88 359 万元,创造了 2016 年以来的价格新高。根据数据显示,本月沪牌投放额度为 11 621 张,较上个月减少 1 268 张。尽管如此,本月也是近年来官方投放车牌较多的一个月。随着上海对外地牌照车辆限行的进一步收紧,沪牌的需求持续呈现火爆状态。此前,上海市交通委宣布,增加个人非营业性客车额度投放量,在年初确定的 10 万辆基础上,增加 3 万辆,共计投放 13 万辆。不过,此举对于每个月动辄超 20 万人的"拍牌大军"而言,仍旧是杯水车薪。就本月来看,中标率为 5.5%,相当于 1 000 名参拍者中,只有 55 个人能够"交上好运"。如此拍牌"盛景",引来不少市民"吐槽",他们称上海车牌拍卖实质已经成了"抽签"。在目前国内的车牌制度中,北京实行的是"摇号",以此保证"人人平等",而上海更倾向于通过市场"杠杆",选择用车需求更强烈的人群。(有删节)

相关材料 2

2016 沪牌限拍新政出台②

上海市交通委于 6 月 18 日公布了《上海市非营业性客车额度拍卖管理规定》,对当前的客车额度拍卖规定作了进一步优化完善,收紧个人申请参加车牌拍卖资格条件。该新规将从 7 月 19 日起施行,自发布之日起,办理个人客车额度拍卖登记手续和在用客车额度直接流转的,执行该规定。同日,6 月 19 日起,上海市暂停办理申请参加客车额度拍卖登记业务,以及暂停在用客车额度直接流转业务,重新开放办理的时间另行通知。

新旧政策对比

1. 个人申请参加拍卖资格条件更加细化

原先个人参与拍牌必须持有有效的身份证明,包括上海市身份证、上海市居住证等,同时必须满足个人持有有效驾照,才可以购买拍牌标书参与拍牌。但是新政出台之后,对于个人参与拍牌的资格条件更加细化,具体如下:

(1) 本市户籍,或者持本市居住证明且自申请之日前已在本市连续缴纳满 3 年社会保险或个人所得税。

(2) 未持有客车额度证明。

①　资料来源:中国经济网 http://www.ce.cn/xwzx/photo/gaoqing/201610/26/t20161026_17165395.shtml。
②　资料来源:大学生校内网 http://www.dxs518.cn/zhengce/gaige/501002.html。

（3）未拥有使用客车额度注册登记的机动车。

（4）持有效的机动车驾驶证。

（5）自申请之日前1年内不存在相关道路交通安全违法行为记录：累积记分达到12分；驾驶机动车发生5次以上道路交通安全违法行为；被处以暂扣或者吊销机动车驾驶证、拘留的行政处罚。

（6）经联席会议提出报市政府批准的其他条件。

2. 客车额度有效期延长

根据新出台的政策，客车额度从半年增加到1年有效期，详细日期以额度单上印的日期为准。

3. 新增审核时间

原先个人购买标书可在当天现场拿到标书，但新政实施之后，个人购买标书需等20个工作日进行审核后才发标书。

新政的三个问题

（1）问：如何理解"要求未拥有使用客车额度注册登记的机动车"，以及"未持有客车额度证明"，将其解读为只允许"一人一块"，对吗？

答：有一块车牌的和从旧车上退出来手上有额度单的，都不可以再拍牌，也就是说，只要名下有沪牌额度的都不可以再参与拍牌。沪C和新能源车不受此规定影响。

（2）问：现已有标书，如不符合新规资格，后续还能拍吗？

答：在标书有效期内继续拍牌，拍不中，重新申请时按新的办法。

（3）问：新申请如何办理？

答：新的申请人去买标书，提供身份证、驾驶证。如果选择税收证明的，可带税收证明；如果选择社保的，则不用带，后台会比对的。

影响：短期内拍牌人数或将受新政影响而减少

从2017年年初开始，上海拍牌人数受到加强限制外牌措施以及出台临牌限行措施等政策的影响，每月拍牌人数呈现增长趋势。而新出台的"限拍"政策，特别是个人参与拍牌资格条件的设立，将会有效地减少"一家多标书"等现象，会在短期之内减少拍牌人数。但就目前市民对于沪牌的需求来看，对于沪牌的需求会远远大于每年沪牌的总投放数量。供需关系的不对等，将使得拍牌人数随着时间的推移而累积增长。因此，从长远来看，此次"限拍"政策的出台对于拍牌人数的增长和中标率低等问题或将不会有太大影响。（有删节）

第二篇

市场和福利

案例 1 牺牲了效率,剩下的就是公平吗?
——"号贩子"现象的经济学解释

导读：效率和公平是医疗服务供给和需求的价值标准。提高医疗效率从本质上讲是在增加医疗卫生服务供给的基础上,通过提高医生的积极性和医疗服务的质量,从而达到有效消除"看病难"的目的。追求医疗公平是在既定的社会财富和权力分布下,让医疗资源能够更加公平地在社会各群体之间进行配置,有效地解决"看病贵"的问题。本案例从市场机制的主要功能在于通过合理配置资源,从而获取最大效率的角度,考虑如何在确保公平的基础上,最大限度地提高医疗效率,实现局限条件下(我国现阶段)的最优医疗资源配置。

2016 年 1 月底,一段视频为严冬的北京更添几分寒意。视频中的女孩痛斥医院相关人员和"号贩子"内外勾结,严重扰乱排队秩序。真正的患者排一整天队挂不上号,而号贩子却将 300 元到手的号炒到 4 500 元。其间女孩几度哽咽,令人动容。这段视频引发了强烈的社会反响,甚至在一个多月后的全国"两会"上,也成为代表委员热议的话题。在 3 月 5 号召开的全国政协医疗卫生界小组会议上,北大医院院长刘玉村直言应该通过提高挂号费来解决"号贩子"问题,却又引发了新的争议。

几个月后,华西医学院知名心内科医师杨庆在微博上发表了《看病难不是医生的错,不是黄牛的错,是垄断的错》一文,再次掀动了尚未平复的波澜。作为一线医护人员,杨医生在文中讲了几个基本事实：第一,来看病的人数总比医生能看的病人多;第二,"号贩子"难以真正清除;第三,严格的排队未必有利于弱势群体,某些情况下,"号贩子"反而帮了他们。杨医生还表达了自己的判断：让每个医生自主定价,自主管理,可以解决很多问题。上述三个事实分别对应着经济学中的"稀缺""竞争"和"公平",杨医生开出的药方则是"市场""价格"或者说"效率"。

每个人都希望有更多、更好的医生为自己诊断,而医生,尤其是名医总是有限的。所以医生的诊断虽然无形,但毫无疑问是稀缺资源。稀缺的另一面就是竞争。价格机制之所以能有效地配置稀缺资源,原因就在于价格机制将人们竞争的冲动性塑成了创造的力量,从而提高了社会整体的福利。而中国的门诊,就是一个价格竞争被压制、以排队作为补充竞争方式的缺损的市场。单从总剩余的角度看,价格机制充分发挥作用的完整市场要优于这个缺损市场。在需求端,对于同样数量和质量的门诊号,在完全市场上一定被支付意愿最高的那些人获得,而在偷偷摸摸的缺损市场上则不一定。就算号贩子本事通天,将黑市做到极致,排队也浪费了本可以创造财富的时间,延长了病患的痛苦,使总剩余下降。在供给端,充分的价格机制能调动医生的积极性,医生将通过聘请助理、加强管理等方式以更低的成本提供更好的服务,创造更大的总剩余。

有人会质疑,这种机制转变既有可能调动医生的积极性,也有可能削弱道德范畴对医生的约束,医生可能会只走量、不走心。然而市场最大的魅力正是在于竞争,一旦放开,医生和医生之间的竞争会加剧。在激烈的竞争下,如果某个医生让患者不满意,就会被其他医生抢走"生意"。更何况医院还可以通过回访患者等手段监控医生的服务质量。另外,这种转换有利于坐诊医生的收入和仪器费用、药品费用脱钩,改善过度医疗的问题。从长远看,采用价格机制还会吸引更多优秀人才学医,进而填补目前医生的缺口。

对于杨医生的建议,最有力的反对声音当属所谓的"追求公平"——纵使价格机制有千般好,却损害了弱势群体的利益,不公平。诚然,从"先到先得"到"价高者得"难免有利益受损的人。除了医院号贩子和他们的内应,受损者最可能是时间成本较低的人——在"先到先得"的情况下,他们为一个门诊号付出的代价更小。但是,时间成本较低的人未必是看病时的"弱势群体",看病时真正的弱势群体反而可能更倾向于"价高者得"。看病排队的时间成本可粗略地看成放弃的收入加病痛程度,那么排队成本较低的人就有多种可能。根据媒体的报道,很多在校大学生和轮休的工人干起了"职业排号人"的营生。而就像杨医生文章中提到的,一个病得较重较急的乡下人,由家人带到成都看病,每天吃住都是不小的开销,排队的成本其实很高,这一家人是愿意买黄牛号的。而且几乎可以肯定的是,完善的价格机制下的门诊号会比黄牛号便宜。

即便确有我们认为应该帮助的人在价格机制下受损,最好的办法也不是一味消极地拉低其他人的福利水平,而应该在提高整体效率的基础上对利益受损者进行补偿。总剩余最大化之所以成为福利经济学追求的目标,正是由于总剩余最大化的结果有可能通过获益者对受损者的转移支付来达成对其他结果的帕累托改进,通俗地说就是只要把蛋糕做大,就更有可能把蛋糕分好。具体到挂号问题,可以应用经济学中有关机制设计的理论模型来精准识别和帮扶受损的弱势群体,像提高基本药品和基本仪器检测的报销比例就是最简单的例子。

当然,实际情况错综复杂,杨医生的建议或许太过简单天真。但是面对医疗资源的供需矛盾,价格机制最有可能成为破局的关键。同样在2016年,魏则西事件深深地触动了整个社会的神经。以莆田系为首的民营医院的种种做法引起了人们对"医疗市场化"条件反射式的厌恶。但是这种大跨步、缺乏监管的市场化的失败并不意味着不能在医疗体系的某个环节采取妥善监管下的价格机制。同时,追求公平也并不意味着要彻底放弃效率。面对这些问题,好对策只会产生于创造性的思考、充分的讨论、踏实的调研和细致的试点评估。没有这些,以公平为名的牺牲就不是捍卫了公平,而是掩护了懒惰。

医疗公平需要政府主导，医疗效率需要市场主导。一个合理的医疗保障体系应该综合利用政府和市场机制的作用，更好地平衡公平与效率之间的关系。

（案例作者：陆蓓　张翕）

相关材料

看病难不是医生的错，不是黄牛的错，是垄断的错！[①]

先说看病难不是医生的错。

很多想找我看病的人根本挂不到我的号。50个病人是我的极限。但就是这50个号，一个下午看下来，常有头晕目眩的感觉，真比做5台介入手术还累。其实不是只有我一个医生这样。看病难、看病贵是他们的错吗？不是的，他们都尽力了。

那看病难是票贩子的问题吗？

我们假设慑于法律的威严，无人敢做票贩子。有一天，一个来自攀枝花的严重心脏病患者到华西医院就医。他一早就去排队挂号，但是号在一个月前就在网上挂完了！尽管挂号费要20元钱，但对他这样一家人坐一天的火车，在成都找家旅馆住上几天，再加上几个人每天的吃穿用度，20元的挂号费几乎就不算成本。

这几乎不算成本的20元，只有他一个人在争吗？不，可能是数十个人在争。争这号的人不是票贩子，都是真正的病人。只是在这所有的病人群中，他病最重，最应该找我看。但是他和家人争挂号的战斗力，却可能是最弱的。

在他要绝望的时候，有人说，我有一个杨庆教授的号，我家里有事，来不及看了，转给你吧！我也不能白给你，你就给个三五百吧！这位来自攀枝花的病人给不给？当然给。如果他来的第一周就这样有人卖这个号给他，他就不至于在成都多待一周，白白多花上数千元。

这里，卖号给他的人不是票贩子，只是一个精明的不愿亏本的病人。于是，另一种形式上的票贩子回归了。当一项资源稀缺的时候，当所有人都想得到该资源的时候，加强打击票贩子的管理是毫无意义的。

在医院管理问题上，无论怎样管理、控制和制裁，都无法管住这里面蕴藏的价值和商机。这些价值和商机被某些人发现并加以利用，并让一些并无竞争力的人通过金钱能够获得看病的机会，从某种意义上救助了他们。这是荒谬的现实，但它确实存在。

这荒谬就在于医生价格体系被行政管理所垄断，然后被票贩子用另一种扭曲把它扭转回来。这一荒谬的扭转，医生和患者没有获利，获利的是黄牛和后面的权力垄断者。

所以，我说这是垄断的错。而打破垄断，需要让医生自由定价，自主管理自己的病人。

[①]　资料来源：杨庆，搜狐网 http://www.sohu.com/a/57276460_377317。

不要担心医生自由定价会出现逆天的价格。一旦放开,医生和医生之间的竞争会很大,医生愿意多看病人。医生自己也愿意提高自己的技术和服务水平,这样好医生的供给会持续增加,价格自然会到合理水平。

此外,价格起来了,就再也不会有那些病人为了开一个月不变的处方,非要挂我的号;也不会有那些病人,挂我的号,只是要我开一个病情证明。这样,这些余出来的号,多出来的资源,自然就会流到那些真正需要找我看病的病人身上。另外,医生会加强效率管理。他们自己都会聘请自己的助理,医生助理会和患者直接联系,有助于发现那些需要提前看、提前处理的病人,会更好地救治更需要救治的患者。(有删节)

案例 2 "双十一"真的让你狂欢了吗？

导读：2016 年 11 月 11 日的"双十一"购物狂欢节，淘宝一天的交易额超过 1 207 亿元，覆盖了 235 个国家和地区。"打破底价"的宣传让许多消费者死守零点，疯狂抢购。但狂欢过后人们听到更多的却是商品假冒伪劣，店家哄抬价格，商标造假……本案例从消费者、生产者与市场效率的角度，对消费者"双十一"的购买行为进行分析，解读"双十一"的狂欢盛宴。

11 月 11 日是当今年轻人的一个另类节日，被定为"光棍节"，产生于 20 世纪 90 年代初的校园，随后渐渐向社会弥散，逐渐形成了一种光棍节文化。2009 年 11 月 11 日，淘宝商城（天猫）把这个"人造节日"推向顶峰，宣布当天为"双十一"购物狂欢节。现在人们提到"双十一"的时候已经基本淡忘了光棍节的概念，"双十一"与购物之间的关联已经深入人心。在这一天，商家们不仅推出五花八门的促销活动，甚至举办各种文艺节目、晚会等，"双十一"已成为名副其实的全球消费者的购物狂欢盛宴。根据阿里巴巴公布的实时数据，截至 2016 年 11 月 11 日 24 时，天猫"双十一"全球狂欢节总交易额超过 1 207 亿元，无线交易额占比 81.87%，覆盖 235 个国家和地区，这一成绩也创造了八届"双十一"以来的历史新高。

每年的 11 月 1 日开始，许多商家就开始造势，打起"双十一特价商品""跌破底价"的大旗吸引顾客。几千万热情的消费者也会将心仪商品收藏或添加到购物车，等着 11 日刷新支付。从线上到线下，这一天成为人们捡便宜的最佳时机。可是每每"双十一"收官后，又会暴露出许多问题：看似货比三家精打细算，实际上买回了大量没有实用价值的物品；"爆款返场"的价格比"双十一"更低；凌晨抢购的价格在下午被店家更改；所购商品假冒伪劣……尽管类似的事件年年发生，但人们还是热衷于"双十一"的促销。对消费者来说，"双十一"究竟是"节"还是"劫"呢？

任何活动对消费者而言，秒杀、抢购永远是关注的重点，低价格是导致"双十一"疯狂的最大因素。对店家来说，因为很多人都是按照销量排名、综合排名、信誉等进行网上购物的，所以降价冲销量就很重要。有些商家故意在促销之前把价格抬高，再以较低的折扣卖给消费者，让消费者认为很划算地买到了所需商品，获得了更多的消费者剩余。许多店家设置了所谓的"专柜价""正品价"等，这些标价往往很高，消费者潜意识里被店家提高了支付意愿。如果按照"双十一"的销售价格实际支付货款时，就觉得很划算，认为自己赚到了。正是在虚大的消费者剩余的诱惑下,许多人会争先恐后地购买商品。此外,还有一部分商家为了刺激消费者的购买行为,做出附加赠品的活动。这些可有可无的赠品为实际销售的商品增加了附加价值,消费者为了得到看似精美的赠品,获得更大的消费者剩余,往往会在同一家店里购买一些并不需要的小额商品以达到凑价的目的,殊不知这些都是商家设计好的。

"双十一"在被追捧的同时,似乎也背负着另一种称呼,那就是"假货节"。天猫商城出售的很多是名不副实的商品,甚至还是假冒伪劣产品。为什么会有这么多假货呢?其实也是利益使然。更低的价格自然会减少生产者剩余,为了保持或者增加自己的福利水平,商家一方面要用实惠的价格来吸引消费者,另一方面要尽可能地降低自己的成本。假货的生产成本低廉,短期内就可以生产出大批产品。由此,一些不良商家就通过销售假货来牟取暴利。同时,销售假货被发现的成本也不高,天猫商城入驻的保证金在30万元以内,只有被抽查到卖假货的商家,才被扣除保证金,并被清退出天猫商城。由于线上交易的局限,许多商品在购买时得不到查验,事后消费者维权也较为困难,造成假货横行。尤其在化妆品市场,商家更是可以以生产批次不同、快递运输不当等理由,推诿销售假货的责任。

"双十一"战线前后长达一个月左右,各大电商之间的竞争越来越激烈,无序的竞争带来了多重恶果。一方面消费者的冲动消费被进一步刺激和放大,另一方面是消费者对电商网站的信任被透支。我们知道,自由市场是有效率的,"双十一"在一定程度上也的确向着市场均衡努力,但无论是生产者还是消费者都要遵守市场基本秩序,规避市场失灵的恶果。消费者要明白"天上不会掉馅饼"的道理,避免盲目消费、过度消费;生产者也要恪守诚信经营的基本道德,通过合法手段获取利润。只有这样,"双十一"才能为市场效率的提高发挥应有的作用。

已有八年历史的"双十一"消费热潮,不能沉醉在逐年攀升的数字泡沫中。如果要获得长足发展,无论是商家还是消费者,都必须有更多的理性。唯有如此,才不会让"双十一"成为一场"垃圾消费"的狂欢节。

(案例作者:陆蓓　张露云)

相关材料

"双十一"16.7%商品涉虚假促销[①]

中国消费者协会(以下简称中消协)于2016年10月至12月,组织开展"双十一"网购体验式调查活动。体验人员从10月20日至11月25日以普通消费者身份,选择购买网络购物平台标示折扣力度相对较大、销售量相对较多的商品的价格进行调查取证。此次

---

① 资料来源:袁国礼,《京华时报》,2016年12月13日。

调查体验涉及天猫、京东、亚马逊、国美在线、唯品会等 13 家网络购物平台,共选取了 809 款商品,涉及服装鞋帽、手机数码、零食特产、化妆洗护、家居家纺、母婴用品、箱包配饰、图书音像、家用电器、运动户外、汽车用品以及其他日用品等 12 个品类。

中消协发布的网购商品价格体验式调查报告显示,参加"双十一"促销活动的商品中,16.7%的商品价格在当天并不是近期低价,假促销、真误导等涉嫌违规行为大量存在。其中涉及天猫、淘宝、京东、国美在线等多家电商平台,这些平台均存在先提价后降价、虚构原价等问题。

据统计,从 533 款商品价格明示情况来看,11 月 11 日当天价格低于 10 月 20 日、23 日、26 日、29 日、11 月 1 日、4 日、7 日、10 日等时间节点的比例为 27.8%;当天价格与这些时间节点持平的比例为 55.5%;当天价格高于这些时间节点的比例为 16.7%。

调查结果显示,主要问题共有 4 个方面。

其一是有的先提价后降价,虚构原价,而促销价格反而比非活动期间价格更高。这包括天猫、淘宝、京东、苏宁易购、国美在线、1 号店、聚美优品、当当网、蘑菇街、网易考拉海购平台等 10 家电商的 14 款商品,涉及的产品包括水星家纺、松下电器、韩都衣舍等品牌的商品。

其二是有的商品在网页先进行低价宣传,但实际销售价格明显高于宣传价格。涉及的电商包括网易考拉海购平台、淘宝两家。

第三个问题则是部分商品"双十一"价格并不实惠,涉及京东、蘑菇街销售的产品。

第四个问题则是部分商品通过设立较高额度的"好评返现"活动诱导消费者好评,以获得虚高好评率,干扰正常的信用评价机制。

中消协表示,会将典型问题移送政府有关部门处理,同时建议政府有关部门进一步完善适应网络购物方式的价格法律规定,通过互联网技术、信息化手段和大数据分析等,加大对电商平台及其商家的价格行为的监测力度,适时公布价格监测结果,严厉查处价格违法和价格失信行为,用完善的信用机制约束失信经营者。

此外,中消协希望电商平台建立健全价格审查把关机制,如实、全面地记录、保存促销活动所涉及商品和服务的价格、质量、售后等重要内容,积极配合政府有关部门、行业协会和社会组织依法组织的监督检查,自觉接受社会公众的监督。(有删节)

案例 3　中美贸易关键在于发挥各自的比较优势

导读：净出口作为拉动经济的"三驾马车"之一，一直是各方关注的焦点。净出口是反映国际贸易对国民经济作用的主要指标。贸易可以使每个参与国都获益，是因为它使各国可以专门从事它们具有比较优势的活动。换言之，一国的贸易结构在很大程度上是由建立在比较优势基础上的产业结构决定的。李克强总理在 2016 年 9 月访美期间多次就中美贸易关系发表言论，是出于政治考虑还是追求经济利益？抛开政治因素不谈，我们不妨从比较优势的角度稍作分析。

2016 年 9 月 19 至 21 日，李克强总理出席在纽约举行的第 71 届联合国大会的系列高级别会议。会议间隙，总理承诺为改善中美贸易环境，中国将恢复从美国进口牛肉。同时，在与美国经济、金融、智库、媒体等各界人士座谈的过程中，指出中国开放的大门会越开越大，期待美方同中方相向而行，放松高技术产品出口管制，早日达成高水平、互利共赢的双边协定。这两件事情有一定的共性——不仅都与两国的贸易有关，更重要的是，都离不开经济学中的一个重要概念——比较优势。

经济学理论告诉我们，如果一个国家在本国生产一种产品的机会成本低于在其他国家生产该产品的机会成本，则这个国家在生产该种产品上就拥有比较优势。该国可以生产并出口具有比较优势的产品，并且从贸易中获益，整个国家的福利水平便会得到提升。众所周知，长期以来我国产业以劳动密集型、资源密集型为主，美国以资本密集型、知识密集型为主。换言之，我国的比较优势集中在劳动密集型、资源密集型产业，而美国则相反。根据比较优势原理，美国应该多出口资本密集型、知识密集型产品。李克强总理所言期待美国放松高技术产品出口管制，其实也是充分发挥美国的比较优势、提高两国福利水平的重要举措。

然而，结合当下我国产业升级转型的背景，总理的讲话有两层含义。其一，在中美贸易中充分发挥美国的比较优势，有利于双方利益最大化。其二，我国仍处于产业升级转型期，目前仍然以劳动密集型、资源密集型产业为主，但随着物价和工资的上涨，发展劳动密集型产业的机会成本在不断增加，劳动密集型产业的比较优势将逐渐被技术密集型和资本密集型产业所替代。若美国放松高技术产品出口的管制，将有助于我国更快地消化吸收先进技术，加快我国由劳动密集型产业比较优势向知识密集型产业比较优势转变，最终在产业升级转型的同时完成贸易结构的升级转型。

至于从美国进口牛肉,这是一个大同小异的故事。自从 2003 年"疯牛肉"事件以来,我国明令禁止从美国进口牛肉。李克强总理本次承诺将恢复其进口,一方面是为了表达中国对中美贸易的诚意,另一方面也是市场经济规律使然。肉牛一直是美国畜牧业中最大的生产部门,产值占畜牧业产值的 25%。由于拥有广阔的优良牧场、温和的气候和大量的廉价玉米,美国的畜牧业尤其是肉牛产业一直具有较大的比较优势。相反,我国要发展牛肉产业,则需要投入大量的资金和劳动力,机会成本要大于美国牛肉产业。这些资金和劳动力如果用来生产我们具有比较优势的产品,则会产生更大的效益。那么站在经济利益的角度,我们为什么不进口呢? 只要美国能够控制好牛肉质量,这应该是双赢的结果。

总而言之,比较优势原理表明每种产品都应该由生产这种产品机会成本较小的国家生产。换言之,贸易可以使每个国家都获益,是因为它使各国可以专门从事它们具有比较优势的活动。就我国目前的经济发展水平而言,现阶段我国在国际市场上有价格竞争力的主要是劳动密集型产品,所以我们应当充分发挥传统产品的比较优势,从而实现经济总量的提升。这也是总理为什么说"中国是自由贸易的坚定维护者",因为发挥各自比较优势的贸易将是真正的双赢。同时,也应该看到,在国际竞争中,具有垄断性的资源、技术和创新能力才是竞争优势的关键。我们应当在发挥原有比较优势的基础上,通过不断地积累资金和技术来提升竞争优势,优化产业结构,实现我国从贸易大国向贸易强国的转变。

(案例作者:黄丞　周仕盈)

相关材料

李克强同美国经济金融界、智库、媒体人士座谈 [①]

中国国务院总理李克强于纽约当地时间 9 月 19—21 日出席了在纽约举行的第 71 届联合国大会系列高级别会议。在会议间隙,李克强总理承诺,中国政府将很快恢复从美国进口牛肉,这显示了中国政府致力于改善中美贸易关系的诚意。

当地时间周二(9 月 20 日)晚间,李克强总理在纽约同美国商贸组织讲话时称,中国政府将很快允许从美国进口牛肉。李克强总理表示:既然我们也意识到美国有很好的牛肉,那么我们为什么要否认中国消费者的选择呢?

尽管李克强总理并没有给出恢复美国牛肉进口的具体时间,但是,贸易组织此前曾透露,美国牛肉可能将在今年年底前被放行重新进入中国这个巨大的市场。

李克强于当地时间 20 日上午在纽约下榻饭店同美国经济、金融、智库、媒体等各界人士座谈,就中美关系及经贸合作等大家共同关心的问题交流互动。

---

① 资料来源:中国政府网 http://www.gov.cn/xinwen/2016-09/21/content_5110274.htm;汇通网 http://www.fx678.com/。

李克强表示,中美分别作为最大的发展中国家和发达国家,两国保持和发展稳定的政治关系和密切的经贸关系,不仅符合两国人民的根本利益,也有利于世界的和平、发展与繁荣。由于文化背景和国情不同,中美之间出现一些分歧是难免的,但关键是看两国关系的主流和大方向。中美建交几十年来,尽管风风雨雨不断,但总是"雨过天更晴"。欢迎在座的各界人士以实际行动推动中美关系不断向前发展。

李克强指出,中国开放的大门会越开越大,已经打开的大门是不可能关上的。我们将继续下大力气推动政府简政放权等改革,注重保护知识产权,为外国企业赴华投资创造更加宽松便利的营商环境。中美之间的投资合作潜力是巨大的,相信美方企业在中国的市场也会越来越大。中美正在进行以准入前国民待遇加负面清单为基础的双边投资协定谈判,就是要向两国企业界发出中美相互投资稳定向好的信号。期待美方同中方相向而行,放松高技术产品出口管制,早日达成高水平、互利共赢的双边投资协定。

李克强强调,全球化带来的是利益分享和各国比较优势的充分发挥,使人们的生活更加美好。当前出现的逆全球化思潮只是全球化进程中的阶段性曲折。我们需要处理全球化过程中的弊端,但不能因噎废食。中国是自由贸易的坚定维护者,我们坚定支持在世界贸易组织框架下推动贸易自由化。相信全球贸易自由化和投资便利化是历史的潮流。

与会代表感谢李克强总理的真知灼见,表示美中关系是当今世界最重要的一组双边关系,双方拥有广泛的共同利益和发展关系的强烈意愿。中国发展的成就前所未有、无法比拟。两国除发展政治关系,还应加强经贸合作,密切人文交往,使美中关系更加密切而强有力。与会代表高度关注并赞赏中国政府所采取的改革举措,愿积极参与中国改革开放进程,进一步扩大对华合作,为美中关系的深入发展做出贡献。(有删节)

案例 4 奢侈品真的这么贵吗？

导读：身处全球化的市场，我们的生活中随处可见税收和国际贸易的身影。本案例以中外奢侈品差价为切入点，讨论关税对中国消费者奢侈品购买行为的影响，以及关税对国外奢侈品品牌和国内奢侈品行业的得失作用。

清晨，打开微信朋友圈，海外代购信息赫然出现，白菜价的 MK，卖断货的Burberry……

午休时间，再刷微博，隔壁家的小明去日本旅游，不晒上野的樱花，不见奈良的古刹，只见满屏的尼康相机，亮瞎眼的高级手表……

晚上聚会，朋友激动地说：感恩节快到了，美国的包包又打折啦！

你暗自奇怪，个个都珠光宝气，那为什么商场底楼的精品店门可罗雀，根本没人逛啊？

改革开放 40 年，我国的经济水平有了飞速的发展，奔着小康社会快速前进。老百姓钱包鼓了，自然也想着提高提高生活品位，类似 LV、兰蔻等世界一线时尚奢侈品牌，也飞入了寻常百姓家。奢侈品已经不再是富有阶级的专属，中国日益庞大的中等收入层次的消费者也越来越青睐这些时尚名牌。奢侈品也不再被中国老百姓认为是简单的奢靡风、炫富风，消费者越来越注重奢侈品带来的尊贵体验和品牌价值。一切似乎很美好，然而奢侈品在中国市场的表现真的如此光彩夺目吗？

2016 年，贝恩咨询公司公布了 2015 年度中国内地奢侈品市场的报告。报告指出了2015 年中国奢侈品市场的趋势：2015 年，中国奢侈品市场出现了 2％左右的下滑；内地商场和百货公司客流量持续下降，海外购和代购冲击到了中国市场的发展；品牌巨头开始调整营销策略应对海外购和代购带来的影响。

其实在 2010 年之前，中国的奢侈品市场发展是非常迅猛的。2004 年，中国奢侈品消费总额仅为 20 亿美元，而到了 2009 年 12 月，这个数字已经达到 1 556 亿元人民币，当时中国已经成为全球第二大奢侈品消费国。截至 2009 年底，将近 300 家顶级商铺在北京开业。"中国经济回归强劲增长，尤其是消费者支出的复苏，令我们备受鼓舞。鉴于此，我们会继续追加对中国市场的投资，并计划今后开设更多的门店"，品牌厂商对中国市场的前景非常看好，但他们谁也不会想到，仅仅过了 5 年，情况已经悄然改变。

2009 年，国内奢侈品消费占整体消费总额的 43.9％，到了 2012 年，海外奢侈品支出已经占到总支出的 60％。境外消费以及目前势头很猛的海外代购，成了中国人购买奢侈品的重要渠道。国内旅游大家都担心强制安排购物景点,而海外游中国大妈大叔们不去品牌折扣店还不乐意,在机场免税店大家大包小包买得不亦乐乎。2015年,日本成了我国消费者海外购物的首选地区。相对便捷的交通和日益开放的签证政策使日本成为国人的购物圣地。反观中国香港和澳门地区,内地出游量萎缩,在当地的奢侈品消费也较2014年下降了25%。此外,海外代购在互联网的发展下,成了年轻一代消费者奢侈品购物的主要渠道。由于政府的管控、品牌营销策略的改变以及跨境平台的建立,2015年代购市场规模下降,但是贝恩咨询仍然估计中国内地奢侈品代购市场有340亿~500亿元人民币的规模。而在国内则一改2010年左右的激进扩张,出现了奢侈品商店的"关店潮"。一些品牌还改变了原先的销售渠道,从精品店变为折扣店战略,希望用低廉的价格吸引中层消费者。为何国内市场热中有冷,奢侈品购物墙外开花呢? 究其原因,就是巨大的奢侈品差价。

据了解,高档进口商品进入中国,要征收三重税:进口关税、增值税和消费税。增值税是额定的17%。除了关税对进口商品价格影响较大之外,消费税也是一个大头。消费税根据货物的类别而定,例如化妆品为30%,高档手表为20%。这么一来二去,再加上众多品牌在中国和海外的定价策略不一、近几年的汇率变化,奢侈品的中国价比海外价贵了一倍也就不稀奇了。例如,法国的一款珑骧大号尼龙手提包,法国官网价格为75欧元,根据2016年10月份汇率折合人民币553元左右,而国内专柜2015年售价800元,而在此之前价格甚至突破1000元。此外,吸引国内消费者海外购物的另一个原因是,国外市场上的奢侈品产品更丰富,选择余地更广泛,购物体验更好。

政府为什么要对进口商品征收较高的税率呢? 首先,税收规模的增加,可以提高税收收入。随着税收规模从小额规模到中等规模的变化,税收收入得到增加,但是如果税收规模进一步提高到大额税,税收收入则会因为市场规模的变小而减少。进口奢侈品的税额较高,而国内消费者对奢侈品的需求不断增长,总体程度上能够提高税收收入。也有人认为关税还能够起到保护国内产品的作用。我国开始逐步摆脱粗放式经济增长模式,国产品牌还尚在发展中,难以与欧美历史悠久的产品抗衡,适当地对国外奢侈品牌征收关税,能够增强本土品牌的竞争力,使消费者关注本土产品。但是赋税也带来了不小的代价:首先,赋税会抑制我国消费者在本土消费的需求,且奢侈品是需求弹性较高的商品,价格上升会引起较大幅度的需求数量的下降,造成较大的无谓损失。

从国际贸易的角度来说,进口商品使得各国可以专门从事自己擅长的活动。我国生产奢侈品的能力较弱,没有比较优势。奢侈品的国际贸易能够提高生产国和消费国的整体福利,使得海外生产商和销售商获得更多的销售收入,而我国的消费者们能够享受到更优质的服务和产品。然而,关税的影响,使得奢侈品国际贸易的情况更为复杂,扭曲了原本的平衡状态。关税提高了奢侈品的价格,减少了国内需求,提高了国内供给,国内奢侈品生产者的情况变好了,但是消费者的情况变差了,尽管政府增加了收入,但是也造成了无谓的损失,整体福利是变差的。关税扭曲了价格,使得资源配置背离了最优水平。

此外,我国人民进口消费,造成本币外流,贡献给了外国的 GDP,提高了国外就业;而现在愈演愈烈的海外购物风气,又让这些国家多赚了一笔外汇收入,我国凭空让出了奢侈品这个大蛋糕。国内的奢侈品在品牌文化上尚处于弱势地位,高端的价格和奢侈品的海外售价相比并没有很强的竞争力。国人青睐欧美的奢侈品牌,民族品牌无人问津,关税不仅没有起到保护本土产品的作用,反而使国内的奢侈品市场萎缩。不仅如此,外国品牌巨头也陷入恐慌,很多一线品牌在中国主打的高端贵气路线,其实根据原产国的消费水平看只是平价商品。海外购物的冲击将其苦心经营多年的品牌形象打回原形。再者海淘代购的良莠不齐、虚假信息,工厂货和精品店的差距,也影响了产品的声誉和顾客的忠诚度。

如何应对奢侈品市场的搅局者?中国政府和品牌巨头们似乎达成了一定的默契。行业巨头开始重新规划营销模式,众多一线品牌也纷纷在全球范围内调整差价,意图吸引消费者重回中国市场。而我国政府也开展了一系列市场变革举措,努力将奢侈品消费引回内地,纳入国内 GDP。例如,海关加强对海外代购的检查力度,严查严防从热门购物目的地回国的旅行者的包裹和行李;在更多城市成立自贸区,对设立在自贸区的跨境电商实行税收优惠;大幅降低进口关税,如部分服装的关税从 16％降至 8％,部分箱包的关税从20％降至 10％等。

进入 2016 年,奢侈品市场的故事似乎还没完。2016 年 4 月 8 日,我国海关总署和国家税务总局发布我国跨境电子商务零售进口税收新政策。跨境电子商务零售进口商品将不再按照邮递物品征收行邮税,而是按照货物征收关税、增值税和消费税。具体来看,单次交易超过 2 000 元限额以及个人年度交易超过 2 万元限额的,将按照一般贸易方式全额征税。不足限额部分,需缴纳增值税和消费税的 70％,关税暂定 0％。据分析,这样一来奢侈品税率普遍上升,轻奢类的商品可能有所下降。对于巨额高档的奢侈品,如手表、首饰等,其价格进一步攀升,可能带来的影响是国内消费者的望而却步;对于化妆品等总额较小的奢侈品而言,其价格下调,能够刺激消费者的需求,那么对国内化妆品牌而言无疑增加了竞争的压力。新政之下,中国的奢侈品市场又会有怎样的变化呢?原意是促进电商行业良性发展的政策,对奢侈品而言是迎来了春天,还是寒冬将至呢?

(案例作者:范纯增 刘通)

参考文献

[1] 吴湉. 浅析中国奢侈品关税调整所带来的社会影响[J]. 现代经济信息,2015(16):164.

[2] 泽敏. 2010—2015 年中国奢侈品市场规模预测[J]. 商品与质量,2010(28):10.

[3] 《贝恩 2010 年中国奢侈品市场调研报告》,http://www.bain.cn/news.php?

act＝show&id＝328.

［4］ 《贝恩 2015 年中国奢侈品市场研究报告》，http：//www. bain. cn/news. php？
　　　 act＝show&id＝617.

案例 5　中国关税调整对海淘意味着什么？

导读：随着越来越多的人成为海淘一族，不少人相信国外的一些商品相较于国内的产品而言，更便宜，更安全，质量更高，所以海淘一直受到大家的青睐。可是自 2016 年 4 月 8 日起，我国的进口税收进行改革，无论是从哪种渠道购得国外的商品，都面临着全新的税收制度。这对于海淘一族来说，无疑会有很大的影响。

2016 年 3 月 24 日，财政部、海关总署、国家税务总局发布通知，经国务院批准，自 2016 年 4 月 8 日起，我国实施跨境电子商务零售进口税收政策，并同步调整行邮税。

以往，我国个人自用以及合理数量的跨境电子商务零售进口商品在实际操作中均按照邮递物品征收行邮税。但是，跨境电子商务零售进口商品虽然通过邮递渠道入境，却不同于传统非贸易性的文件票据、旅客分离行李、亲友馈赠物品等，其交易具有贸易属性，全环节仅征收行邮税，总体税负水平低于国内销售的同类一般贸易进口货物和国产货物的税负，形成了不公平竞争。新政策将对跨境电子商务零售进口商品按照货物征收关税和进口环节增值税、消费税，可以在一定程度上减少上述不公平现象。

根据税收新政，跨境电子商务零售进口商品单次额度限值由原来的 1 000 元提升为 2 000 元，同时设置个人年度交易限值为 20 000 元。在限值以内进口的跨境电子商务零售进口商品，关税税率暂设为 0％；进口环节增值税、消费税取消免征税额，暂按法定应纳税额的 70％征收。超过单次限值、累加后超过个人年度限值的单次交易，以及完税价格超过 2 000 元限值的单个不可分割商品，均按照一般贸易方式全额征税。同时宣布，取消过去 50 元的免税额政策。

新政对个人在海外购买的物品，在行邮税方面也进行了调整。本次政策调整前，此类商品的行邮税共设为 4 档税率，分别为 10％、20％、30％和 50％。本次调整后，其行邮税改设为 3 档税率，分别为 15％、30％和 60％。其中，15％档主要为最惠国税率为零的商品，60％档主要为征收消费税的高档消费品，其他商品归入 30％档。另外，根据海关规定，个人入境商品总值在 5 000 元以下的，可以免税放行。

新税制的实施，意味着我国在跨境电商进口发展初期实施的按个人物品征收行邮税的低门槛、低税率的政策红利结束，尤其是取消 50 元的免税额政策，表明昔日购买 500 元以下低价母婴产品、食品、保健品、化妆品等个人消费品的"免税时代"也宣告终结。这一政策的出台对于海淘带来了直接影响。

此前,我国的海淘主要有两种渠道:一是到转运公司走邮政渠道或者商家在发货时直接就发邮政。这些邮政公司以德国的 DHL、日本的 EMS、美国的 USPS、澳洲的 AUSPOST 等为代表。对于此类海淘,征收的是行邮税。二是阳光清关,即需要身份证清关的转运,以及天猫的海外直邮,顺丰、亚马逊直邮里面的 i-parcel,等等。阳光清关需要面对的是各种交易限额和相对应的税收,包括关税、消费税和增值税等。

这两种渠道海淘的商品在新政前后的区别在于,对于前者而言提高了行邮税,对于后者而言,不再完全免税。例如,一位妈妈海淘,给宝宝买了价值 450 元的奶粉。不论这位妈妈选择哪种渠道,那么按之前的规定,都是不用交税的(母婴、食品、保健、日用等品类消费金额小于 500 元,须按照 10%征收行邮税,即 $450 \times 10\% = 45$ 元,但是根据 50 元以下可以忽略不计的规定,实际交税额为 0 元)。税改后,若是这位妈妈在电商处购买,那么由于海淘族的行邮税取消,须按规定征收增值税,即:$450 \times 17\% \times 70\% = 53.55$ 元。若按照个人行邮,则征收行邮税,即 $450 \times 15\% = 67.5$ 元。

综上所述,我国关税调整后,消费者和海淘商的成本都因此有了一定的提高,这势必会带来海淘的减少,而这又会直接或间接地影响我国经济发展的方方面面。

首先,由于国外市场受到限制,国内市场自然因此间接受益。国内市场中的本土品牌,或是国际品牌的国内经销商,都因海淘的减少而降低了竞争压力,从而获得了喘息的机会。

其次,该政策的实施,将有利于支持新兴业态与传统业态、国外商品与国内商品公平竞争、共同发展,也将为国内跨境电子商务的发展营造稳定、统一的税收政策环境,引导电子商务企业开展公平竞争,进行商业模式创新,进而推动跨境电子商务健康发展,提升消费者客户体验,保护消费者合法权益。

第三,从政府角度看,该政策能够提高税收。不论哪种渠道,新政策实施之后,政府对海淘商品所征收的税率大多较原先有所提高。当税收由小额税提高至中额税时,虽无谓损失会有所增加,但也增加了较多的收入。当税收由中额税提高至大额税,由于大额税有较大的无谓损失,其大大缩减了市场规模,故只增加了少量收入。此次新政策的改革,虽使税率进一步提升,但比较而言,还是可以使政府所得税收进一步增加。

第四,新政策的实施还会造成海淘的消费者数量和商品量下降。政策调整使海淘物品的价格较之前有所上升,而当海淘物品的价格高于部分消费者对其的评价时,这部分消费者将不会再选择购买该物品。特别是需求弹性较高的奢侈品,当海淘奢侈品所需的价格上升之后,其需求量必会有所下降。

第五,从消费者转移而言,新政策将促进国产品牌发展。海淘物品价格的上升,可能会使部分消费者将其目光转向国产品牌,从中加以挑选,以获得令自己满意的物品。因此,该政策的实施在一定程度上会促进国产品牌商品的销量,使更多的消费者愿意去尝试国产品牌。这在一定程度上,是对国产品牌的一种保护与激励措施。这有利于国产品牌在竞争激烈的国际和国内市场之中，不断完善自身，以慢慢达到与国际大牌媲美的高度。

（案例作者：范纯增　王秀楠　柯乐其）

相关材料

关于跨境电子商务零售进口税收政策的通知[①]

财关税〔2016〕18 号

各省、自治区、直辖市、计划单列市财政厅（局）、国家税务局，新疆生产建设兵团财务局，海关总署广东分署、各直属海关：

为营造公平竞争的市场环境，促进跨境电子商务零售进口健康发展，经国务院批准，现将跨境电子商务零售（企业对消费者，即 B2C）进口税收政策有关事项通知如下：

一、跨境电子商务零售进口商品按照货物征收关税和进口环节增值税、消费税，购买跨境电子商务零售进口商品的个人作为纳税义务人，实际交易价格（包括货物零售价格、运费和保险费）作为完税价格，电子商务企业、电子商务交易平台企业或物流企业可作为代收代缴义务人。

二、跨境电子商务零售进口税收政策适用于从其他国家或地区进口的、《跨境电子商务零售进口商品清单》范围内的以下商品：

（一）所有通过与海关联网的电子商务交易平台交易，能够实现交易、支付、物流电子信息"三单"比对的跨境电子商务零售进口商品；

（二）未通过与海关联网的电子商务交易平台交易，但快递、邮政企业能够统一提供交易、支付、物流等电子信息，并承诺承担相应法律责任进境的跨境电子商务零售进口商品。

不属于跨境电子商务零售进口的个人物品以及无法提供交易、支付、物流等电子信息的跨境电子商务零售进口商品，按现行规定执行。

三、跨境电子商务零售进口商品的单次交易限值为人民币 2 000 元，个人年度交易限值为人民币 20 000 元。在限值以内进口的跨境电子商务零售进口商品，关税税率暂设为0%；进口环节增值税、消费税取消免征税额，暂按法定应纳税额的 70% 征收。超过单次限值、累加后超过个人年度限值的单次交易，以及完税价格超过 2 000 元限值的单个不可分割商品，均按照一般贸易方法全额征税。

四、跨境电子商务零售进口商品自海关放行之日起 30 日内退货的，可申请退税，并相应调整个人年度交易总额。

五、跨境电子商务零售进口商品购买人（订购人）的身份信息应进行认证；未进行认

[①] 资料来源：中华人民共和国财政部 http://gss.mof.gov.cn/zhengwuxinxi/zhengcefabu/201603/t20 160324_1922968.html。

证的,购买人(订购人)身份信息应与付款人一致。

六、《跨境电子商务零售进口商品清单》将由财政部商有关部门另行公布。

七、本通知自 2016 年 4 月 8 日起执行。

特此通知。

财政部　海关总署　国家税务总局

2016 年 3 月 24 日

第三篇

公共部门经济

案例 1　碳排放权交易——控制负外部性的积极尝试

导读：工业发展在极大地提高了人们物质生活水平的同时,也不可避免地带来了许多问题,其中又以环境问题为甚。1952 年的"伦敦烟雾事件"就是一个典型的例子。自改革开放以来,我国已经历了长达 30 年的经济高增长,对工业发展带来的负外部性进行控制已刻不容缓。碳排放权交易市场的推出对于在一定程度上控制工业企业碳排放,促进企业生产模式的创新,具有一定的积极意义。

回顾 100 多年的工业化进程,因环境污染造成的在短期内人群大量发病和死亡的事件屡见不鲜。其中以 1952 年冬季爆发的伦敦烟雾事件最为惨烈,超过 1.2 万人过早死亡。这次事件拉开了英国治理大气污染的序幕,如今,伦敦是欧洲空气质量最好的城市之一。2015 年末,北京雾霾 PM2.5 浓度达到 1 000 微克/立方米,空气颗粒物浓度已接近 1952 年伦敦烟雾事件时的水平,环境治理已刻不容缓。

改革开放以来,我国经济高速发展,GDP 增速一直位居世界前列,成为举世瞩目的"增长奇迹"。但经济的高增长也带来了许多问题,近几年以环境问题尤甚。一些传统重工业,诸如化工、建材、钢铁、有色、造纸、电力等,在生产过程中伴随着大量的碳排放,对气候环境造成了一定的负面影响,在经济学上,我们称之为负外部性。所谓外部性,即一个行为人的行为对旁观者的影响。如果对旁观者的影响是不利的,就称为"负外部性",如果该影响是有利的,就称为"正外部性"。本案例中,工业企业生产造成的巨量碳排放,污染了环境,改变了气候条件,对于附近生活的人乃至全人类都会造成一定的负外部性。

解决负外部性,一般来说有两种形式：

一种是通过私人市场解决,即外部性的内在化。伟大的经济学家罗纳德·科斯提出了"科斯定理"——如果私人各方可以无成本地就资源配置进行协商,则私人市场就总能解决外部性问题,并有效地配置资源。但如果环境污染涉及的利益各方太多,则任何一方都没有动力去独自协商解决污染问题。比如当地政府希望不要有太多的企业倒闭,这对政府的税收或者老百姓就业等相关方面都有直接影响。而这些企业恰恰是通过牺牲环境来节约成本持续经营。当地监管部门对环保问题只好睁一只眼闭一只眼,形成恶性循环。换言之,通过私人方式无法有效解决环境污染的外部性问题。

另一种是通过政府干预。对于污染,政府通常有两种方式进行干预——庇古税和交易许可证。碳排放权交易即政府发行限量的碳排放许可证,再通过碳交易市场,利用"看不见的手"来配置这一稀缺资源。通常来说,企业减排的成本是不一样的。企业在进行碳排放交易时,碳排放边际成本较低的企业通过实施节能改造和清洁生产,其富裕的碳排放配额可通过交易获得经济收益;相反,碳排放边际成本较高的企业面对减排,可以选择购买碳排放配额,而不必投入超出社会平均减排成本的代价完成。

随着我国碳排放交易市场的逐步推行,在市场的作用下,我国有望能有效控制碳排放。但碳排放权交易要取得成效,就一定要对碳排放量进行严格审查。这一点可以从供求关系的角度进行说明。严格的总量控制是环境治理和资源管理目标的数量体现,通过限制供给数量来控制交易价格。而有效的激励设计可以确保参与市场的交易主体有动力参与交易,防止市场波动和不可持续现象发生。只有出售碳排放许可的收益大于减排的成本时,厂商才会在碳排放交易市场卖出碳排放许可证。反之,当减排成本大于买入碳排放交易许可证的成本时,厂商会在碳排放交易市场买入许可证。但如果对碳排放审查不严格,则减排对于厂商的成本将小于实际成本,厂商将没有动力买入许可证,只有动力卖出,碳排放市场无法真正活跃起来。

自改革开放以来,我国已经历了长达 30 年的经济高增长,但是许多行业都面临着产能过剩、缺乏产业转型升级的动力、环境严重污染等情况。这就是 GDP 的增长以环境污染为代价得到的后遗症。环境保护的压力对中国建立碳排放交易市场提出了现实的需求。只有通过碳排放交易市场的建设,才能出现环境清新和经济发展的双赢。

(案例作者:黄丞　周仕盈)

相关材料

全国碳排放权交易市场明年启动　交易额预计达数十亿[①]

国家发展改革委办公厅发布《关于切实做好全国碳排放权交易市场启动重点工作的通知》,提出,2016 年是全国碳排放权交易市场建设攻坚时期,国家、地方、企业上下联动、协同推进全国碳排放权交易市场建设,确保 2017 年启动全国碳排放权交易,实施碳排放权交易制度。

全国碳排放权交易市场第一阶段将涵盖石化、化工、建材、钢铁、有色、造纸、电力、航空等重点排放行业,参与主体初步考虑为业务涉及上述重点行业,其 2013 年至 2015 年中任意一年综合能源消费总量达到 1 万吨标准煤以上(含)的企业法人单位或独立核算企业单位。

由于碳排放对我国环境的影响越来越大,国家对于碳排放交易制度的关注度逐步提升。2014 年底中美发布了一份《气候变化联合声明》,共同宣布控制温室气体的相关协

---

①　资料来源:沈明,《证券日报》,2016 年 1 月 23 日。

议,中方承诺 2030 年左右达到碳排放峰值并争取尽早达峰,2030 年非化石能源占一次能源消费中的比重提升到 20% 左右;而 2015 年 9 月份中美两国再度发表《气候变化联合声明》,中国承诺到 2017 年启动全国碳排放交易体系。中国政府还承诺将拿出 200 亿元支持其他发展中国家应对气候变化。中国气候变化事务特别代表解振华 2015 年 12 月 23 日也曾经向媒体透露,目前我国已在 7 个省市进行了碳交易市场试点,工作进展顺利。

业内人士认为,无论是公开承诺还是对外捐助,都在显示中国对推进碳排放交易的决心。

据国家发改委气候司测算,若全国碳交易市场成立,覆盖的排放交易量可能扩大至 30 亿吨至 40 亿吨。仅考虑现货,交易额预计达 12 亿元至 80 亿元。

统计数据显示,2014 年全球碳交易规模达 447 亿欧元,欧盟占比高达 92%,而欧盟碳排放总额为全球排放的 10% 左右。实际上,2011 年全球碳交易市场曾一度接近 1 000 亿欧元,随着经济复苏以及各国政府加大重视程度,未来全球碳交易的市场规模有望大幅扩围。世界银行预测,2020 年全球碳交易总额将达到 3.5 万亿美元,有望超过石油市场成为第一大能源交易市场。

招商证券研究报告认为,碳交易初期现货交易市场规模不大,碳交易市场未来的活力在于衍生品市场。到 2020 年,如果衍生品市场建立起来,碳市场规模则有望接近 500 亿元甚至千亿元级别。

业内专家表示,从全球角度和长远发展来看,碳减排将是一个争夺新兴碳金融市场话语权的战略问题。当前国际市场上碳金融已成为各国抢占低碳经济制高点的关键,这一领域的竞争相继在各金融机构间展开。在低碳经济道路上,对所有国家来说面临着共同的起跑线,而关键在于在这条道路上的起跑速度。所以,中国必然高度重视碳交易市场的发展,力图在将来的低碳经济战略中立于不败之地。随着全国性碳排放交易市场的成立,包括环保节能设备改造和环保服务、碳排放相关领域以及供碳捕捉服务或碳汇的相关行业将获得巨大的市场发展机会。(有删节)

案例2　限塑令的效应

导读：20世纪末至今，塑料制品已经走进了每个中国人的生活，我国每年消耗的塑料袋数量约500亿个。塑料购物袋是日常生活中的易耗品，它为消费者提供了很多便利。在超市和集贸市场，使用塑料袋来包装物品已经成为人们的习惯。大量塑料制品的消费，带来了严重的白色污染，造成了长期的、深层次的生态环境问题。为了控制这种白色污染，2008年国家实施了限塑令。近9年的时间里，尽管对其效果评价多样，但总体还是对塑料的使用起到了一定的限制作用。"限塑令"起作用的内在机理是什么呢？

塑料购物袋是日常生活中的易耗品，它为消费者提供了很多便利。目前，我国每年消耗的塑料袋数量约为500亿个。

包括超薄塑料袋在内的各种不可降解塑料袋，是由聚氯乙烯、聚苯乙烯制成的。废旧塑料袋进入环境后，由于很难降解，会造成长期的、深层次的生态环境问题。首先，废旧塑料包装物混在土壤中，会影响农作物吸收养分和水分，将导致农作物减产；其次，水体中的废旧塑料包装物，会污染水体，如被动物误食会导致动物死亡；再次，混入生活垃圾中的废旧塑料包装物很难处理，若将塑料垃圾焚烧，会产生有害气体，污染大气。这些年来各地的"白色污染"问题越来越严重，无论在繁华城市的大街小巷、树梢楼顶，还是在偏远山村的河流农田、房前屋后，到处都有触目惊心的塑料垃圾。

鉴于塑料购物袋的过度随意使用已经产生了严重的环境和生态问题，国务院下发了《关于限制生产销售使用塑料购物袋的通知》。通知指出，鉴于购物袋已成为"白色污染"的主要来源，从2008年6月1日起，在全国范围内禁止生产、销售、使用厚度小于0.025毫米的塑料购物袋，并且在所有超市、商场、集贸市场等商品零售场所实行塑料购物袋有偿使用制度，一律不得免费提供塑料购物袋。自此，塑料袋免费使用时代宣告结束。该通知被称为"限塑令"。

如今，近10年时间过去了。不少人认为，限塑令实际上并未发挥"限塑"成效，甚至已沦为"一纸空文"。这一观点不难证实，毕竟在日常生活中，塑料袋确实依旧通行，相当数量的消费者也仍然习惯使用轻便的塑料购物袋。但统计数据也说明，"限塑令"的颁布，使得消费者明显减少了塑料袋的购买和使用，为引导消费者可持续消费，建设"资源节约型、环境友好型社会"起到了积极的推进作用。如我国2007年的塑料购物袋消费已达100万吨，相当于消耗石油600万吨，是名副其实的塑料购物袋消费大国，大量的废弃塑料袋无法自然降解,给环境保护带来了严重问题,造成了"白色污染"。而自 2008 年 6 月 1 日"限塑令"正式实施到 2015 年,超市、商场的塑料购物袋使用量普遍减少了 2/3 以上,累计减少塑料购物袋 140 万吨左右,相当于节约石油 840 万吨,节约标煤 1 200 多万吨,减排二氧化碳近 3 000 万吨。

同时,根据有关协会调查,2009 年以来,我国塑料购物袋消费量持续保持在 80 万吨以下,其中超市等零售场所保持在 30 万吨以下。2015 年,国内塑料购物袋消费量约 70 万吨,其中超市等零售场所的消费量约 30 万吨。这表明"限塑令"除产生了良好的环境效应之外,也产生了良好的社会效应。

在官方看来,限塑令实施以来成效也是显而易见的,消费者自带购物袋去超市、商场、集贸市场购物的现象越来越多,不少企业、学校等公共机构对于限塑令进行了有力的宣传,普通消费者对购物袋重复使用的意识在不断增强。

不少学界研究也支撑了官方的这一说法。如 2012 年北京师范大学何浩然等人分别在《财贸经济》和《经济学季刊》上发表了两篇有分量的实证研究论文,分别为《公共环境政策如何影响消费者行为——来自中国限制塑料袋使用政策的自然实验证据》和《公共政策的效果能否被准确预测?——来自中国塑料袋使用限制政策的自然实验证据》。在这两篇论文中,作者通过对限塑令实施前后的消费者行为的广泛调查,发现塑料购物袋的消费量减幅完全在政策执行范围内,超市内减少了 80%;即便是减幅较少的农贸市场相较于 2008 年以前也减少了 60%,且政策的执行与消费者对塑料袋的使用率、替代品的使用率有密切的关系,公共政策能够较好地影响消费者的行为。一些其他学者也通过类似的调查得到了相近的结论。

当前的限塑令包含控制污染的两种工具。第一,限制。限制本身具有很高的行政成本,缺乏对塑料使用者减排污染的有力刺激;但如果政府对禁令实施有效的监督和管理,将减少甚至杜绝塑料袋的消费,减弱或消除环境污染。第二,收费。其基本机理可从庇古税原理来解释:当按照既往的消费模式,塑料袋的消费因污染造成的成本被外化,而具有巨大外部性——环境污染,致使私人成本小于社会成本,消费者会消费大量的塑料袋;如果收取和外部成本相当的塑料袋使用费,将外部成本内部化,会促使将塑料袋的使用控制在较低的水平。当前的塑料袋等塑料制品的使用数量下降的调查结果说明了控制塑料袋使用的政策效应已经显现。

不过,正如许多相关报道所描述的:塑料袋使用减少不尽如人意,相关政策似乎是一纸空文。其原因是:禁止令的实施需要严密的监督和管理,但这需要付出高昂的行政成本,而限塑令出台并没有配备执行经费,行政管理低效,尤其对农村市场等更是缺乏政策管理,减弱了政策效应。同时,目前超市等有偿使用塑料袋的政策中对塑料袋的定价过低,大大低于塑料袋引发的外部成本和损失,致使有偿使用政策对塑料袋的限制有限。

总体而言,通过减除外部性减除污染的政策设计是一个系统工程,其中科学设计政策结构,并能低成本地实施是关键。目前,中国限塑令效能的提高,需要充分考虑和配备行政管理成本,同时要提高塑料袋有偿使用价格,使价格在减去塑料袋生产成本后接近外部成本。

(案例作者:范纯增　郑岚)

相关材料

人民日报:限塑令实施 7 年商超用量普降超 2/3 [①]

自 2008 年 6 月 1 日"限塑令"正式实施,7 年来成效明显,超市、商场的塑料购物袋使用量普遍减少了 2/3 以上,累计减少塑料购物袋 140 万吨左右,相当于节约 840 万吨石油,节约标煤 1 200 多万吨,减排二氧化碳近 3 000 万吨。除了带来良好的环境保护效应,"限塑令"也产生了良好的社会效应。越来越多的消费者购物选择自带购物用具,不少学校等公共机构开展了宣传活动,增强人们多次重复利用购物袋的意识。

从 2009 年开始,我国塑料购物袋消费量持续保持在 80 万吨以下,其中超市等零售场所保持在 30 万吨以下。2015 年,国内塑料购物袋消费量约 70 万吨,其中超市等零售场所约 30 万吨。然而在"限塑令"实施之前,我国 2007 年的塑料购物袋消费已达 100 万吨,相当于消耗石油 600 万吨,是名副其实的塑料购物袋消费大国,消耗了大量石油原料,大量的废弃塑料袋无法自然降解,给环境保护带来了问题,造成"白色污染"。因此 2007 年底,国务院办公厅印发了《关于限制生产销售使用塑料购物袋的通知》,从"禁薄"和"限塑"两方面为解决上述问题提供了方案:一是禁止生产、销售、使用厚度小于 0.025 毫米的塑料购物袋;二是实行塑料购物袋有偿使用制度。

为保障"限塑令"实施效果,商务部、工商总局、质检总局实施了专项执法行动,国家发改委及时修订产业政策,将超薄塑料购物袋列入淘汰类产品,并会同有关部门开展了广泛的宣传活动。一些地方也探索出台更为严格的措施,如吉林省出台了《吉林省禁止生产销售和提供一次性不可降解塑料袋、塑料餐具规定》,江苏省在《循环经济促进条例》中明确,2017 年后超市、商场、集贸市场等商品零售场所不得销售、无偿或者变相无偿提供不可降解的塑料购物袋。

"限塑令"带来了巨大的环境效应和经济效益,但在实施过程中也遇到了不少挑战。比如集贸市场执法难、公众认识不一致、替代产品成本高等问题,影响了政策实施的效果。环资司正在研究针对增量和存量出台有效措施,一方面提高不可降解塑料购物袋的使用成本,鼓励可降解塑料产业发展,加速替代产品的市场化过程,另一方面落实生产者责任延伸制度,加强垃圾分类回收,解决塑料购物袋造成的环境污染问题。(有删节)

---

① 资料来源:朱剑红、赵展慧,《人民日报》,2016 年 2 月 17 日。

案例 3　免费的高速公路带来便利了吗？

导读：近年来，我国的高速公路及部分收费公路在国庆节期间实行免费政策。然而，事实上每年国庆节都会出现很多堵车和事故，以及二者的恶性循环。通过分析免费高速公路的排他性和竞争性，本案例从公共物品和公共资源的角度对这一政策进行了剖析，并提出了相应的建议。

自 2012 年开始，我国高速公路及其他收费公路（部分省份机场高速路）对七座以下客车在国庆节期间免收通行费。政府的初衷是好的：让大家在假期里省点钱回家或者出去游玩，一顺了民心，二达了政意。如此，本是无可厚非的利国利民的大好事。然而，结果却是在国庆节期间高速公路的车流量暴增。堵车还不是最可怕的，最可怕的是在堵车长龙中间一旦出现交通事故，那么就变成了外面的进不去，里面的出不来——活生生的一座大围城。更恶劣的后果是，一旦应急通道被堵，交通警察、医护人员等均难以进入，由此造成的生命财产损失难道是省下来的高速通行费能够弥补的吗？

鉴于高速公路年年免费年年堵，年年事故年年复，我们不得不问：免费的高速公路，真的给大家带来便利了吗？对于这一问题，如果从经济学角度进行思考，政策制定者及其他利益相关者或许能明白其中的道理。

问题的源头出在高速公路，所以我们首先要对这一物品进行定性。经济学理论告诉我们，一种物品的市场特性可以从排他性和竞争性两个角度进行刻画。排他性是指一种物品具有的可以阻止一个人使用该物品的特性。竞争性是指一个人使用一种物品将减少其他人对该物品的使用的特性。那么，免费的高速公路属于什么物品呢？答案是需要分类讨论——在一马平川、车流稀少的情况下，免费的高速公路是既没有排他性也没有竞争性的，因而属于公共物品；在堵车等不利环境下，免费的高速公路是没有排他性的，但是这时候就具有竞争性了，比如堵车长龙内部之间就会形成强大的负外部性，因而属于公共资源。

举两个笔者亲身经历的例子来说明这两种情况。

第一个例子是在 2016 年国庆节的时候，笔者到外地探访朋友。搭乘高铁到达当地时已是晚上八点钟，好在朋友也已经在高铁站等候我了。见面之后，他说预约了一辆"滴滴顺风车"。令我惊讶的是，我俩只用了半个小时就到了住处，而以前我来的时候，这一段路程是要一个多小时的。我把自己的疑惑讲给朋友听，他解释道："你难道没有发现，这次汽车走的线路和你以前来的时候不一样吗?"我说:"大晚上的,我倒真没有发现有什么不一样的。难道是你们这里又新修了一条近路?"朋友笑道:"不是的,这次我们走的是高速公路。"我这才恍然大悟:国庆节高速公路是免费的!滴滴顺风车的司机并没有付出任何成本,却为自己、为乘客都节省了半个小时的时间。当然了,最庆幸的还是这一次免费的高速公路车辆稀少,畅通无阻。

第二个例子是在 2013 年国庆节的时候,笔者搭乘朋友的私家车从山东省济南市去该省的另外一个城市。根据朋友以往的经验,自驾车行驶这段路程一般需要花费不到三个小时。但是,朋友毕竟是高级知识分子,早就预想到很多司机都会因为节假日免费而挤到高速路上行驶,因此我们早上 7 点就驶入了高速公路。但是,不幸的是 7 点半左右,高速公路的堵车恶魔就开始发难了。更不幸的是,很多私家车在看到通行无望然而又无法后退的时候,毅然将车开上了应急通道——如此,免费的高速公路就完全变成了一根香肠。结果,当天我们花了大约 8 个小时才到达目的地。

这两个例子把免费高速公路的公共物品和公共资源的两种属性表现得非常清楚。在第一个例子中,免费的高速公路不能阻止任何一辆车通行,每一辆车也不影响其他车的通行,因而免费的高速公路属于公共物品;在第二个例子中,免费的高速公路同样不能阻止任何一辆车开上高速路,但是路上每多一辆车,所有的车就更加拥堵,因而免费的高速公路就属于公共资源。

公共物品确实是能够为大家带来福利的,但是公共资源却往往会酿成公地悲剧。因此,在节假日期间,假如要尽量保持免费的高速公路的公共物品特性,笔者认为只能依靠拓宽高速公路、缩小汽车体积以及大力开发医疗救护和交警指挥的空中作业能力,而这在当今的经济技术条件下基本是不现实的。除此之外,应该在适当消除高速公路排他性的同时,通过结构性调整收费政策来削弱其竞争性。最直接的是可以通过在不同时间段对高速公路收取免费、低价、日常价以及高价等不同价格,同时对车流量特别大的热门路段适当提高价格,通过价格调控将车流在高峰时段(比如白天,以及节假日的首尾)与低谷时段(比如晚上,以及节假日的中间)之间、热门路段(比如省会城市附近)与冷门路段(比如路程稍远者)之间进行合理配置,以达到更加有效利用资源的目的。

(案例作者:罗守贵　栾强)

相关材料

国庆首日:出京 108 公里开了 6 小时　服务区厕所爆满①

记者昨天从市交通委获悉,国庆假期第一天 0 点至 16 点,全市高速公路交通量约为

① 资料来源:贾婷、张思佳、郝少颖,《京华时报》,2016 年 10 月 2 日。

158.33 万,比前一日增长约 19.42%,同比增长约 14.86%。其中进京约 67.46 万,出京约 90.87 万。昨天早上 6 点,京承、京藏、京港澳、大广及京哈五大高速出现长距离拥堵。市交管局路况信息显示,直到 13 点左右,高速路路况逐渐恢复正常。交管部门预计今天高速 7 点将出现拥堵,9 点至 11 点为全天交通量最大的时段,拥堵情况将比首日有所缓解。

昨天早上 6 点,记者从三元桥出发到达京承高速收费站,将近 12 公里的路程,用时半小时。京承高速出京方向,来广营桥附近将近 4 公里的道路车行缓慢,该路段在路况信息上显示为严重拥堵的紫色。

昨天早上 6 点,交管部门的路况信息显示,京承、京藏、京港澳、大广及京哈高速已经有多个路段飘红,机场高速也出现了长距离的拥堵。

路况信息显示,6 点 40 分,京承高速出京方向上有两段拥堵,分别是从望和桥起开始拥堵至主收费站,清河大桥到酸枣岭桥。京藏高速上已经有十几公里的路段出现严重拥堵的深紫色,从收费站到白浮南桥因为有事故发生,车行缓慢。

路况信息显示,直到 13 点左右,高速路路况逐渐恢复正常。与高速路相比,市内的道路除个别路段受事故影响发生拥堵外,其他路段几乎全天保持通畅。

记者从交管部门了解到,造成高速路拥堵除去高速路免费通行的原因,高速路上的轻微事故占用车道也是造成拥堵的原因。据悉,京承高速出京方向提前出现排队情况就是受到北五环至北六环之间事故的影响,京哈高速与京开高速同样也有事故发生,加剧了道路拥堵。

交管部门预测,2 日从早上 7 点开始,各条高速公路出京方向还将迎来车流高峰,并一直持续到中午。交管部门提示,请有出行计划的市民朋友提前关注交管部门发布的实时路况信息,安排好出行路线和出发时间。

市交管局高速公路支队支队长程伟介绍,假期首日的路况和前期预判的情况比较吻合,"今年高速公路免通期间,交通压力比较大,形势严峻"。预计今年高速路免费通行期间,全市高速路的日均车流量能达到 230 万辆,返京的日均流量能达到 250 万辆,与去年相比,有 10% 左右的上升。

高速公路支队提示出行的市民朋友,出门前要了解路况,不要把出行的路线完全定位于高速公路,其他的国市道也应该是比较顺畅的。再有,不要在主线站和重要的景点周边的路口停车等候。

9 月 30 日 20 点 30 分,记者驱车从朝阳区左家庄出发,目的地设定为河北霸州,市内道路还算畅通,从南四环京开高速入口匝道处开始拥堵,车速基本降低为每小时 10 公里以下,此后,拥堵一直延续,上京开高速过五环后的第一个服务区内已变成停车场,大量车辆甚至停到了高速路应急车道上。服务区内的卫生间,男士被女士驱赶出去,即使男厕所被女士"霸气占领",外面排队的女士队伍依然有近 20 米长,而男士则都在旁边的树林内排队解决。

拥堵依然在延续,昨天零点,记者车辆仍未将车开出北京区域。沿路记者目测到至少三起追尾事故,而京开高速应急车道全线均被车占满。10 月 1 日凌晨零点 30 分,记者开车进入了京开高速延长线的大广高速,至大广高速牛驼服务区,拥堵才有所缓解,沿途服务区及服务区外侧高速应急车道均行驶着车辆。

记者最终到达河北霸州出口的时间是凌晨 2 点 20 分左右,一共行车 6 个小时,而从左家庄到霸州,全程仅 108 公里。(有删节)

案例 4 环保税将取代排污费成为 保护环境的新着力点

导读： 改革开放几十年来的经济发展使我们脱离了贫穷,老百姓的生活水平日益提高。然而,发展的代价很沉重,环境污染、生态破坏,在今天已经到了不得不重视的地步。因此,解决污染问题,让所有人免于环境污染的威胁,成了我们最基本的生活需求。2016年年底出台的《环境保护税法》规定,从 2018 年 1 月 1 日起,取消排污费,实现"费改税"。环保税属于庇古税的范畴,根据污染所造成的危害程度对排污者征税,用税收来弥补排污者生产的私人成本和社会成本之间的差距,使两者相等。该税由英国经济学家庇古最先提出,所以被称为"庇古税"。

2016 年 9 月 12 号的《财会信报》第 B06 版刊登了一篇关于中国排污费改为环保税的对话式小故事。故事讲述了在一个天空瓦蓝瓦蓝的秋日午后,生活在北京的李老师和学生小左一边往办公室走一边聊天。同样的季节,难得的蓝天,让李老师忆起年轻时上山下乡去农田干活的情形。李老师说当时干农活,正赶上火红的太阳探出头来,放眼望去,广阔无垠的黄色土地,看不到边的绿色庄稼,空气中弥漫着特有的清香,沁人心脾、透人肺腑。当时人们虽然身体很累,但是天气晴朗心情好。后来招工到食品公司当了屠宰工,环境完全没法和农村相比,整个屠宰车间里血水横流、污水四溢、臭气熏天。虽说下班后洗了澡,换了干净的衣服,但那种腥臭的味道仿佛钻进了骨髓,旁边坐着的人们都会捂住鼻子离开。

小左问李老师回到北京以后,环境是不是就好了很多,李老师更是表现出了无奈,说他回京以后分配到了北京印染厂工作。印染企业也是一个污染大户,只要一进厂门口,就会闻到一股酸了吧唧的味道,工厂排出的染料废水毒性更大。因此,他工作过的印染厂早就搬到远郊去了,现在的厂址已经被一栋栋高楼所代替。小左又问李老师既然现在北京的污染企业都迁走了,烧煤的锅炉也改成了用油或用电,可为什么北京的空气质量越来越差了呢？李老师说这些只是减少污染的一个方面,而北京这些年增加了多少人、房、车啊！仅生活垃圾这一块,每天就要拉走很多车,这可都是污染源呀！再说,北京的污染厂迁走了,可周边城市的污染企业还在生产,这些都是造成北京空气污染的主要原因。资源短缺、环境污染和生态破坏已经成为制约经济可持续发展的主要瓶颈,必须要用严格的法律制度保护生态环境。

20 世纪 70 年代末期,中国环境保护主管部门根据中国的实际情况,并借鉴国外的经验,提出了"谁污染谁治理"的原则。根据这一原则,开始实施排污收费制度。这项政策要求一切向环境排放污染物的单位和个体经营者,应当依照政府的规定和标准缴纳一定的费用,以使其污染行为造成的外部费用内部化,促使污染者采取措施控制污染。但是排污费制度由于存在征收窄、征收标准过低、征收力度不足、征收效率低以及不能按照法定用途使用等问题,导致违法成本低或守法成本高,从而难以为降低污染排放提供有效激励,不利于环境质量的明显改善。回到故事中来,从现实来看,排污费的征收存在不少乱象,如排污费"应征未征"的现象普遍存在,违规设置排污费"收缴过度户",排污费收入人为混库,地方财政层层截留中央级收入,挤占挪用截留排污费,等等。

2016 年 12 月 25 日,历经 10 年、两次审议的《中华人民共和国环境保护税法》获表决通过,将现行的"排污费"改为"环保税",规定应纳税排放的污染物包括"大气污染物、水污染物、固体废物和噪声",于 2018 年 1 月 1 日起施行。环保税法的出台,标志着我国环境保护领域"费改税"以立法形式确认固化,以"税"代"费",充分发挥了税收的激励作用。业内人士将其形象地比喻为"中国的庇古税",根据污染所造成的危害程度对排污者征税,用税收来弥补排污者生产的私人成本和社会成本之间的差距,使两者相等。尽管从理论上说,排污费和环保税只是名称不同,作用机理相同,但在现实中,环保税的征收力度可能会比排污费更大。通过对污染产品征税,使污染环境的外部成本转化为生产污染产品的内在税收成本,从而降低私人的边际净收益并由此来决定其最终产量。由于征税提高了污染产品的成本,降低了私人净收益预期,从而减少了产量,减少了污染。庇古税作为一种污染税,虽然是以调节为目的的,但毕竟能提供一部分税收收入,可专项用于环保事业。

制定环境保护税法,推进环境保护费改税,有利于从根本上解决现行排污费制度存在的执法刚性不足、行政干预较多、强制性和规范性较为缺乏等问题,有利于促进形成治污减排的内在约束机制,有利于推进生态文明建设,加快经济发展方式转变。中国法学会财税法学研究会会长、北京大学法学院教授刘剑文认为:作为"落实税收法定"原则提出后的第一部税法草案,环保税法的立法过程具有标杆意义,给今后的税法立法提供了样板。草案最大的亮点在于,赋予地方制定浮动税率的权限时,并不是授权给地方政府,而是地方人大,规定地方政府在《环境保护税税目税额表》基础上制定的税额,必须报同级人大常委会决定,并报全国人大常委会备案,这与过去的做法有明显区别,过去税法立法都是授权给地方政府,比如 2011 年的车船税法。由过去的授权给地方政府,改为现在的授权给地方人大,这也是税收法定的一大进步。

环保税替代排污费是我国环境相关立法的进步,具体到相关执行、监督的细节,还需深入了解欧洲等相关发达地区的实践经验,结合中国各省的环境承载能力和经济社会发展情况,设计合理的税率机制,这样有助于各个地方精准应用环保税的手段促进环境保护。

（案例作者：胥莉　张珺涵）

相关材料

官方解读排污收费制度与征收环保税的异同[①]

十二届全国人大常委会第二十五次会议 2016 年 12 月 25 日闭幕,全国人大常委会办公厅召开新闻发布会,有关方面负责人就本次会议表决通过的中医药法、公共文化服务保障法、环境保护税法等有关问题回答记者提问。

发布会上,有记者提问:环境保护税法将现行的排污收费制度改成了征收环保税,二者主要有哪些相同点和哪些不同点?

对此,全国人大常委会法工委经济法室副主任王清介绍,环境保护税法制定过程中,遵循的原则之一就是将排污费制度向环境保护税制度平稳转移,所以衔接性规定较多,主要表现在以下四个方面。

一是将排污费的缴纳人作为环境保护税的纳税人,即在中华人民共和国领域和中华人民共和国管辖的其他海域,直接向环境排放应税污染物的企业事业单位和其他生产经营者,为纳税人。对不具有生产经营行为的机关、团体、军队等单位和居民个人,不征收环境保护税。对不属于直接向环境排放应税污染物的情形,比如,向污水集中处理厂、生活垃圾集中处理厂排放污染物的,在符合环保标准的设施、场所贮存或者处置固体废物的,规模化养殖企业对畜禽粪便进行综合利用、符合国家有关畜禽养殖污染防治要求的,也不征收环境保护税。

二是根据现行排污收费项目,设置环境保护税的税目。从大的分类讲,包括大气污染物、水污染物、固体废物和噪声四类。具体讲,不是对这四类中所有的污染物都征税,而是只对本法所附《环境保护税税目税额表》和《应税污染物和当量值表》中规定的污染物征税。不是对纳税人排放的每一种大气污染物、水污染物都征税,而只是对每一排放口的前3 项大气污染物、前 5 项第一类水污染物（主要是重金属）、前 3 项其他类水污染物征税;同时规定,各省根据本地区污染物减排的特殊需要,可以增加应税污染物项目数。

三是根据现行排污费计费办法,设置环境保护税的计税依据。比如,对大气污染物、水污染物,沿用了现行的污染物当量值表,并按照现行的方法即以排放量折合的污染当量数作为计税依据。

四是以现行排污费收费标准为基础,设置环境保护税的税额标准。比如,目前国家对大气污染物、水污染物征收排污费的标准分别是不低于每污染当量1.2 元和 1.4 元;同

[①] 资料来源:人民网-中国人大新闻网,http://npc.people.com.cn/n1/2016/1225/c14576-28975008.html。

时,鼓励地方上调收费标准,但没有规定上限。实践中,有7个地方已经提高了收费标准,比如,北京调整后的收费标准是最低标准的8到9倍。环境保护税法在现行排污收费标准规定的下限基础上,增设了上限,即不超过最低标准的10倍,既考虑了地方的需求,又体现了税收法定原则。各省可以在上述幅度内选择大气污染物和水污染物的具体适用税额。

二者的不同点主要有:第一,增加了企业减排的税收减免档次。现行排污费制度只规定了一档减排税收减免,即纳税人排放应税大气污染物或者水污染物的浓度值低于规定标准百分之五十的,减半征收环境保护税。有的意见提出,应当根据减排的幅度确立更多档次的税收减免。为鼓励企业减少污染物排放,参考实践中一些地方的做法,环境保护税法增设了一档减排税收减免,即纳税人排放应税大气污染物或者水污染物的浓度值低于规定标准百分之三十的,减按百分之七十五征收环境保护税。第二,进一步规范了环境保护税征收管理程序。现行排污费由环保部门征收管理;改征环境保护税后,将由税务机关按照本法和税收征收管理法的规定征收管理,增加了执法的规范性、刚性。同时,考虑到环境保护税的征收管理专业性较强,本法还强调了环保部门和税务机关的信息共享与工作配合机制。(有删节)

第四篇

企业行为与产业组织

案例 1　从成本角度看电商商务模式

导读：距 11 月 11 日还有好几周，各大电商"双十一"购物狂欢节的宣传就已纷至沓来。不得不说这些年来，网络购物模式日渐普及，创造了逐年上涨的销售业绩，让电子商务产业看起来一片繁荣。而提到电子商务的优势所在，"低成本"往往是第一时间被提起的词汇，事实真的如此简单吗？10 月 13 日杭州云栖大会开幕式上，马云即发表演讲称"纯电商时代很快会结束，未来的 10 年、20 年将没有电子商务这一说"。通过这篇演讲，我们可以更清晰地意识到，成本这一概念在现实中比理论上更加复杂，从而反思我们潜意识中可能存在的认知错误。

电子商务"将死"？

"从明年开始，阿里巴巴将不再提'电子商务'这一说。"——2016 年 10 月 13 日的杭州云栖大会上，作为中国电商巨头阿里巴巴主要创始人的马云，令人意外地提出"纯电商时代很快就会结束"的观点。

这里不得不提一下中国电子商务产业的发展史。中国的电子商务产业萌生在 20 世纪末，随着阿里巴巴、当当网等如今的电商巨头们的相继创立，在互联网的普及下，用了 20 余年便席卷全国。2013 年，中国电子商务交易规模突破 10 万亿元，超过美国成为世界第一大网络零售市场。

在这样似乎无人可挡的发展态势下，马云这一悲观预言宛若一盆冷水泼在电子商务产业头上。而笔者认为，虽然这一观点在此刻被提出难以排除博取关注的因素，但也不失为一个理性的预测。在此篇案例中，我们希望大家能够凭借所学，从成本的角度对电子商务模式进行浅析。

低成本？——或许是对中国电商的一大误读

为什么越来越多的人选择网店而不是实体店？除了便利等因素外，一个主要原因就是，在很多时候，网店的商品比实体店的更加便宜。这让很多人理所当然地产生了一种错觉——"网店成本低"。

这个错觉似乎是有根据的，因为我们很容易想到，网店与实体店相比，没有了店铺的租金水电等成本。以繁华的商业街上的实体店铺为例来说，这也应当是一笔不小的固定成本，确实是线上店铺的优势之一。

当然,人们也会意识到,电商也有一些单独的成本出现,比较明显的是物流成本。这一成本对于"包邮"的卖家十分明显,但即使是买家额外支付邮费的订单,买家也会将物流费用计算在购买价格之内并横向比较,这一物流成本也会在市场竞争中最终体现出来。而人们大多认为,物流成本要比实体店的店铺成本更小,成为线上购物价格低的原因。

但是,除了这些看得见的成本之外,还有若干看不见的成本很容易被我们忽略。宣传、推广商品的成本即是一例。实体店铺由于天然具有街道的客流量,店铺的存在本身就吸引了诸多消费者。同时,实体店也可通过店面风格、服务特色等形成独特的竞争优势,吸引客户进行消费。而这些自身宣传效果于线上则是不存在或难以实现的,只有通过广告等途径来弥补,从而产生更高的宣传成本。再者,拥有一定销量的线上店铺往往也需要一定的仓储空间。

除此之外,有些成本的高低也会因经营规模或是产品种类的不同产生差异。如最基本的采购成本会依据销量高低而定,对于刚刚发展网上销售的企业,由于销量无法保证,往往要担负比实体店铺更高的采购成本。同时产品的存储成本、保质期等都是可能对成本造成很大影响的因素。

综合以上因素考虑,网上销售的成本未必低于零售。事实上,许多同时拥有线上线下销售渠道的连锁品牌都存在线上销售成本更高的现象,在保持线上线下同价的情况下,线上销售已然成为毛利率更低的一方。

价格战:逃离还是应对

电商的日子并不好过——成本未必低于实体店,却还必须硬着头皮打响价格战。网络购物刚开始推广之时,存在消费者对于新消费模式的适应成本,低价成为最普遍的宣传手段。而如今线上购物简单粗暴的竞争环境,更是让定价被迫"居低不上"。买家可以轻松悠闲地比较各个店铺的优劣,不占优势的价格也将轻易导致不占优势的销量。

在这样的环境下,各大电商想要脱离价格战,就需要打出品牌战、创新战,通过再付出少许成本进行品牌包装从而抬高价格,运用价格以外的因素,吸引对应的消费人群。

而马云已经看到,电子商务终将停滞于现在所走的道路,因此他提出了"新零售、新制造、新金融、新技术、新能源"的"五新"发展模式,指出电子商务应当与零售业互取精髓,"线下的企业必须走到线上去,线上的企业必须走到线下来",发展新一代销售模式,才能通过更高效率的产品流通运作环境,进一步压缩成本,实现经营者和消费者的双赢。

高瞻远瞩的业界人士如此预测了中国电商的未来。我们也需要跟随时代,用发展变化的眼光加以看待。

(案例作者:潘小军　文俊涵)

相关材料

2016 年杭州云栖大会马云演讲[①]

有人讲互联网经济或者电子商务是一个虚拟经济，我认为它不是一个虚拟经济，它是一个未来的经济。很多人讲"互联网在冲击各行各业""电子商务打击、摧毁或者冲击了传统商业"。我认为，电子商务没有冲击传统的商业，更没有打击传统商业，电子商务只是把握了互联网的技术、互联网的思想，知道未来的经济将完全基于互联网。我们抓住了互联网的技术，在这个上面创造出一个适应未来的商业模式，那就是电子商务。

真正冲击各行各业、冲击就业、冲击传统思想、冲击传统行业的是我们昨天的思想，是对未来的无知，是对未来的不拥抱。所以我并不觉得我们今天在座的每个人要担心什么，真正要担心的是我们对昨天的依赖，世界的变化远远超过大家的想象，未来的 30 年是人类社会天翻地覆的 30 年。

不是技术冲击了你，而是传统思想、保守思想、昨天的观念冲击了你；不是电子商务冲击了传统商业，而是你对未来的不把握冲击了你的商业。

另外，大家都知道阿里巴巴是电子商务企业，其实在阿里巴巴的业务里，最传统的一块业务被称为电子商务。"电子商务"这个词可能很快就被淘汰。其实从明年开始，阿里巴巴将不再提"电子商务"这一说，因为电子商务只是一个摆渡的船，它只是把这个岸，把河岸的这一头端到了那一头。未来的五大新，我们认为有五个新的发展将会深刻地影响到中国，影响到世界，影响到我们未来的所有人。

为什么电子商务是一个传统的概念？我讲纯电子商务将会成为一个传统的概念。20 多年前，我们开始做互联网的时候，其实我们并不是一开始就做淘宝、天猫、支付宝，我们到 2003 年才意识到未来的商业将会发生天翻地覆的变化，2004 年我们才意识到也许我们这么做下去，金融会发生巨大的变化，所以 2003 年、2004 年，其实我在全中国做过至少 200 场的演讲，跟无数的企业交流未来新的商业模式、新的电子商务将会改变很多商业的形态。我相信那时候绝大部分企业并不把它当回事。

但是今天电子商务发展起来了，纯电商时代很快会结束，未来的 10 年、20 年将没有电子商务这一说，只有新零售这一说，也就是说线上线下和物流必须结合在一起，才能诞生真正的新零售，线下的企业必须走到线上去，线上的企业必须走到线下来，线上线下加上现代物流合在一起，才能真正创造出新的零售。物流公司的本质不仅仅是要比谁做得更快，物流的本质是真正消灭库存，让库存管理得更好，让企业库存降到零，只有这个目的，才能真正达到所有的物流真正的本质。

我将第一个新称为新零售，现代都市里面，很多传统零售行业受到了电商或者互联网

---

① 资料来源：马云发言，2016 年 10 月 17 日杭州云栖大会。

巨大的冲击,我个人觉得是他们没有把握未来的技术,没有看未来,只看到昨天如何适应这个新的技术,如何和互联网公司进行合作,如何和现代物流进行合作,如何利用好大数据。必须打造新零售,原来的房地产模式为主的零售行业一定会受到冲击,今天不冲击,你活的时间也不会太长,新零售的诞生,对纯线下也会带来冲击,我们提出第一个新是新零售。

第二个新是新制造,过去二三十年,制造讲究规模化、标准化,未来30年制造讲究智慧化、个性化和定制化,如果不从个性化和定制化着手,任何制造行业一定会被摧毁。所以从零售以后开始的第二次巨大的技术革命,那就是IOT的革命,就是所谓人工智能智慧机器,未来的机器吃的不是电,未来的机器用的是数据,所以希望大家高度重视,所有的制造行业,由于零售行业发生变化,原来的B2C的制造模式将会彻底走向C2B,也就是说按需定制,我们今天讲的供给侧的改革,就是改革自己,适应市场;改革自己,适应消费者。

所以希望大家千万注意IOT的变革,未来的新制造的诞生,对我们长江三角洲地区和珠江三角洲地区原来以规模化和标准化制造的一些行业的方方面面的冲击,将远远超过大家的想象。

第三个新是新金融,新金融的诞生也会加快整个社会的变革。过去的金融,200年来支持了工业经济的发展,过去200年是二八理论,只要支持20%的大企业就能拉动世界80%的发展。但是未来新金融必须去支持八二理论,即如何支持80%的那些中小企业、个性化企业、年轻人、消费者,这样的话,原来的金融基础设施就不再适应了。

诞生互联网金融以后,互联网金融希望解决的是更加公平、更加透明、更加支持那些80%昨天没有被支持到的人,所以今天新金融的诞生势必对昨天的金融机构有一定的冲击和影响,但是这个机会也是大家的。我希望能够看到真正的互联网金融的诞生,能够创造出真正的信用体系,基于数据的信用体系才能够让全世界产生真正的普惠金融,让每一个人,只要你想用钱,都能得到钱,你得到的是足够的钱,而不是很多的钱,也不是永远得不到的钱。

所以新金融的诞生,会给所有创业者、年轻人、小企业带来无比的福祉,我相信未来的10年内,一定能看到巨大的发展,这也是蚂蚁金服所担当的责任,我们希望让信用变成财富,我们希望让每一个人能够获得金融的支持,真正出现公平、透明、开放的普惠金融体系。

此外还有新技术的诞生,出现了移动互联网以后,也许原来以PC为主的芯片将会是移动芯片,操作系统是移动的操作系统,原来的机器制造将会变成人工智能,原来机器消费的是电,未来机器消费的是数据。未来层出不穷的基于互联网、基于大数据的新技术为人类创造了无穷的想象空间。

还有就是新资源,过去的发展是基于石油和煤,未来的技术发展基于新能源,基于数据,按照王坚博士的说法,数据是人类第一次自己创造的能源或资源。衣服如果被穿过,就不再值钱,数据则是被用过后更值钱,是越用越值钱的东西。

所以我希望大家记住,这五个新将会冲击很多行业。我这里最先警示,不要等20年以后埋怨说你又破坏了我们。新零售、新制造、新金融、新技术、新能源,这五个新将会在方方面面对各行各业发动巨大的冲击和影响。把握则胜,我不希望大家把它当作危言耸听的警示,而应当把它当作改变自己的机遇——从现在开始。

(根据马云在杭州云栖大会上的演讲稿编写)

案例 2　苹果公司把生产线搬回美国可行吗?

导读: 美国总统特朗普一直强调将通过各种手段促使海外美国企业将生产线搬回美国,给传统制造业基地创造大量就业机会。作为标杆企业的苹果也收到了特朗普抛出的要求其回国生产的橄榄枝。苹果公司的优势主要来自于价值链掌控能力和持续创新能力。苹果几乎所有的关键技术和生产工艺都是与供应商合作开发的。一旦离开供应商的支持,产品创新设计的竞争优势就会丧失,利润也会大幅下滑。美国本土目前还没有发挥其产业集群优势的能力。尽管政府会出台税收优惠和关税保护的政策,但是将苹果代工厂搬回美国,为美国创造就业,是不明智的选择。

随着特朗普成为美国新一任总统,一系列争议问题接踵而至,其中最受大家关注的就是特朗普要求苹果公司将生产工厂搬回美国,以期为美国创造更多的就业岗位。美国社会对于本国制造业近年来的发展一直抱以忧患意识,将制造业下滑的原因归咎于中国制造业的兴起,从而导致美国工厂关闭或迁移到中国。制造业重新流回美国是特朗普一直以来强调的政治诉求,声称将通过各种手段促使海外美国企业将生产线搬回美国,给传统制造业基地创造大量就业机会。苹果公司是美国最具代表性的标杆企业,它的绝大部分生产基地都在本土之外。如果可以顺应特朗普的要求回国生产,示范效应明显。面对总统给予的很多优惠政策,苹果公司将会何去何从呢?

苹果公司产品的核心技术在美国,原材料及零部件供应来自 31 个国家,中国的供应商数量最多,达到 346 家。苹果总装工厂一共有 18 家,其中 14 家位于中国,2 家位于美国,1 家位于欧洲,1 家位于南美。围绕产品制造的原料、技工、管理、市场等产业链条都在中国,形成了产业链集群。众所周知,劳动力是中国的比较优势,苹果如此青睐中国,主要是看中了中国充足且相对廉价的劳动力。近年来随着职业教育的发展,中国劳动力素质不断提高,形成了规模巨大的熟练技工和产业工人市场。虽然苹果拥有技术和专利,但是制造技术却掌握在和硕、纬创、富士康等供应商和代工厂手中。苹果公司和供应商之间默契的配合保证了苹果产品的高品质和高利润。倘若苹果果真搬回美国生产,由于美国工人高昂的工资,生产效率的相对低下,这会使苹果产品的成本大幅度提高,价格自然也会上涨。有机构预测,如果苹果搬回美国生产会使 iPhone 7 plus 的价格由现在的 969 美元上升至 2 000 美元,约 14 000 元人民币。如此昂贵的价格会使很多有购买苹果手机意愿的消费者望而却步,转而购买其他品牌的电子产品。毕竟他们可以花更加低廉的价格购买一部品质不比苹果差很多的手机。由此可能引发苹果手机销量大幅度的下滑，虽然单部手机的价格上涨了，但总利润可能会不增反减。这对苹果公司本身是极为不利的，毕竟无论是什么样的公司，目标就是做到利润最大化。

依靠苹果企业回流带动美国制造业，或许并不明智。苹果公司的优势主要来自对价值链的掌控能力和持续创新能力。苹果几乎所有的关键技术和生产工艺都是与供应商合作开发的。苹果做产品设计，供应商做工艺设计，两者之间的沟通桥梁就是供应链，成功地对接了产品设计与工艺设计，确保苹果产品创新设计的竞争优势和利润。苹果的供应链已经演化成一个由芯片、操作系统、软件商店、零部件供应厂商、组装厂、零售体系、App开发者组成的、高度成熟和精密的强大生态系统。苹果利用供应链的大规模掌控优势，尽可能地拉高售价与压低生产成本。如果苹果要在美国本土开发生产线，那么他们的制造商就得从零开始，建立工厂，购入机器设备，招收工人进行培训，以提高供应商的生产水平和技术开发水平。目前面临的困境是：美国劳动力市场存在严重的技能供需错配，欠缺大型制造业基础设施以及相关模具制造商，原材料无法供应。如果在美国本土生产苹果手机，成本被认为将上升至原来的 2 倍，这将会损害苹果手机业务的高利润率。

对于美国制造业自身来说，当前制造业的整体规模虽然没有中国大，但在高端制造业领域仍旧遥遥领先。美国始终保持着高端制造业在 IT、研发等方面的优势。从制造业自身价值链来看，美国制造业应该把低附加值的环节主动配置到海外，自身朝着价值链更高的方向发展，这样美国能够获取远高于全球平均水平的制造业利润率。特朗普让制造业回归的做法想必会使许多美国的失业者受益，这也是回馈选民和维持社会安定的必要举措。但是，如果回流的仅仅是技术含量低的消费型制造业，此举并不能惠及重新获得工作岗位的工人。这些装配工作的技术含量不高，工人所获得的报酬也低。然而消费品价格因在美国本土生产一定会提高，如果不提高进口商品关税，美国人仍会选择进口便宜产品；如果提高关税，等于是抬高了美国人的生活成本，对冲了扩大生产带来的部分工资收入。失业本是不可避免的，要降低失业率，也应该是通过刺激经济的发展来促进需求以创造更多的就业岗位。在苹果公司的问题上，特朗普需要从长远考虑，三思而后行。

（案例作者：陆蓓　唐陈民）

相关材料

特朗普想把 iPhone 生产转回美国？恐怕没那么容易[①]

尽管美国当选总统唐纳德·特朗普（Donald Trump）曾经承诺把苹果 iPhone 的制造岗位转回美国，而不是在中国进行。但无论从经济还是产业结构的角度来看，这都不是一

---

① 资料来源：腾讯科技 http://tech.qq.com/a/20161119/002035.htm。

个可行的选择。

由于 iPhone 自始至终都没有在美国生产过,因此所谓的"迁回"也就无从谈起。且不说 iPhone 的价格是否会因此上涨,单纯从可行性的角度来看,这都是一个完全无法兑现的承诺。虽然从理论上讲,iPhone 完全有可能在美国组装,但实际操作起来却非常困难,因为很难将遍布亚洲各地的电子产业链全部转移到西方。这种简单粗暴的战略存在一个漏洞:为了避开特朗普对中国收取的高额关税,苹果可以轻而易举地将产能转移到另外一个国家——那里的成本甚至比中国还低,美国本土却很难找到合适的地方。

虽然 iPhone 是在加州设计的,但苹果的存储芯片却是从韩国采购的。而作为 iPhone 成本最高的元件,显示器同样来自日本。最终的组装工作由富士康与和硕在中国大陆完成。苹果还聘请美国供应商在该国生产玻璃和无线电元件。

常规的拆解分析显示,每部 iPhone 包含的劳动力成本约为七、八美元。这就是组装一部 iPhone 的"生产"成本——这部分工作都在中国大陆完成。屏幕来自日本或中国台湾,芯片来自得州的三星美国公司,设计都在苹果总部完成。换句话说,iPhone 最大的利润基本都被美国拿下了。

再来考虑一下组装成本的重要性。按照每部 iPhone 制造成本 7 美元,每年销售 2 亿部计算(虽然并不精确,但肯定非常接近),每年对应的工资总额达到 14 亿美元,但它的分母却是高达 18 万亿美元的美国经济总量。由此得出的比例仅为 0.008%。换句话说,即使苹果将生产全部转回美国,我们也完全不会注意到任何变化。

有人或许会说,美国的工资高于中国,所以实际影响会更大——美国的电子产品组装工作的小时工资约为 13 美元,而中国全天仅为 30 美元。换句话说,美国的工资约为中国的 3 倍,对应的总额约为 52 亿美元。但与美国庞大的经济总量相比,仍然可以忽略不计。

最后,还应该注意其他一些问题。作为一家以营利为目的的公司,苹果的利润率会因为成本上涨而受到冲击。换句话说,从经济角度来讲,美国的贸易地位无法得到任何改善。

简单来说,让苹果将 iPhone 生产转回美国国内完全没有任何意义,更没有必要为了实现这一目标而制定任何政策。虽然美国的大规模制造业整体都在萎缩,但小规模制造业却在增长。事实上,美国在定制工程方面表现不俗,很擅长开发"制造工具的工具"。

虽然奥巴马任期内对高端制造大力支持,但目前还不清楚特朗普是否会延续这些政策。巴西的教训已经告诉我们,试图重返传统的大规模制造时代根本无法达到预期的效果,要知道,就连号称"世界工厂"的中国都开始逐渐减少这些工作岗位了。(有删节)

案例3 可变乎? 不变乎? ——小面馆对厂商理论的启示

导读：新古典厂商理论假定，厂商作决策时要用到两种基本的成本函数：短期成本函数和长期成本函数。理解短期成本和长期成本的关键不是单纯地按照时间长短划分，而是看生产要素或者其他条件是否能够调整。在现实生活中，厂商会根据自身状况决定是否调整以及如何调整生产要素。本案例的内容结合了作者的观察和经济学家张五常的观点，考察了一个小面馆的日常经营，试看它是如何决策以追求利润的。案例后附加的阅读材料节选自张五常的《经济解释》卷二的第六章。对厂商理论感兴趣的同学不妨找《经济解释》中的相关章节阅读。

在上海市徐汇区康平路与天平路的交叉口，有一家川味面馆。面馆占地很小，屋内仅摆着四张窄窄的餐桌，把屋外的一小方空地利用起来，最多也只能勉强坐下20人。小馆的面不贵，味道却很不错，加上毗邻徐家汇商圈，食客络绎不绝。某高校的老校区与面馆只有一街之隔，学生们吃够了食堂的饭菜，也常来换换口味。老校区的学生大多研习经管学问，宏观、微观理论烂熟于胸，其志不在小，大概鲜有人琢磨过这家不起眼的面馆。然而借此面馆审察一下厂商理论是再合适不过的——面馆的生产要素和产品种类简单分明，生产和交易的流程清晰可见，当属最简单的那类厂商了。

短期与长期、不变与可变的概念是新古典厂商理论的重要内容。主流的经济学教科书在分析生产时，会把问题分为短期与长期。在"短时期"内，某些要素可变，某些要素不可变，相应的成本分别对应为可变成本和不变成本。而在"长时期"内，所有要素的量都可变，所有的成本都是可变成本。教科书通常还会强调，厂房和设备在短期一般属不变要素，劳动力和原料一般属可变要素。

将上述概念套用到那家小面馆上，情况又如何呢? 店铺的大小固定，看起来是不变要素，相应的成本是不变成本。的确，在生意冷清的时候，店铺不能缩小面积，租金难以另议，似乎满足不变要素的定义。但在用餐高峰时段，店家会在门口的空地上支起两套桌椅，实际可用的店面瞬间扩大了一半。这种扩张占用了公共区域，既可能引发邻居的愤怒，又可能遭遇城管的惩罚，无疑是有成本的。这么看，店面又好似可变要素，对应着可变成本。然而这种扩张又是有限度的，门口的空地最多能摆三四张桌子，再想扩张店面，只有挤走隔壁的修车棚了，这可不是一时半会儿能谈妥的。

再看通常被视为可变要素的原材料,在小面馆的例子里却有着不可变的性质。面馆的老板说,他每天早上向专门卖面的商贩买 100 斤特制的生面条,顾客来了,煮熟、上臊子、拌调和,卖完为止,卖不掉的只能倒掉。所以在一天之内,生面条似乎是不变要素。此外,在下午六点以后,店家只能提供标准版的面,另加的荷包蛋和生菜都没有了。这说明为了交易便捷,很多食材都是提前准备好的,为了保证新鲜,食材不能延期使用。所以在一天之内来看,原材料的量是确定不变的。但只要时间稍微拉长一些,这些要素又都是可变的了。例如,徐家汇商圈举办艺术节或者商场周年庆时期,店主预测顾客的流量会增加,就会在第二天调整原料的数量。

可以看出,就算在这样一个小小的面馆里,厂商理论中最基本的长短期概念都是如此的晦暗不明。明确划分生产要素的可变与不变,非常困难。不同的行业,不同的时间单位,生产要素呈现出的性质也不同,而这背后的本质正是理性的经济人自主的、灵活的选择。生产成本的长期短期之说,随意地对生产要素采取了非黑即白的二分法,而且不能帮助人们确认这种二分法大略成立的条件,其实质是先验地限制了经济人的选择集合。经济学家张五常说得好:"短、长与时间无关,今天的短、长之分是用以示范一种生产要素增加与多重要素增加的不同效果。不变是经济学者不让其变,不是不能变。"因此在逻辑上,教条地区分不变与可变对于预测或解释现实并无助益。

还是以小面馆为例,按照主流教科书的讲法,店面是"不变要素",相应的租金是不变成本,"短时间内"来看,覆水难收。因此只要经营收入高过劳动力、原材料等"可变要素"的成本,面馆就应该在"短时间内"继续营业。倘若面馆刚刚签了一年的租约,在教科书的观点看来,这个"短时间"就是一年。再假设这时面馆的对面又开了一家面馆,二者味道很接近,后者的价格却更便宜,导致前者的收入下降,恰落在总成本和可变成本之间,那么面馆的老板会做何打算呢?循着教科书的逻辑,面馆会继续维持到一年以后再关张。可是还有一种可能,面馆老板会想方设法把店面转租出去。已经签了租约不要紧,只要店铺所有者、面馆的老板和愿意租用店铺的人坐在一起稍微协调一下,共赢的交易很容易达成。在这个简单的经济学问题中,相比于初学经济学的人,没学过经济学的人的想象力没有受先入之见的限制,更可能得出准确的推断。由此可见厂商理论区分长短期的局限性。

在新古典厂商理论中,不变要素和不变成本构成了边际产量递减和规模经济的主要机制。但正如张五常所论述的,即便抛弃"不变"的概念,上述两个重要现象仍可以被其他机制解释。既然要用成本曲线,就不要管短期还是长期,"我们要的只是一条,由生产者自己选择的那一条"。

(案例作者:陆蓓 张翕)

相关材料

短期停产点：其他的看法

几乎在任何一本经济学原理教材中，都会有"短期与长期""固定要素与可变要素"以及"固定成本与可变成本"这一系列概念。教材中通常写道，在"短期"内有些生产要素的量"来不及"改变，于是成为固定要素，对应固定成本，而其他要素的量可以改变，便成为可变要素，对应可变成本。上面的案例已经说明了，有时这种简单划分并无助于我们解释实际经济现象。这里要说的是，"短期"的概念还在理论内部埋下了不自洽的因素，而且这种不自洽已然引起了一些重视经济学基本原理的经济学家的关注。

绝大多数教材这样分析竞争厂商短期的停产决策：在短期内，因为固定成本无论如何也要支付，所以只要市场价格在最低平均可变成本之上，厂商都应该继续生产。这无非是说，在短期，固定成本本质上是一种沉没成本，覆水难收，就不应纳入决策。于是各版本经济学原理教材在开头口口声声说"沉没成本不是成本"，却又将沉没成本的一种——"固定成本"放在厂商决策里大书特书，似有表里不一、自相矛盾之嫌。当然，教材完全可以将固定成本明确定义成沉没成本，使之与机会成本彻底决裂，但与此同时，相关的内容也要完全重写，尤其是短期生产的利润必须重新定义，否则就又犯了把"会计利润"视为"经济利润"的错误。

经济学教科书的编写者并非完全没有注意到这个问题。由平狄克和鲁宾费尔德合著的《微观经济学》①一书的相关章节就近乎戏剧性地表现出两位作者的纠结，当然也体现了他们较真的学术态度。该书第8章中有一页讲"竞争性厂商的短期利润"。作者首先承认"在短期，厂商在亏损状态下可能继续经营"。但是作者所坚持的原则是，固定成本是机会成本，停产就可以避免。因此他们对亏损下继续经营的解释是厂商"预期将来产品价格上升或生产成本下降时可获利润，而且关闭和重新启动的代价高昂"。而如果不考虑这一点的话，"假如产品价格低于最低平均总成本……企业实际上处于亏损状态。所以企业应该考虑关闭。如果这样做，企业就没有收入，但是它就可以避免支付固定成本和生产的可变成本。""总之，如果没有沉没成本，当产品价格低于利润最大化时的平均总成本时，企业应该关闭。"于是在平狄克和鲁宾费尔德的教材中，固定成本和准不变成本就成为等价的概念了。

平狄克和鲁宾费尔德这样写，无疑是和其他经济学教材唱反调，于是他们又寻求了一种调和："相反，如果存在沉没成本，当将沉没成本分摊至各期时，可以看作固定成本，并且假设没有其他任何固定成本……此时用企业的平均可变成本来度量其经济成本更恰当。因此，只要市场价格高于企业利润最大化时的平均可变成本，它就应该继续经营。注意，

---

① 资料来源：罗伯特·S·平狄克、丹尼尔·L·鲁宾费尔德著，《微观经济学》(第八版)，中国人民大学出版社，2013年6月。

无论是否有沉没成本，有一条关闭的规则都是必须遵守的：如果产品价格低于利润最大化时的平均经济成本，企业就应该停止生产。"这样，虽然教材的论述繁复，但理论的内部逻辑得以自洽，和同行也达成了和解。

与上面二位的巧妙周旋相比，保罗·海恩在《经济学的思维方式》中避长短期而不谈的做法分明是一副隐士的模样，张五常在《经济解释》中的大破大立则更显几分霸道。有兴趣的读者可以自行品鉴，这里就不再赘述了。

当然，逻辑的归逻辑，考试的归考试。

案例 4　中国的移动通信服务是否存在超额利润？

导读：移动通信行业的垄断现象近年来一直是广大消费者热议的话题，面对高昂的资费和低下的服务水平，应当如何改善？本案例从中国移动通信公司对内地和香港地区的价格歧视事件出发，具体阐述了垄断的成因以及背后的经济学原理，希望能够引发广大经济学爱好者的思考。

对于年轻人来说，手机已经成为日常工作、社交娱乐必不可少的工具。街头巷尾、商场饭店、地铁公交，到处都是繁忙刷屏的"低头族"。手机的普及以及互联网应用的发展，使得人们对于移动服务的依赖性越来越强。2014 年中国人口已达 13.68 亿人，移动通信消费需求增长迅速，潜力巨大，然而移动通信市场却只被中国移动、中国联通和中国电信三家公司所垄断占有。面对高昂的费用，差强人意的服务，国人多年来对电信公司也多有抱怨。社会舆论也不断质疑电信公司是否在利用自身浓厚的政府背景优势，牟取高额利润，控制市场。然而电信巨头对此也有自己的苦衷，纷纷表示自己已经顺应改革，走向市场。政府、经济学家、电信运营商以及广大消费者各执一词，热闹的背后有什么门道么？

国内移动服务市场基本现状

根据 2015 年世界电信联盟的统计，中国三大运营商所提供的平均流量费用为 100元/GB，明显高于美国的 60 元/GB、英国的 50 元/GB，以及日本的 40 元/GB。静心一想，这些对比国均为发达国家，人均收入远超中国。考虑到各国之间的收入水平、消费能力差异，中国移动服务费确实显得相对过高。而且，高费用并没有换来高质量的服务，如中国大多数信号覆盖地区获得的网速仅有 4 M/s，而世界领先的英国能提供 16 M/s 的网速。此外，由于三大运营商提供的费用和服务水平相差不多，彼此竞争却"步调一致"地保持着主导市场的地位，国内消费者没有多少选择。

垄断的成因

实际上，对于电信行业来说，大多数国家的消费市场都或多或少存在一定程度的垄断特征。除中国外，韩国、日本都是由三个主要运营商来把持市场。这主要是由通信行业的特点所决定的。**首先是规模经济**，市场上用户越多，其对应的平均单位服务成本越低，市场份额集中在少数排名靠前的运营商中。即便同样排名靠前，市场份额差异也非常大，谁先入主,谁得优势,这也就是为何中国移动服务只有上述三家移动运营商,且以中国移动为主导。2016 年第一季度数据显示,中国移动总营收 1 775 亿元,中国联通总营收 703.4 亿元,中国电信总营收 864.26 亿元(中商产业研究院,2016),前者大于后面两者之和。**其次是进入门槛高**,进入电信行业需要长期高额的人力物力投入,其中包括设备购买以及技术研发等诸多方面。**最后是自然垄断**,如果一家企业率先进入移动市场,提前占据了市场份额,后来的企业就很难与之竞争了。这个规律的原因在于,后者在占有很低市场份额的情况下面临着非常高昂的服务成本,先占有市场的企业越做越大,而市场份额较小的企业则只能在激烈竞争的夹缝中寻求生存,甚至被挤出市场。

移动运营商是否在通过垄断地位控制市场获得超额利润?

2014 年 4 月,互联网上对于中国移动公司的定价问题展开了激烈的"论战"。"论战"的起因是,中国移动在香港的"3G Lite"资费套餐与同期在内地营销的同类套餐相比十分便宜。其中,中国经济网上名为"中移动香港套餐走红:内地生活水平比港高 100 倍?"的一篇文章引发热议。文章指出"中移动在香港的 68 港元(约 54 元人民币)套餐在网络走红:1 700 分钟通话,10 000 条短信,上网流量不限。而价格相似的中国移动内地 58 元套餐:350 分钟,10 MB 流量"。内地套餐价格高出香港套餐,通话时长也差不多相当于后者的 1/5,上网流量更是无法相比。香港套餐诱人的价目让内地用户羡慕无比,同时也引发了广大网民对中国移动强制对内地消费者实施地域歧视、盘剥消费者剩余行为的激烈批评。

批评之余,也出现了不少为中国移动"鸣不平"的声音。有些人士认为,中国移动区分定价并非对不同地域采取不同策略,并非为了讨好香港市民,而是由于面对完全不同的外部市场环境所造成的。对于中国移动对香港以及内地的资费差异,主要可以从两方面进行解释。首先,内地的移动运营商只有三家,属于寡头垄断,对市场价格的控制权较大,而香港的移动运营商多达十几家,竞争十分激烈,尽管中国移动公司对香港市民提供了比较低廉的资费价格,但是其服务业务仍然无人问津;其次,中国移动在香港地区的资费较低的另一个原因是香港人口密度大的地理特征。少量的基站投入就可以覆盖大量的市民人口,因此平均成本较低。对于内地市场来说,情况则恰恰相反。内地仅有北上广等少数特大城市的人口密度能赶上香港,人口也集中在东部发达城市,而更广大的内陆地区、农村地区人口密度较小。这些地区虽然人口密度低,但是由于政府的政策要求,中国移动仍然需要建立基站来对信号进行覆盖,从而导致人均服务成本非常高。且欠发达地区的老百姓对移动终端的消费能力有限,若真要算账,中国移动恐怕在很多地方都还是亏空的状态,甚至百余年都未必能收回成本。因此,中国移动对于内地的服务,平均成本将比香港的服务平均成本高很多,制定更高的价格,有成本差异因素的考量。

这些说法有理有据,但仍然不断遭受质疑和批评。首先,消费者对电信运营商的态度并不热情。国企,尤其是大型央企,往往在人们心目中留有"垄断""特权"的刻板印象。其次,消费者对运营厂商借助其垄断地位操纵市场的不公平行为积怨已久。如虽然不断爆发诸如央视炮轰、"流量清零"质疑、宽带服务、垄断+利润第一等一系列热点事件,但电信运营商并没有作出令消费者满意的改进。此外,也有人指出,三大电信本身就有计划经济时代的特点,若想真正改变垄断的情况,根本解决办法是建立有效的市场制度,巨头们能够真正发扬壮士断腕的精神吗? 显然,改革的内外阻力可想而知。

国内移动行业的垄断问题到底有多严重? 移动运营商的一系列行为是否是在操控市场? 是否应该受到制裁? 在建设中国特色社会主义市场经济过程中,国内市场环境的垄断是好还是坏? 这些问题众说纷纭、悬而未决,需要业界给予更多关注,更需要学界提供更多的理论支持。你作为一个移动通信消费者,对此事又是怎么看的呢?

(案例作者:范纯增 刘通)

参考文献

[1] CnBeta. 2015 年各国移动网络资费排名及国内 4G 套餐资费对比[EB/OL]. (2015 - 04 - 16)[2018 - 07 - 23]. http://www.askci.com/news/chanye/2015/04/16/105473yhg.shtml.

[2] 付亮. 即使竞争的头破血流 三大运营商还是垄断[EB/OL]. (2015 - 10 - 14)[2018 - 07 - 23]. http://tech.qq.com/a/20151014/021214.htm.

[3] 中商产业研究院. 2016 三大运营商大数据分析:移动依然一家独大联通电信旗鼓相当[EB/OL]. (2016 - 08 - 15)[2018 - 07 - 23]. http://www.askci.com/news/hlw/20160815/15285153782.shtml.

[4] 钛媒体. 香港移动通信套餐争议背后,真实使用什么样? [EB/OL]. (2014 - 2 - 13)[2018 - 07 - 23]. https://www.cnbeta.com/articles/tech/282701.htm.

[5] 王云辉. 中国移动舆论危机不断,缘何成为全民公敌? [EB/OL]. (2014 - 04 - 03)[2018 - 07 - 23]. http://www.yixieshi.com/16653.html.

案例 5 转售价格限定——医疗器械行业的痛点

导读：美国医械公司美敦力在国内以经销模式销售心脏起搏器、动脉支架以及胰岛素泵等医疗器械。近日，它因固定向第三人转售商品的价格及限定向第三人转售商品的最低价格，受到国家发展改革委员会的 1.18 亿元的罚款。药品及医疗器械的价格保持在一个合理的水平，有助于保障病人的合理权益，增强国民的幸福感。而垄断将抬高药品及医疗器械的价格，使病人的权益受损。解决医药医械行业的垄断问题，将有助于改善"看病难、看病贵"的问题。那么，以美敦力公司为代表的大型医械企业的垄断机理及成因是什么？对该公司罚款会带来何种效应？

2016 年 12 月 8 日，医疗器械反垄断首案尘埃落定，美敦力因违反《反垄断法》第十四条被罚 1.18 亿元。作为全球知名的大型跨国公司，其垄断机理、动因是什么呢？对其垄断的限制效应如何呢？

据 Evaluate Med Tech 公司发布的《2015—2020 全球医疗器械市场》报告，美敦力以 37% 的市场占有率，超越强生，成为 2015 年全球市场份额最大的医疗器械公司。大型生产线及成熟的管理模式使得他们有着规模经济的优势，相关产品的生产技术及独家专利、悠久的历史、良好的声誉……这些都是他们所拥有的垄断资源。这两点使其分别在如胰岛素泵、动脉支架、人工心脏瓣膜等重要医疗器械的专门领域确立了自己的垄断地位，从而掌握了定价的主动权。当前，胰岛素泵市场是由一个大企业美敦力和少数小企业所组成的近似完全垄断的市场，又由于限制转售商品价格条约的存在，美敦力公司又可看作是由许多经销商构成的卡特尔。

垄断者面对的是一条自左上方向右下方倾斜的需求曲线，垄断者的总收益同时受到产量效应和价格效应的影响。因而垄断者根据边际成本曲线与边际收益曲线的交点确定自己的最佳产量，再根据需求曲线确定自己的最终定价。由于卡特尔的边际收益曲线总低于需求曲线，产品的最终定价大于对社会有效率的价格水平，由此带来无谓损失。高昂的医械产品定价使一部分病人转而使用质量稍差、价格较为便宜的替代品，对病人的生命安全造成了一定的危险；在缺乏合适替代品的情况下，病人及其家属将不得不竭尽所能来支付昂贵的器械费用，导致病人家庭整体生活水平的下降以及社会经济福利的损失。此外，正如在本案例中看到的那样，病人家属可能会为了寻找更低报价的医疗器械而四处打听，这一过程也需要付出时间及金钱成本，甚至可能会延误治疗。

美敦力公司控制着产品的产量、对经销商的售价，以及最终产品的定价。但是美敦力的收益仅与它的产量以及它对经销商的售价直接挂钩。那么为什么它要限制转售产品的最低价格，从而限制经销商之间的竞争呢？

一般来说，经销商是指在某一区域和领域只拥有销售或服务的单位或个人。不妨认为美敦力的产品在这些地区都具有垄断地位。假设不同区域的市场规模相近，则相邻两区域的经销商面临着囚徒困境。假设经销商 A 与 B、B 与 C 分管 3 片相邻的地区(A 与 B 相邻，B 与 C 相邻，A 与 C 不相邻)。若经销商 A 降低了自己的报价，则 A 不仅能进一步满足该地区的需求，还能从邻近地区吸引客户(只要每一单位产品多增加的运费小于降价额度，就是有利可图的)，从而使得 A 的销量与收益同时增加，而经销商 B 的收益部分受损。此时 B 获得了动机，在与 C 的博弈中选择降价(假设 $R_2 > R_1 > r_1 > r_3 > r_2$)。则 B 与 C 的决策矩阵如表 4-1 所示。

表 4-1　B 与 C 的决策矩阵

		B 的决策	
		转售价 P_1	实际报价 $P_2(P_2 < P_1)$
CC 的决策	转售价 P_1	B 得到 r_1 的利润 C 得到 R_1 的利润	B 得到 R_2 的利润 C 得到 r_2 的利润
	实际报价 $P_2(P_2 < P_1)$	B 得到 r_2 的利润 C 得到 R_2 的利润	B 得到 r_3 的利润 C 得到 r_3 的利润

从表 4-1 可以看出，降价是 B 的最优解。只要有一家经销商不遵守转售价格限定，则将使得越来越多的经销商选择降价，导致卡特尔的瓦解。在这个信息流通十分迅速的时代，在经销商 A 降价之后，很可能经销商 B、C，甚至距离更远的 D、E……都近乎同时知道了这一消息。此时，降价依然是经销商们的最优解。

结果很可能是：美敦力产品的最终售价全面下降，病人获益；而经销商的收益整体下降。当经销商收益受损时，可能会考虑终止与美敦力的合作，转而从事收益更高的行业，甚至可能带着内部信息投入竞争对手的"怀抱"，这将给公司带来巨大的损失。当然，如果美敦力在经销商 A 降价之后，立刻对其严惩，比如征收高额处罚金、停止供货或与其终止合作关系，这样迅速而严厉的手段可以使其他经销商定下心来，从而避免一连串连锁反应的发生。

长远来看，企业想要保证自己的利益，就需先保证所有经销商的利益，限制转售价格不失为一个有效的方法(各经销商都可得到 R_1 的利润)。

企业的逐利行为本身是中性的，问题在于：以垄断形式定价逐利导致价格不能充分竞争，市场机制失效。同时，因为病人对医械产品的需求往往弹性较小，而美敦力及经销商的高价政策严重损害了消费者的利益，不利于社会公平，因此，国家发改委反垄断局根据《中华人民共和国反垄断法》对美敦力进行了处罚。这无疑在很大程度上维护了消费者的利益和产业经济的秩序。当然,国家还应加强在医疗器械领域的科研投入,提升本土产品的质量与竞争力,通过促进竞争的手段来扼制具有垄断地位的大型医械企业的高价政策,从而增加中国消费者的经济福利。

(案例作者:范纯增 吴芷岚)

相关材料

医疗器械反垄断首案尘埃落定 美敦力被罚 1.18 亿元[①]

2016 年 12 月 7 日,国家发展改革委员会公布了对世界知名医疗器械生产商美敦力的反垄断处罚结果。美敦力(上海)管理有限公司因限制转售价格被处以 1.18 亿元的罚款。这一数字是该公司 2015 年度涉案产品销售额的 4% 左右。

美敦力这个名字,可能对很多人来说很陌生。但对于糖尿病患者,它意味着市场占有率颇高的胰岛素泵;对于心脏外科医生,它意味着动脉支架、人工心脏瓣膜等重要医疗器械。这些医疗器械的价格一旦被推高,就很有可能成为医疗缴费单上,难以承受之重。

"现有一名 I 型糖尿病患者,在某市儿童医院住院,经主任推荐想购买一台 712 胰岛素泵,正在四处询价,希望各位同事保护价格。"这封短短 60 字的公司内部邮件,所叙述的是美敦力内部相当常见的一个需求——保护价格。这是什么意思?简单来说,就是要求被询问的所有经销商,谁都不许降价。这样的行为,已经涉嫌违反《反垄断法》第十四条,限制转售价格。类似的事件在美敦力销售中并不罕见。与众多医疗器械巨头采取的直销方式不同,美敦力在我国目前仍依靠经销商网络销售产品。但这并不意味着经销商可以开展竞争,以更低的价格和更优的服务取得自身与消费者的双赢。因为,每一次转售,美敦力都规定好了加价的数目或者比例。他们采取的方法第一个是直接一级、二级经销商定好价格;另外就是通过固定毛利率间接限制价格。有时限制最低价,有时直接固定,必须卖这个价。无论哪一种都是《反垄断法》十四条明确禁止的。

美敦力对各经销商的销售地域范围、销售对象等都进行了严密的设置以加强对价格的"控制"。例如,在经销商网络中,大型的批发商通常被称为所谓的"平台商",是不被允许向个人直接销售商品的,只能卖给稍小一些的经销商,每个经销商所面对的医院也早已被划定好,经销商们从根本上失去了竞争的意愿。一个医院只有一家经销商,他们像牵线木偶一样,美敦力设定了销售价格,又限定了销售区域。这样虽然强化了价格控制效果,但也让经销商们的竞争意愿消失殆尽。

美敦力不仅在经销商架构设计上加强对价格的控制,如果经销商擅自降价还会受到

---

① 资料来源:刘祎辰,央广网 http://m.cnr.cn/news/20161208/t20161208_523310947.html。

各种各样的惩罚。国家发改委收集的一份证据显示,2015 年下半年,在某长江中下游省份的经销商对心脏血管类 7 种产品医疗器械降价,参加了公立医院招投标并且入围。但在美敦力的要求下,经销商最终撤销了所有入围产品。另外该公司管理层称招标关乎全局,在价格管控上绝对要杜绝任何低级错误发生,对故意乱投标的经销商必须中止其经销权。国家发展改革委价格监督检查与反垄断局处长徐新宇透露,惩罚包括强势的扣减折扣、限定区域、把不好的区域给你,一般直接取消经销资格。美敦力的规定大家都会遵守,经销商不敢有其他动作。

美敦力大中华区总裁李希烈曾公开表示到 2020 年,中国将成为世界上最大的医疗器械市场,深入中国市场是美敦力的战略。数据显示美敦力 2013 年—2015 年销售收入分别为 36.80 亿元、41.55 亿元、48.49 亿元人民币,增长率远超欧美市场。即使全产品线价格普遍处于同类中的较高水平,但业内领先的技术等令这家医疗器械巨头迅速开拓中国市场。通过公平竞争,品质好的东西自然有高价格,关键是否依法经营,商业行为是否合法。在依法经营合规经营的前提下,企业通过创新、降低成本等使自己更有竞争力,这才是值得学习的。(有删节)

案例 6 互联网视频行业——典型的垄断竞争市场

导读：近几年，年轻人的生活习惯逐渐改变，手机和平板电脑的便携性使其逐渐成为比电视更受青睐的娱乐平台。而互联网视频，尤其是移动互联网视频产业的发展也因此迎来了契机。互联网视频行业较低的行业门槛和差异化的产品特征决定了这是一个典型的垄断竞争市场。

近几年，年轻人的生活习惯逐渐改变，手机和平板电脑的便携性使其逐渐成为比电视更受青睐的娱乐平台。而互联网视频，尤其是移动互联网视频行业也如火如荼地发展，诞生了一批以爱奇艺、乐视、优酷、土豆、新浪视频等为代表的行业翘楚，在极大地丰富了人们休闲娱乐生活的同时，也有力地推动了互联网视频市场的发展和繁荣，厂商竞争也日趋激烈。

早期的视频网站行业门槛较低，往往通过优质的视频资源吸引客户，并通过广告费用创收，曾经的优酷网和土豆网是典型的例子。该时期的视频网站拥有广大的用户群体，视频内容丰富，但对视频资源来源的控制能力并不很强，自身的内容生产功能尚不完善。此外，视频网站通常还会以独家合作的形式向电视台购买一些综艺节目或影视作品的版权，从而使得不同视频网站有了不同的受众群体，进而构成了互联网视频产品的差异性。随着竞争的加剧，版权投资的费用也日渐高涨，视频网站开始有些不堪重负。而自从 2013 年美国视频网站 Netflix 的自制剧《纸牌屋》爆红并席卷了多项大奖之后，视频网站们把目光投向了自制剧，期望能够降低成本并增加点击率。

网络自制剧瞄准特定社群需求，立足垂直细分领域，在市场定位上具有鲜明的倾向性，弥补了电视荧屏的些许空白。目前网络剧的收费主要分为几个方面：一是广告收入。广告植入把产品、服务或具有代表性的视听品牌符号融入影视或舞台中，以达到营销的目的。二是直接的用户收入，通过吸收会员收取会费。随着网络自制剧的兴起，用户往往因为热衷某一部网络自制剧而成为某个视频网站的会员。三是内容收入，将自制剧作为独立的内容进行售卖。此外还有衍生产品的开发，如游戏、周播、衍生剧以及刚刚起步的衍生话剧、衍生电影等。目前各个视频网站都开始制作自制剧，抢占市场份额，其版权引入和自制剧的比重呈现明显的此消彼长关系。换言之，互联网视频逐渐走向台网分开，从和电视台合作到"去 TV 化"，视频网站用户之争已经很大程度上演变为自制剧之争。例如热播的《老九门》属于爱奇艺自制剧，《法医秦明》属于搜狐视频自制剧。差异化的产品使得每个视频网站都面临一条向右下方倾斜的需求曲线。

　　综上,现阶段的互联网视频行业是典型的垄断竞争行业,其行业的低门槛性决定了其市场结构的竞争性,而其产品的差异化又决定了其市场结构的垄断性。垄断竞争市场由于其自由进出的特征而充斥着激烈的竞争。曾经盛极一时的优酷和土豆因为有着类似的商业模式,相似的客户体验,最终难逃合并的命运。随后,爱奇艺和PPS影音在2013年合并,阿里巴巴和优酷土豆在2014年建立战略合作关系。在多起类似的事件发生过后我们应该意识到,在这样一个垄断竞争市场,要生存下来就一定要有特色。网络自制剧必须走特色精品之路。而有朝一日互联网视频行业会不会成为一个行业门槛高、由几个寡头瓜分市场甚至完全一家独大形成垄断的行业,还未可知。但可以肯定的是,每一家互联网视频网站都在朝着这个方向努力。目前各个视频网站已经开始通过各种渠道抢占市场份额,包括但不限于"拼内容揽会员,扩张海外市场,布局家庭市场"等。

（案例作者：黄丞　周仕盈）

相关材料

文化视角下网络自制剧发展状况研究①

　　网络自制剧是这几年随着互联网技术飞速发展、网民数量陡增而应运而生的一种新的影视文化样式。特别是近几年网络自制剧呈现井喷式的发展,涌现出包括《太子妃升职记》《余罪》《灵魂摆渡》等一批知名的网络剧。通俗来讲,网络剧一般分为两种:一种是以电视台为基础播放平台并且可以在网络上观看的影视剧;另一种是专门为网络平台制作并在互联网平台上播放的影视剧,是一种网络与影视相结合的新兴影视文化样式。这里研究网络自制剧（简称网络剧）主要指后者。

一、网络自制剧的发展优势

　　网络自制剧可单部成剧,也可由多集构成连续剧。它是随着互联网的发展产生的,其本身具有和传统影视剧不同的特点,其中最大的不同是网络自制剧以互联网络平台为唯一的媒介,网络自制剧的特点决定了其具有独特的发展优势。

　　1. 网络剧播放平台管理相对宽松,准入门槛低

　　网络剧不同于传统意义上的影视剧,需要通过严格的审查才能在电视台播放,从而被受众接触。网络的开放性和低门槛以及相对宽松的审查,为更多剧作者提供了一个平台。无论是比较大的专业性门户网站,还是非专业性组织甚至是个人都可以在有网络的情况下把自己的自制剧上传,让亿万网民观看、点评。

---

　　① 资料来源:杨晓,人民网,http://media.people.com.cn/n1/2017/0216/c410844-29085136.html。

2. 网络剧供给具有多样性和自主性的选择空间

网络自制剧打破了传统电视台线性播放的约束,不受播放时段的限制,而且它有细化的分类,比如在爱奇艺的播放平台上就分为爱情、恐怖、励志和喜剧等多种类型,为受众提供了明确的选择标准和选择便利性。传统的影视剧,观众的自主选择空间比较小,且观众不能自主选择,而网络自制剧可以让观众根据自己的喜好选择观看什么样的剧。

3. 网络剧时长和其观看时间具有显著的弹性

其弹性主要表现为两方面。首先,网络剧的时长没有太多的限制,无论是电视剧还是电影一般都具有一定的时长限制,特别是电视剧,放在卫视上播放,时间的限制显得更加重要。但是网络剧没有这样的限制,网络剧类似电视剧的一集可以10多分钟,类似电影的可以40多分钟。或者网络剧可以由创作者自己决定作品的时间长度。其次,表现在网络剧和通过互联网播放的"网络剧"(包括电视剧或者电影等)具有相同的即时点播评论的特点。

二、网络自制剧的传播

网络自制剧本身具有的特点迎合了现代年轻观众的审美和消费习惯,同时网络自制剧也满足了现代年轻观众新的需求,这些都是网络自制剧的传播优势。

1. 从网络自制剧本身看,网络自制剧感性、狂欢、动态等风格迎合了新生代的需求

新生代受众的特点决定了他们在取舍一个文化产品时更加注重自己的感受,追求精神的狂欢。

网络自制剧的题材多是来源于生活、贴近现实的故事,容易引发青少年群体的情感共鸣。比如现实生活中的就业压力、情感曲折等。像《屌丝男士》系列,它类似于情景喜剧,但又和传统意义上的情景喜剧不同,传统的情景喜剧要求有一定的时长和场景,同时还要加入一些简单的情节。《屌丝男士》系列网络特点明显,舞台痕迹明显,没有连续的情节,它是由大鹏一个人饰演不同的屌丝男角色的喜剧集。《屌丝男士》正是抓取生活中的一些笑料,用夸张甚至是荒谬的手法对其进行恶搞,从而实现在娱乐自我的同时娱乐大众的目标。

2. 网络自制剧剧情"简单化"和播放"碎片化"符合新时代年轻人的消费习惯

一方面,年轻人的工作压力比较大,休闲时间比较少且比较零碎,网络自制剧更加适合年轻一代,比如在公交车上可以观看一部完整的微电影,或者几集网络剧。另一方面,年轻人生活压力大导致精神压力也大,他们需要找寻更多的途径释放压力。比如,年轻人中有的追求无厘头的狂欢娱乐,有的需要和自身的生活实际接近,剧情或者主人公的遭遇能够在一定程度上和自己达成心灵上的共鸣。

3. 网络自制剧即时互动的沟通模式能激发观众主动加入和二度传播的热情

这种优势首先是与互联网的交互性、即时性的特点紧密相关,其次是和网络剧产生的

特点密切相关。互联网不仅为网络剧提供了播放的平台,而且还为网络剧与更多受众零距离接触创造了可能。一部网络剧在一个平台上播放,会即时地收到观众的反馈,激发广大网友主动参与,比如评论和转发,再有现在比较流行的弹幕等,这些为网络自制剧的后续制作提供了思路和灵感;同时,有的网络剧的观众还可以参与到该剧剧情的编剧工作中去。此外,每一位网友都可以利用网络素材和学习网络自制剧的模式,自己尝试创作网络剧。

另一方面,从网络剧满足观众的需求看,一是满足了观众自主选择的需求。互联网时代背景下产生的网络自制剧种类繁多,观众选择空间大。同时网络自制的平台优势使观众自主选择成为可能。二是满足了观众谈资的需求。无论是什么阶层的受众,他们都有自己的社交圈子,他们聚集在一起时需要很多话题,网络剧便是其中有趣的一种。特别是对年轻的观众而言,他们对新事物有着更强烈的好奇心。

三、结语

网络自制剧这种新的文化样式,是顺应时代的产物,具有明显的优势,有着很大的发展潜力。各大门户网站的作品自制剧专业性更强,网民自己的创作内容更具多样性。网站和企业合作的,专业性强且"钱力"大。或者有广告的植入,或者是基于某种产品,量身定制微电影,这两种模式,都更具发展潜力。但是网络自制剧的发展并不完善,存在很多弊端:一是创作同质化严重,比如早期都是青春励志剧,现阶段是灵异剧大行其道,像《盗墓笔记》系列、《灵魂摆渡》系列等;二是内容低俗,比如《太子妃升职记》等;三是传播迷信的思想;四是原创性不足等。网络自制剧不是法外之地,关于网络剧的管控,国家新闻出版广电总局不断发出通知,要求网络自制剧的选题要高雅,对于格调不高的网络自制剧严令其下架。精品化是其发展方向。(有删节)

案例 7 "网红的胜利"——网红经济的背后

导读: "2016 年第一网红"Papi 酱首支广告拍出 2 200 万元的新闻令人不得不开始正视异军突起的网红经济。大量的粉丝和话题、强大的商业变现能力、日益延伸的产业链,令网红及网红经济日益深刻地影响着社会文化和经济生活。本案例基于垄断竞争中对广告品牌的讨论以及市场供求理论,分析了在互联网和社交媒体高速发展的新时代"网红的胜利"的成因及其影响。

近年来"网红"成为一个时髦话题。网红,一般指网络红人,指在现实或者网络生活中因为某个事件或者某种行为而被网民关注从而走红的人。"2016 年第一网红"非 Papi 酱莫属。Papi 酱是一位网络上横空出世、自称集美貌与智慧于一身的奇女子,她以浮夸搞笑的表演风格和颇有意思的变声形式,对生活中年轻人所关注的热点问题进行辛辣点评,集集火爆,句句直击心坎。Papi 酱用东北话、台湾腔、上海话夹杂英语、日语的段子,对"光棍节"被父母逼婚、春节回家遭亲友盘问、女人贬损女人等现象的各种吐槽,短短几十秒、几分钟,模仿得惟妙惟肖,让人捧腹。她的每一个视频在各大平台累积有几千万的观看量,系列微视频估值高达 3 亿元。更令人惊叹的是,2016 年 3 月 Papi 酱获得一笔 1 200 万元人民币的投资,首支广告更是拍出了 2 200 万元的惊人高价。Papi 酱可能不算是最漂亮的,也不算是直播间布置最精美的,但绝对是国内网络女主播中最成功、最火的。一个无人知晓的穷学生仅半年时间就变成了估值上亿的网红,背后究竟是什么样的商业模式?

互联网兴起以来,每一轮新产品的出现,都会伴生着相应的网红,例如 BBS 时代的芙蓉姐姐,微博时代的姚晨等。进入直播时代后,传播热度持续走高,网红与粉丝交互方式更加多元化,越来越多的网红开始通过一些经济手段实现变现,"网红经济"呈现爆发式增长。分析"网红的胜利"主要有三个原因。第一,强大的商业变现能力。网红们在分享他们的生活趣味与提供娱乐的同时,潜移默化地形成自己的口碑和影响力。当今,粉丝上万甚至上百万的大网红层出不穷,将粉丝流量导向电商平台,通过商品销售实现回报,网红收益颇丰。浓厚的个性定制色彩的淘宝店已经成为最大的网红推广其生活方式的平台。据资料显示,现如今淘宝平台上已经有超过 1 000 家网红店铺。2014 年"双十一"活动中,销量排名前十的女装店铺中红人店铺占到整整七席,丝毫不亚于一些知名大牌。2016 年"双十一"当日,网红张大奕 eve、钱夫人女装店的营业收入均破亿元。网红市场有点类似于超级明星现象:每位顾客(或者说粉丝)都想享受他们所认为的最优生产者(网红)提供的服务,而且网红以低成本向每位顾客提供服务在互联网媒体高度发达的现在是完全有可能的。他们有能力直接依靠粉丝的数量和购买力实现商业变现。因此,拥有明星一样巨大的公众魅力就使得他们具有极大的商业价值,可以说网红就是一个行走的品牌。第二,独特的"吸粉"利器。网红的群体多表现为时尚博主、美妆达人和电商网红等,他们的身份不再像大明星一样高高在上,而是亲切地充当了粉丝用户心目中的"好闺蜜""老前辈",以分享、互动、信任和社群为基础,逐渐扩大和巩固自己的粉丝群。比如有的常常分享自己各处游历的亲身体会和旅游注意贴士,为粉丝倾情推荐目的地。有的则是向粉丝分享自己观影后的点评,其点评大都短小精炼,让人颇有删繁就简的观影快感。第三,资本的助推力。每一个火爆的网红背后都有一个团队的支撑,商业化倾向越来越重,甚至形成了产业链。资本看中了网红的易传播和影响力,全面围猎"网红产业链"。随着微信、微博等的日益普及和完善,更多的企业和广告商将目光投注到社交媒体上。其实仔细想想我们的现实生活,也不难发现这样的趋势:人们花在电视上的时间少了,而花在网络社交应用上的时间明显增多;街道上、报纸上显眼的大标题也许还不如低头看手机中朋友圈的转发吸引人。正是这样的趋势,为网红从事广告代言和品牌营销提供了广阔的空间。

大量的粉丝和话题、强大的商业变现能力、日益延伸的产业链,令网红和网红经济日益深刻地影响着社会文化和经济发展。网红市场本质上是以个人的品牌价值为主的垄断竞争市场,其特点是:有许多卖者争夺相同的客户群体;产品或服务的具体形式存在差异(网红的产品就是他们用以留住观众与粉丝的不同内容形式的娱乐、服务,借此留住人气与扩大影响,进而提升商业价值);他们可以自由进入或退出该行业。在自媒体时代,不考虑个人的特长与能力,人人都可以通过特定的垂直圈子进行精准营销,通过各种社交网络平台积攒人气成为网红。经济发展的过程,本质上是生产和消费二者持续的良性互动。从生产端来看,网红们发明的各种新形式的创意丰富了产品与服务的供给。从需求来看,"人们会对激励做出反应",一旦自己的行为产生了社会影响,势必会拥有一批非常坚定拥护你的粉丝,日后将成为助推你事业发展的忠实顾客、合作伙伴或是投资商。同时,在这样一个垄断竞争市场,每位网红都会绞尽脑汁地大胆创新,突出自己的特色,否则在这样一个瞬息万变、淘汰率颇高的行业将无法生存。如 Papi 酱的变声小视频就是颇让人耳目一新的新形式;网上经常出现的"表哥""房姐",其实都是希望通过炫富引起网民的关注。

近年来网红经济发展太过迅猛,炫目的光鲜外表下问题也日益显露。网红的经济价值最终来源于粉丝的忠诚度和购买力。在某种程度上,就像广告的批评者所说:他们操作粉丝的爱好,促成了非理性的品牌忠诚,并且通过增加产品的差别意识和促进品牌忠诚,使买者不太关心相似产品之间的差别,由此,他们抑制了竞争。同时,由于行业的进入门槛低,网红在营销过程中往往出现一味迎合观众的低俗化表演。低级趣味的负能量在短时间内被传播扩大,对社会造成不良影响,需要一个可靠权威的检验和监督机制来约束规范。随着网红经济的爆发,行业将会迎来更多的跟风者和资本进入,它到底能走多久、走多远,除了取决于其内在的发展逻辑外,也取决于其在整个社会精神文化领域的角色定位。

互联网在为网红提供发展土壤的同时,也让他们的更新速度开始加剧,有些网红只是昙花一现。对于网红而言,红一把不难,难的是一直红着,能否盈利和赚钱决定了网红之路能走多远。

(案例作者:罗守贵　徐舒怡)

相关材料

网红文化与网红经济①

　　网红是"网络红人"一词的简称,最早指的是一些因独特的外貌或言行在网络上走红的普通民众,现泛指一切主要通过网络特别是社交媒体获取和维系声名的人。网红的出现是当代"名人阶层""平民转向"的必然结果。在大众传媒兴起之前,一个人出名的方式通常是缓慢而"自然的",能够在历史长河中留下印记的往往都是英雄豪杰或风流才俊。在大众传媒出现之后,人类开始利用媒体人为地快速制造声名,围绕名人的生产已然形成了一个庞大的文化产业链。名人产业中占据支配地位的并不仅仅是明星偶像,还有星探、经纪公司、导演、媒体等把关人,只有获得这些把关人的提携和认可,名不见经传的小人物们才有可能踏上"星光大道"。

　　无论是选秀出身的平民偶像,还是当下五花八门的网络红人,其流行的根本原因都在于契合了公众不断变化的情感需求。公众已经厌倦了名人产业生产出来的高不可攀、遥不可及、完美无缺的人造明星,他们更青睐真实自然的普通人,更愿意追随可以面对面接触的邻家女孩和男孩。

　　曾有学者称明星是"无权的精英",他们虽然没有体制性的权力,他们的所作所为和生活方式却能引起巨大的关注,因为他们代表着"共同体全体成员的体验和期待",是能够"对整个共同体的新旧价值做出阐释的卡理斯玛型领导者"。尽管在当下碎片化的社会状态下,绝大多数网红都不具备这种辐射整个共同体的社会文化影响力,只在一个相对较小的粉丝社群中享有声誉,但这些网红却具有强大的"吸粉""固粉"能力,并能直接依靠粉丝的数量和购买力实现商业变现。据报道,顶级游戏主播的年收入现已高达上千万元,不亚于当红娱乐明星。

　　尽管网红经济和传统的明星经济一样,都是在利用明星的个人号召力为产品和品牌赢得更高的知名度和认同感,但二者吸引和动员粉丝消费者的方式却有着显著不同。如果说好莱坞女星是作为超级偶像、时尚标杆而令女性影迷膜拜、效仿,当下的时尚博主和

---

① 资料来源:杨玲,《人民日报》,2016 年 6 月 28 日。

电商网红等则是作为粉丝用户的好"闺蜜",在社交媒体上分享自己的专业知识和亲身体会,为粉丝们的妆容打扮出谋划策。这种以分享、互动、信任和社群为基础的网红经济模式显然比远程的、间接发挥影响的明星经济模式具有更大的经济潜力。

除了互联网思维所带来的商业模式的变化,当下网红经济的崛起还有一个重要的时代契机,即广告和营销行业正在从大众传媒向社交媒体转移。企业和广告商对社交媒体的空前重视,为网红从事广告代言、品牌营销和产品销售提供了宽阔的舞台。网红营销具有廉价、迅捷、高效的优点。如坐拥千万微博粉丝的歌手薛之谦近半年来编写、发布了多条广告文案,这些融合了自黑、搞怪、吐槽和沪式普通话等多种风格元素的广告文案,阅读量大多在1 800万至2 200万之间,最高甚至达到4 300万。在这些微博中,广告不再是生硬的产品推销,而是妙趣横生、令人捧腹的故事;广告发布也不再是让人反感的单向灌输,而成了一种令人愉悦的、不乏后现代自反精神的互动游戏。发布者和接受者之间达成了一种默契,彼此都以戏谑、反讽的姿态来对待微博营销,反而让这种营销方式释放出了意想不到的能量。

网红的存在表明,普通人不仅拥有利用网络发声的机会,还有影响他人、改变他人的可能。从这个意义上说,"社交媒体影响者"或许是对网红的一个更准确的概括。对于"社交媒体影响者"的理解,是一体两面的。他们的出现,体现了社会的多元化和丰富性。他们为了"刷存在感",有时会有过分媚俗、庸俗的表达,可能会对公序良俗造成破坏。而由于他们影响力大,"吸粉"能力强,破坏性也会更明显。对于这些,网红和公众都应该保持清醒。(有删节)

案例8　滴滴、优步、神州专车——合作与竞争,终将何去何从?

导读:寡头,亦称"寡头垄断"或"寡占",指只有几个提供相似或相同产品的卖者的市场结构。在寡头垄断市场上,只有少数几家厂商供给该行业全部或大部分产品,每个厂家的产量占市场总量的相当份额,对市场价格和产量有举足轻重的影响。作为完全垄断和竞争之间的过渡形态,寡头可谓是二者的矛盾统一体。我国移动端出行服务行业的三大寡头间的激烈竞争与策略合作关系在本案例的分析中可见一斑。

目前,中国打车软件市场主要有滴滴出行、优步中国、神州专车等,这几家企业占有超过百分之九十的市场份额,其他小企业瓜分剩下的极少量市场,并且各企业提供相似或相同的用车出行服务。在该市场上,某一企业策略变化会引起整个打车软件市场的连锁反应。起初的各打车软件模式相似,特点匮乏,彼此之间难分伯仲。在难以通过产品特点区分吸引顾客的时候,各打车软件开始推出补贴策略,用烧钱模式吸引顾客。如滴滴以强大的广告和高额的补贴支持,2013年第二季度后全数吃下北京市场,两个月后在上海也宣布订单过万。

2013年4月阿里投资快的,2014年1月腾讯注资滴滴,2014年12月百度投资优步。BAT(B=百度、A=阿里巴巴、T=腾讯)的正式入局促使竞争进一步加强和持续。为了增加竞争力,抢占市场份额,各打车软件只能进一步加大补贴力度,市场陷入剧烈的"囚徒困境"。如滴滴在2014年发给司机及客户几十亿元红包,优步则在2015年3月宣布其服务降价30%;当年5月滴滴上线了与优步模式极其相近的滴滴快车,而优步则给北京每个跑满70单的司机7 000元的保底工资以争夺司机。2015年11月优步开始了另一轮补贴活动,类似"感恩节前乘车满3程,第二周免2程车费"的活动接踵而至,而滴滴方面则开始派发优惠券,大量的5折优惠券被发放到客户手中。热闹的战场背后是双方一轮又一轮的融资以及难以实现盈利的账目。仅2016年上半年滴滴就已融资超过70亿美元,而优步中国也从2015年后半年开始接受了逾21亿美元的投资。

飞快的烧钱速度下是跟不上的盈利水平。2016年,优步中国估值已超过80亿美元,但由于竞争激烈,其在中国市场仍未实现盈利,每年亏损超过10亿美元。而2015年滴滴的亏损也高达20亿美元。这样的竞争使得其他融资速度难以跟上的打车软件迅速边缘化。2015年滴滴并购了快的,市场份额迅速上升。2016年第一季度数据显示,滴滴专车以 85.3％的订单市场份额居行业之首,优步中国、易到用车及神州专车则分别以 7.8％、3.3％和 2.9％位列二、三、四位。可见,中国打车软件市场是一个寡头市场,主要表现为优步与滴滴的双雄对决。

然而,事情到此远未结束。2016 年 8 月 1 日,滴滴出行宣布与 Uber 全球达成战略协议,滴滴将收购优步中国在中国大陆运营的品牌、业务、数据等全部资产。滴滴出行和 Uber 全球将相互持股,成为对方的少数股权股东。Uber 全球将持有滴滴 5.89％的股权,相当于 17.7％的经济权益,优步中国的其余中国股东将获得合计 2.3％的经济权益。滴滴也因此成了唯一一家腾讯、阿里巴巴和百度共同投资的企业。若从市场份额来看,滴滴与优步中国合并后,将以高达 93.1％的市场份额进一步坐实中国专车市场的头把交椅。而滴滴收购优步中国后,也更容易加剧网络效应,巩固滴滴的市场地位。

寡头市场上,寡头勾结或组建卡特尔或并购或采取其他合作方式,可以减少过度竞争,降低成本,增加收益。因此,滴滴出行和优步中国在此时合并,无疑是一个共赢的选择。而且,2016 年 7 月 28 日,交通运输部和公安部、国家质量监督检验检疫总局等部门发布了《关于深化改革推进出租汽车行业健康发展的指导意见》《网络预约出租汽车经营服务管理暂行办法》。这些文件虽然肯定了网约车的合法地位,但网约车公司受到的监管力度加大,且开具发票、政府指导价格、驾驶员管理、责任承担等新政都会增加平台的运营成本。这无疑会加重很多尚未盈利公司的负担,市场格局或将发生变化。

经济学原理表明,寡头市场是只有少数几个卖者提供相似或相同产品的市场结构,因此市场上任何一个卖者的行为对其他所有企业的利润都可能有很大的影响,而中国打车软件市场就是一个较为典型的寡头市场,各个寡头企业以完全竞争市场上企业所没有的方式相互竞争、相互依存。寡头间的非合作恶性竞争会造成参与各寡头的巨大损失,最终会伤及消费者的利益。寡头的关键特征是合作与利己之间的冲突,寡头集团合作起来并像一个垄断者那样行事——生产少量产品并收取高额垄断利润。因此,滴滴收购优步中国后使得他们可以在合法范围内形成"卡特尔",在经营策略上进行协商并约定各自的服务量和价格,这样有利于两家企业赚取垄断利润。由于网约车平台的网络效应会使得更多司机选择注册用户更多的平台,以至于让其他潜在的竞争对手对进入相关市场望而却步。即便已经进入相关市场的新进入者,如首汽约车,在注册用户数、可调度车辆数、司机数上都会远逊于滴滴与优步的合体,可持续的盈利能力也会落后很多,难以构成有效的制衡。滴滴与优步中国的合并保证了其在中国专车市场的绝对主导地位,而对优步中国而言,如今把中国市场交给滴滴,有助于其甩掉之前为了争夺市场份额而产生的巨额亏损。如此一来,滴滴和优步可以将更多的精力和资源布局在如何提高服务质量上,这也可以为消费者带来福利。当然,也要警惕因其垄断势力的加强,会以很高的垄断价格,提供远远低于合意的市场服务量,致使消费者剩余大量受损和整体福利缩水。

(案例作者:范纯增　栾钰慧　蒋晨菲)

相关材料

后宫滴滴传：和优步从相杀到相爱的婚姻历程①

2016 年 8 月 1 日,滴滴出行与优步达成战略合作,滴滴将收购优步中国的全部业务,合并后两者市场份额相加将占 93.1%。作为共享出行界的老将,优步的市场遍布世界 60 多个国家,而滴滴经过 2013 年、2014 年共享出行市场的激烈厮杀后,以绝对强者的姿态存在于中国市场。此次联姻是两个巨鳄在经过激烈的补贴大战后,结束价格战并将市场竞争机制恢复理性的必然选择。

联姻前传——疯狂烧钱模式下的惨烈厮杀

摇摇招车、大黄蜂打车、打车小秘、易到用车……鼎盛时期中国市场曾有 30 多种打车软件。起初的各打车软件模式相似,特点匮乏,彼此之间难分伯仲。在难以通过产品特点吸引顾客的时候,各打车软件纷纷采取补贴策略,用烧钱模式吸引顾客。滴滴疯狂砸钱推出线下广告以及更高的补贴力度。2013 年第二季度后北京市场几乎被滴滴全数吃下,两个月后滴滴在上海也宣布订单过万。而为了抢夺市场,快的、大黄蜂等只能进一步加大补贴,市场陷入了"囚徒困境"。

到 2013 年后半年,这样的耗钱速度已经开始令很多打车软件难以承受。这个时候 BAT 的加入对最后战局的定格起了关键作用。BAT 的正式入局加大了烧钱力度的比拼,仅滴滴在 2014 年就发给司机及客户几十亿元红包。这样的竞争力使得其他融资速度难以跟上的软件迅速边缘化,打车市场变成了寡头竞争。2015 年滴滴并购了快的,战争由寡头之战晋升为优步与滴滴的双雄对决。

握手言和——停止内耗实现双赢的最佳选择

滴滴与快的合并后,优步曾找滴滴商量合作——实则是进行谈判,对交易条件无法接受的滴滴,选择与优步正式开战。热闹的战场背后是双方一轮又一轮的融资以及难以实现盈利的账目。仅 2016 年上半年滴滴就已融资超过 70 亿美元,而优步中国也从下半年开始接受了逾 21 亿美元的投资。但盈利水平仍跟不上飞快的烧钱速度。公开资料显示,2015 年滴滴年亏损 20 亿美元,若取消补贴则至 2017 年利润可达 10 亿美元。而优步中国 2015 年的亏损也达 10 亿美元。虽然双方都尝试多元化发展,试图开拓广告等领域,但与亏损数额相比可谓杯水车薪。若合并则意味着烧钱模式的终止,双方一年可节省至少 30 亿美元。更不用提双方背后有四家共同投资者——贝莱德、高瓴资本、老虎环球基金以及中国人寿保险,四个出钱人每天看着自己左手打右手,花钱花得肝疼。

---

① 资料来源:新浪网 http://finance.sina.com.cn/chanjing/gsnews/2016 - 08 - 06/doc - ifxutfpc4602698.shtml。

执子之手——这场联姻或许没那么可怕

2016 年 8 月 1 日,滴滴宣布并购优步中国的品牌、数据等全部资产,优步全球将持有滴滴 5.89％的股权、17.7％的经济权益,优步中国其余中国股东将获得 2.3％的经济权益,滴滴出行也成为优步全球的少数股东。对于滴滴和优步合并,市场最大的担心就是垄断问题,以两者第一和第二的市场份额几乎难有公司有实力匹敌。在这种情况下消费者将失去议价能力,价格可能因此上调,同时因为缺乏有力竞争而导致服务下降。滴滴和优步合并后会否形成垄断的一个重要判断标准是能否通过监管部门的审批。目前商务部仍未收到滴滴和优步针对合并上交的经营者集中申报,滴滴和优步还是需要申报,若不申报"往下走不了"。滴滴与优步合并的最终目的仍是减少开支、实现资源整合并达到最终盈利,届时滴滴将需要面对来自监管部门的审查问题。

我国《反垄断法》在出台时也曾说明,《反垄断法》既要保护市场竞争,也要与国家现行政策相协调,要有利于企业做大做强,促进规模经济的发展。国家使网约车平台合法化就是国家政策的趋势之一,表明国家现在有意发展网约车市场,如若阻止滴滴和优步合并、放任其继续烧钱竞争也不利于该市场的健康发展。

根据《2016 年 Q1 中国专车市场研究报告》显示,一季度滴滴专车占据 85.3％的市场份额,优步占据 7.8％,合并以后市场份额将达到 93.1％,至少在专车市场已经坐稳了老大的地位。但是移动出行业不止有出租车、专车,还有大巴、火车、飞机等不同领域。根据《中国移动互联网数据盘点 & 预测专题研究报告 2016》,2015 年移动出行市场规模达到 681.6 亿元人民币,2018 年将达 1 675.7 亿元人民币,规模如此大的市场滴滴很难全部吃下。日后出行业将会继续细分,市场也将在各分支领域进行以产品差异化为核心、以提高产品服务及用户体验为目的的竞争模式。

即使将出行市场范围缩小,虽然网约车市场滴滴与优步携手后占据市场份额很大,但从车辆出行市场的占比来说它们并未形成一家垄断的局面。传统出租车以及神州、易到等公司仍是它们需要保持警惕的对手。如若价格过高、服务变差,消费者和司机可以选择同时转移。这种情况下其竞争对手将有机可乘,用优质低价的服务争夺客户,这时新一轮的低价竞争又将展开。从理性角度分析滴滴花大手笔并购优步应该并不想回到之前的烧钱模式,理性竞争是市场的最优状态。因此合理的定价、不断提升的产品和服务是对其自身发展、市场稳定及客户需求三赢的局面。(有删节)

案例 9 "百草味"在寡头竞争中的表现

导读：随着电子商务的发展,越来越多的人选择在网上购买零食。三只松鼠、百草味和良品铺子三家零食电商竞争激烈,商业模式具有共同的特征：聚焦于坚果等热门食品进行低价厮杀;以高昂的代价购买流量、广告推广;线上线下协同发展。由于售卖的商品几近相同,我们将它们定义为寡头(只有少数几个卖者提供相似或相同产品的市场结构)。本案例运用寡头市场理论分析百草味和其他品牌之间的竞争。

百草味是一家以休闲食品加工、生产、贸易、仓储、物流为主体的综合服务型企业。2003 年第一家百草味线下店铺创立,2010 年"百草味旗舰店"在淘宝商城挂牌营业,开启了互联网商务新纪元,年销售额超过 20 亿元。在 2016 年的"双十一"狂欢盛宴中,百草味品牌全网销售 2.52 亿元,十分强势地拿下了食品类的亚军。然而在华丽的销售额背后却是惨烈的行业竞争,纵然销售额令人惊叹也难掩低利润的尴尬。百草味坚果类产品 2014 年度销售收入 3.9 亿元,但却因高价购买流量、大打价格战而导致 600 多万元的亏损,最终不得不逐渐降低这一热门品类的占比。

百草味大打价格战不外乎是想在与三只松鼠、良品铺子等品牌的激烈竞争中吸引更多的消费者,抢占更多的市场份额,赚取更高的利润。博弈论的经典模型"囚徒困境"可以用来分析寡头企业的价格战。像囚徒一样,各厂商都有一种"背叛"和针对它的竞争者削价的冲动。尽管合作达成协议的结果会使寡头的状况更好,但由于他们追求自己的私利,拥有降低价格或扩大产量(这种情况下,根据供求关系,价格依然会降低)便能得到更多消费者和更多市场份额的激励,最后他们并不能达成共同的利润最大化。当某一个厂商首先采取降价的竞争手段后,其他厂商也会采取相应的降价手段作为回应和报复,以保住甚至扩大自己的市场份额。于是在经过寡头厂商不断的博弈后,最终会使市场价格降到一个很低的水平,其结果往往是两败俱伤。而且,为了让自己"脱颖而出",还需要加大宣传力度,吸引消费者的眼球。我们能比较直观地感受到的便是广告,百草味在广告上投入了大量的资金,邀请了杨洋等当红明星进行广告代言,在许多家卫视和视频网站播出。我们不难想象支撑起销售额的是怎样一笔巨额的费用,薄利多销的策略始终难以弥补高成本带来的重大损失。百草味 2013 年、2014 年和 2015 三年的销售报告显示,占销售成本支出 70%比重的是平台推广费用、平台佣金和快递费用。因而在这种高成本低价格的销售模式下,低利润甚至亏损是并不少见的现象。

国内休闲食品电商企业竞争同质化严重,因此容易爆发价格战。价格战在电商发展的初期有助于吸引消费者,并为网站带来庞大的流量导入,但是价格战也在一定程度上缩小了电商平台的盈利空间。如果企业能够发挥比较优势,实施差异化竞争,不仅可以最大程度地满足消费者的个性化需求,而且也能在一定程度上削弱价格战对市场份额和利润的冲击。或许是看到产品的极大相似性带来的恶性寡头局面,百草味近年来也在逐步发展更新自己的零食产品,用新意和创意挽救局面,通过差异化产品与服务提升品牌核心竞争力。百草味近年来大力倡导健康理念,其产品也保持着清淡少添加的特性,同时还别出心裁地开发了"舔屏擦""保鲜罐"等周边产品。2015年礼盒包装上的"愤怒的孙子"系列年味漫画和其推出的微电影——《外婆的灶台》也引起了社会极大的反响。2016年8月26日,百草味全力打造的枣夹核桃产品"抱抱果"上市,仅1个月的销售额就超过1 100万元,未来有望打造为10亿元以上级别的单品。拥有"抱抱"这一独特内核,"抱抱果"比传统枣夹核桃多了人格化共情能力。抱抱果的定位即治愈系健康小食,不仅可以补充健康所需的营养,而且通过探索现代人或低落或快乐的时机,为用户带去拥抱和快乐。另外从包装上,独特的动物形象承担了传达治愈的使命。除此之外,抱抱果首次采用了"短保"的全新食品生产标准,率先实现了无添加剂和全程冷链物理保鲜,保质期缩短到了3个月。产品自带IP属性,抱抱果开启了百草味的高级品牌化时代。

价格战是部分品牌夺取市场份额的短期行为,从长期来看这种模式是缺乏后劲的,也会伤害整个产业的发展。企业强化内部管理,降低生产成本,加强技术创新,凸显产品特性才是长久之计。

(案例作者:陆蓓　张柳莎)

相关材料

"百草味"被"好想你"收购　"三只松鼠"沦为平台打工仔[①]

2016年8月,好想你枣业股份有限公司以9.6亿元收购"百草味"(杭州郝姆斯食品有限公司)。双方公布的审计报告详细披露了百草味近三年的销售业绩。百草味线上销售的平台流量推广费、平台佣金、快递物流费用成为侵占其利润的三大主要成本。2013年、2014年及2015年前三季度,这三项支出分别达到了3 157.3万元、8 588万元和1亿元,分别占据销售成本的61.4%、69.8%和68.8%。这也意味着,在百草味的全年营业构成中,来自线上销售贡献的收入,大部分被电商平台和快递公司拿走。

从休闲食品类电商的整体营业结构来看,流量、佣金、快递费要占据整体成本的8%~10%,几乎没有一家能够盈利。各家不惜拉低毛利大肆购买平台流量和广告以扩大

[①] 资料来源:《新京报》,2016年7月3日。

销售规模,这些成本几乎吃光了各家的利润,但在线上的竞争格局没有明朗前,这一趋势不会得到改变。

百草味面临着来自大股东的销售压力与盈利指标。在好想你并购百草味的过程中,双方达成对赌协议,百草味承诺 2016 年度以后的三年,净利润分别不低于 5 500 万元、8 500 万元和 1.1 亿元;好想你给百草味开出的预期"指标"是,这三年销售额要分别达到 19.16 亿元、25.18 亿元及 30.41 亿元,年收入增幅超过 34%。

协议还特别规定,"若标的公司实现的净利润低于承诺净利润的,交易双方将按照差额进行补偿。"这也就意味着,百草味方面如果实际业绩达不到要求,必须通过现金+股份的形式,自掏腰包对好想你进行补偿。

为了实现这一任务,百草味正在逐步淡出价格战厮杀惨烈的坚果类目市场,逐步扩充高利润的果干、肉脯、礼盒产品线,以实现扭亏为盈。

好想你公布的报告显示,百草味自 2015 年起采取坚果、糕点糖果、肉脯海鲜多品类的经营策略,并使高毛利率产品的收入占比提升。从 2013 年和 2015 年前三季度数据来看,坚果系列的销售收入已经从最高峰的 72.51%,下降至 47.95%;而礼盒、果干、肉脯、海鲜等类目则从 23.21% 的总占比提升至 50.82%。

来自兴业证券的研报认为,以坚果类目为代表的低价、低毛利率和较高的销售费用率,使百草味净利率持续为负,但随着调整产品结构、高净利率入仓收入占比的提高,"长期净利率有望达到 3%~5%,预计百草味 2016 年收入可实现 22 亿元,2017 年收入有望达 40 亿元。"(有删节)

案例 10　电商寡头之间的战争

导读：寡头市场是介于完全垄断和完全竞争之间的一种市场结构，因而寡头对市场的影响能力也介于无限和零之间，这就导致非合作博弈的寡头厂商最终决定的产量及价格也都介于垄断与竞争市场之间。本案例以我国电商产业中京东商城和当当网这两家寡头企业之间激烈的价格战为例，用寡头市场理论分析两家企业的行为动机和博弈后果。

如今的电商产业中，京东商城和当当网是寡头中较为出名的两个。原因之一，便是电商产业兴盛伊始二者的图书价格战。根据经济学的定义，寡头市场是指只有少数几个卖者提供相似或相同产品的市场结构。据统计，京东商城在全国自营 B2C 市场上占据了近50% 的份额，其中图书商品是线上业务之一。而在电商图书品类业务中，当当网占据了线上市场份额的 50% 以上。因此，这两家电商的价格战引起了多方关注，这其中也蕴含了寡头竞争的经济学知识。

从时间点来看，京东和当当的价格战主要有两个阶段。第一个阶段是在 2010 年 12 月左右，当当网刚刚赴美上市之后，京东 CEO 刘强东在微博发文称京东新兴起的图书业务遭到了当当网的"封杀"。因此，京东率先降价促销，挑起价格战。当当网随后也号称斥资上千万展开促销用以反击，双方正式开打价格大战。然而，这第一次价格战因新闻出版总署的介入而终止。第二个阶段是在 2011 年 3 月份左右，京东与当当的图书商品价格大战再次升级。为表决心，刘强东甚至向京东图书部门发文称："如果你们三年内给公司赚了一分钱的毛利或者五年内赚了一分钱的净利，我都会把你们整个部门的人员全部开除！"2011 年 3 月 14 日，当当网 CEO 李国庆也对外表态，当当网将进行一场力度空前的图书返利大促销。当时李国庆曾放言："如果和当当网拼低价，当当网一定会报复性还击！"当当网 3 月 15 日即宣布，自即日凌晨起的 48 小时内，图书/音响全场满 200 元，将享受返还 100 元的待遇。很快，竞争对手京东商城则推出"满 100 返 50、满 200 返 100"的策略来应对。

当然，这样"惨烈"的价格战持续不了多久便复归平静，因为毕竟企业的使命还是在于盈利。在这一价格战的过程中，我们可以看到，京东和当当基本上都是在实行返还消费者50% 消费额的策略。从经济学理论的分析我们知道，寡头是介于完全垄断和完全竞争之间的一种市场结构，正常博弈的结果是寡头价格介于垄断价格和竞争价格之间。很难相信在价格战之前京东和当当达成过类似卡特尔的协议，因为一方面这与两家企业 CEO 的对外表态不太符合,另一方面卡特尔是触犯法律法规的行为。因此,在非合作寡头博弈的市场均衡基础上进行50%折扣的价格战,很难相信企业是在通过这种方式来提升销量、增加盈利。而且,两位企业家的理性程度也应当都是高于常人的,就算是采取价格战也不至于如此出格,以至于杀敌八百自损一千。

所以,我们认为,在激烈的价格战背后,有其他更深层次的原因,而这也是寡头理论所告诉我们的。如果是垄断厂商或者完全竞争厂商,是没有任何需要担心的,因为前者完全掌控了市场,而后者完全影响不到市场。介于二者之间的,便是寡头厂商之间敌进我退抑或敌退我进的囚徒困境。对于京东来说,面临的挑战主要有两方面:一是自己还未上市,已经落后于当当;二是综合性电商业务刚刚兴起。所以,京东的价格战很可能是在为企业的长远战略做铺垫。一方面,吸引国际资本,同时也为赴海外上市做准备;另一方面,通过利用自营业务中份额较小的图书商品与当当进行吸引眼球的价格战争,可以为自己进一步打开综合性电商市场打基础,起到极好的广告效应。而对于当当来说,则很可能是上当了。在不久前的博鳌亚洲论坛上,李国庆自己也懊悔道:"不幸的是,很多创新都不是我16年前想做的事,主要原因是:第一个五年和淘宝竞争,第二个五年和亚马逊竞争,第三个五年是京东。我那点财力都浪费在价格战上了!"当当本身的线上图书业务已经在国内占据了领先的市场份额,无须和京东进行价格战,因为这并不会给当当带来任何好处,反而耗损了修为,成全了敌人。

市场的精妙之处在于其自我调整的自生能力。所以,在硝烟散尽之后,我们发现京东商城和当当网依然岿然屹立着,而阿里巴巴等小伙伴也在一同演绎着跌宕起伏的战国风云。

（案例作者：罗守贵　栾强）

相关材料

微博热议京东当当之争：现实版三国官渡之战[①]

12月21日上午消息,针对京东商城在微博向当当发起价格战一事,微博诸多业内人士发表了看法。他们认为,京东发起的是一场典型的柔道战,并认为京东与当当之争是一场现实版的"三国官渡之战"。

这场图书价格大战的源头,据京东商城CEO刘强东透露是"当当在图书供应上对京东的封杀",与此同时京东宣布图书"直至价格降到零"。随后当当宣布斥资4 000万元进行3C、百货、图书等产品大幅降价,数小时后京东则宣布开展8 000万元的促销。

刘强东以微博为言论阵地发起的这场价格战,成为微博业内人士热议的对象。资深

---

① 资料来源：崔西,新浪科技 http://tech.sina.com.cn/i/2010-12-21/14045009903.shtml。

互联网人士曲晓东认为,京东发起的是一场典型的柔道战。

"京东只有 20 多万种图书,而当当是 60 多万种;图书只是京东的副业,却是当当的主业。所以打起价格战来,当当的成本将数倍于京东。京东不必丰富图书种类,当当却必须品种齐全。所以打下去,是当当的代价更大。"曲晓东在微博上说。

《创业家》杂志社执行主编申音则评价,京东当当大战其实是一个现实版的"三国官渡之战"。

"打到今天,胜负已分。刘强东有霸气有胆略,经此一役,已可雄踞一方。除了淘宝,国内电商同业再无可以撼动京东者。至于当当,虽占据天时地利,一手好牌却出得毫无章法,干大事而惜身,见小利而忘命,这是三国志里对袁绍的评价!"申音说。

知名博客陆建国则评论说:"光脚的也怕穿鞋的,因为光脚的想穿鞋,穿鞋的提高了门槛,那么光脚的可能失去穿鞋的希望。"他进一步指出,当当与京东开打,当当股价受影响,但是京东上市受影响。"所以,开打,当当自损八百,京东损兵三千。当当无惧,京东堪忧。"

湛庐文化创始人陈晓辉则在回复曲晓东微博时认为京东的图书价格战"持续不了多久"。理由是出版商已经经历过当当和卓越当年的价格战,所以这一次出奇地一致。"京东根本就没有做好销售图书的系统和物流准备,匆忙的价格战使得读者在京东的购物体验大打折扣,得不偿失。"

值得注意的是,这场 B2C 行业的价格战,不是从京东擅长的 3C 类产品开始,而是以图书为契机。在其发起图书价格战后,不仅是当当网进行了促销反击,连长期低调的卓越亚马逊也宣布将斥资 1 亿元掀起最大力度促销。

京东为什么要卖图书?为什么要在图书品类发起价格战?微博里普遍认同的一个观点是:京东希望通过此举对外表态其向综合性平台发力的野心。

"京东为什么卖图书?我觉得一是做综合类平台的一个垂直品类扩张,满足消费者需求;二是对于图书这种规整的小件商品来说,在配送一单 3C 产品的同时,多加两本书对物流不会造成更大压力,是边际成本;三是增加购物频次,提升黏度,毕竟你 1 年可能在京东上买 1 台彩电,但是买书可以买 4 次,看当当报表就知道了。"《IT 经理世界》杂志助理总编辑、资深媒体人李黎在微博里说。

悦读纪文化公司韩志 HZ 则认为:"京东醉翁之意不在酒。明知道卖书不是最赚钱的,何况自己的全国物流平台尚未启动,干吗着急做赔本买卖扮弱者赚吆喝?连特价书都进货充品种。京东的目标应是狙击当当发力百货和电器吧。长期看这样才有胜算。"

事实上当京东在图书上开打价格战时,当当则将战火延至图书、3C、百货全线产品,这也引发了后来几家公司分别宣布斥资数千万元进行大促销。如果当当开始拿 3C 产品作战,京东会如何呢?

互联网人士远之山认为"吃亏的还是当当"。他的理由是图书市场是一个相对完全竞争的市场,市场集中度比较低,很难形成价格联盟。但3C市场显然是一个类似寡头垄断的市场,市场集中度相对较高,市场参与者很容易达成某种价格"默契"。

"图书的供应商那么多,但3C的有限,一打起来,肯定没人给当当供货。京东的渠道那么成熟,没哪个3C的供应商会傻到放弃京东而从了当当。"遠之山说。他认为京东已经在这场大战中受益很大。"就看京东的备货,也不是想在图书市场上有怎么样的打算,估计很可能是一种防火墙行为,避免被当当乘着上市的势头侵入,先进攻对手。"(有删节)

第五篇

劳动市场经济学及消费者选择

案例1 "中国制造2025"应对劳动力结构的挑战

导读:"中国制造2025"是在新的国际国内环境下,中国政府立足于国际产业变革大势,作出的全面提升中国制造业发展质量和水平的重大战略部署。中国制造2025和德国工业4.0的对接将是我国经济和产业转型升级的巨大机遇,必将对我国工业劳动力结构产生重要影响。

一说到"中国制造2025",很多人便立即想到"德国工业4.0"。2013年德国在新一轮工业革命中占领先机,推出了"工业4.0"战略。"工业4.0"也被人们称为以智能制造为主导的"第四次工业革命"。这种智能化的生产方式在生产系统及过程中形成"智能工厂",在生产物流管理上实现"智能生产",在整合物流资源上实现"智能物流"。2015年,中国也提出了"中国制造2025",主要由于中国人口红利的流失,随着劳动力价格要素的上升,人口结构的变化,低质、低价的"中国制造"形态需要向中高端转型。

根据国务院印发的《中国制造2025》显示,坚持"创新驱动、质量为先、绿色发展、结构优化、人才为本"的基本方针,坚持"市场主导、政府引导,立足当前、着眼长远,整体推进、重点突破,自主发展、开放合作"的基本原则,通过"三步走"实现制造强国的战略目标:第一步,到2025年迈入制造强国行列;第二步,到2035年我国制造业整体达到世界制造强国阵营中等水平;第三步,到新中国成立一百年时,我国制造业大国地位更加巩固,综合实力进入世界制造强国前列。

从现在到2025年,工业4.0将推动现有的工业劳动力结构发生巨大的转变。制造型企业将越来越多地使用机器人和其他先进技术成果来为工人提供协助。为了在工业4.0时代更加高效地开展工作,工人需要掌握多种"硬"技能。他们必须把有关具体工作或流程的专门知识(如操作机器人或更换工具)与IT技能(从最基础的电子表格使用和界面访问到高级的编程和数据分析)结合在一起。

值得一提的是,工业4.0对工作性质的改变以及新岗位的出现将使许多就业前景堪忧的工人从中受益。比如,机器人辅助系统将帮助工人从事对体力要求高的工作,这样年长的工人就有可能延长工作年限。尤其在老龄化严重的发达国家,这样的环境也将使那些因技术和经验过时而失去工作的人有机会重返劳动力市场,登上全新的工作岗位。例如,在汽车工厂的流水线里,常常需要工人提举或搬运重物,这就使得工人们不得不在较长时间保持一个费力的姿势,从而让工人的体力受到大幅度的损耗。而在工业4.0时代,工业机器人就可以帮流水线的工人解决这些问题。工业4.0还能为工人提供关于如何使用新设备的详细指导。根据车型、车辆识别码、车辆的不同配置,需要装配的各种零件等信息会自动显示在工位前方的操作屏上。一系列图像化的指示将指导工人完成所有的操作,而不再是像过去那样手上拿着纸质工作单或手册。总之,工业4.0将为制造业和国家经济创造巨大的机遇。尽管某些类型的工作(如组装和生产计划)会减少许多岗位,但同时在其他领域(尤其是IT和分析领域)将涌现大量新的工作机会。网页设计师、网站营销顾问、数字内容编辑、网站律师、智能应用开发者等都是在20年前根本不存在或数量不多的职业,而这些都是人工智能机器暂时还无法企及的领域。工业4.0最终能在多大幅度上促进就业机会,则将取决于企业如何利用这些先进的技术成果来开发新产品、新服务以及新的商业模式。

为了实现"中国制造2025"的全部潜力,企业需要对现有劳动力进行再培训,教育系统需要弥合在IT技能方面的人才缺口,政府需要提供更强有力的支持。要想取得成功,就必须深入了解科技的发展,并从"量"和"质"的角度了解其对不同类型工作的影响。获得并有效运用这些知识将会带来巨大的回报:国家经济将繁荣发展,劳动力队伍将变得更加强大高效,员工将全身心地投入到工作之中。

(案例作者:胥莉 张珺涵)

相关材料

细看"中国制造2025",中国该如何转向制造强国?[①]

2015年5月19日,经李克强总理签批,国务院印发《中国制造业发展纲要(2015~2025)》(下称《纲要》),部署全面推进实施制造强国战略。这是我国实施制造强国战略第一个十年的行动纲领。此纲要被誉为"中国版工业4.0规划"。

业界对"中国制造2025"非常期待。编制这个规划的背景,一是顺应国内外大势,二是制造业自身发展的要求。当然,这项规划也备受支持,由工信部会同质检总局、发改委共同编制。在这项规划框架中,指导思想是创新发展,主线是信息技术和制造业的融合,基本方针是创新驱动、质量为先、绿色发展、结构优化、人才为本。还有"三步走"的战略:到2025年迈入制造强国行列,指的是进入第二方阵的行列;到2035年整体达到世界制造强国阵营中等水平,指的是介于德、日之间;到新中国成立一百年时,综合实力进入世界制造强国前列。

相对于德国工业4.0,我国的"四基"——关键基础材料、核心基础元器件零部件、先进基础工艺、产业基础技术,还是短板。中国是制造业大国,但是大而不强。创新能力不

---

① 资料来源:邵海鹏,《第一财经日报》,2015年5月28日。

强,实际上是价值链不赚钱,这导致外汇消耗大。质量出现问题,是因为技术不行,这导致产品的市场形象不佳。竞争力不强也是技术问题,使得一方面资源利用率低,另一方面不得不利用比较优势,这导致整个产业结构偏向资源消耗型,钢铁就是这样。

工业或者制造业,不但为社会提供各种必需的消费品,也为各产业的发展提供生产工具,比如机床。每一次生产工具的重大变革都会引起产业结构甚至是世界格局的变动,更不用说制造业还要为国防建设提供武器装备。所以,制造业是皮,服务业是毛。制造业是主体,要强国富民,必须发展制造业。

发达国家也有这个认识。金融危机之后,制造业再次成为各国竞争的焦点。以美国为首的发达国家,提出再工业化、制造业回归,也确实出台了一些重大举措。比如,美国2009年推出《美国复苏与再投资法案》,2010年又推出《制造业促进法案》,2011年推出"先进制造业伙伴关系"计划(AMP)、"美国制造业创新网络计划",2012年推出"美国制造业复兴计划"。此外,日本、德国、英国、法国都出台了各自的计划。

从短期来看,美国的制造业回归确实是为了拉动经济、恢复就业。但制造业是科技创新的主战场。因为制造业的外流,美国的创新能力已经受到了影响甚至下滑,为此,美国推出计划要继续保持制造业的创新领导力。

当然,印度、巴西、哥伦比亚等国,包括我们的周边国家,都在利用比较优势进行发展。中国面临来自发达国家和发展中国家的双向挤压。所以,"战场"的争夺呈白热化。大家都开始聚焦于此,贸易保护主义也在增强。

从国内形势看,中国步入新常态,以中高速增长和结构的持续优化为主要特征,资源环境的约束不断强化,劳动力要素成本不断上升,投资和出口明显放缓。过去那种依靠要素投入来实现规模扩张的外延式增长模式难以为继。调结构转型升级,时不我待。所以,我们提出要实施创新驱动发展战略,这也是必然选择。

从技术大势来讲,新一轮的科技革命和产业变革,制造业的数字化、网络化、智能化,导致制造模式理念、技术体系、价值链发生了重大变化。规则改变了,意味着"战场"也可能转移。我们已经错失了前几次工业革命,这一次必须抓住。

现在,中国受"四基"的长期制约。一是价值链,最挣钱的环节不给你,再就是国家安全、军事安全。不过,这得客观看待。

一方面,需要承认技术发展的客观规律,我们的技术创新、人才积累,确实还需要很长的过程。另一方面,在体制机制上,创新体系不完善,最核心的是国家层面的关键共性技术缺失,进而影响企业作为技术创新主体的发挥。这就需要政府做有为政府,提供公共产品、关键共性技术研发,给创新者补贴。现在的政策在这方面不足,在关键共性技术上尤甚。

中国的创新已经要从模仿组装全面转向自主创新阶段,我们跟对手已经越来越接近,没有什么可模仿的了,所以重构关键共性技术研究体系是我们的必过之坎,这个坎不迈过去,就难以成为制造业强国。所以说,这十年就是要扎实打基础,在互联网热的背景下进行冷思考。

我们要发挥社会主义制度"集中力量办大事"的优越性,多方协调、齐心协力,中国制造距离制造强国有多远,就看我们怎样努力。为了走向全世界,中国制造业正式更名为Manufacturing in China,因为这才反映了未来中国制造的内涵。(有删节)

案例 2　产假延长：职场女性的福利还是压力？

导读：国家各方面的政策条例的改变，都可能影响到经济生活的方方面面。"产假延长"这一消息，看似与大学生无关，实则息息相关——因为它可能会通过其与职场歧视的关联，影响几年后大学毕业生的就业形势。

2016 年 9 月 29 日，《广东省人口与计划生育条例》再度修改的消息传开，整整比原先多出 50 天的产假时间再度吸引了众人的关注。正在或即将休假的产妇们听到了这盼望已久的好消息，纷纷表达了喜悦之情。

据悉，早在 2015 年 12 月 27 日，全国人大常委会审议通过修订《人口与计划生育法》之后，广东省即走在国内各省份前列，积极配合国家政策，首先提案并修改省内计生条例。如今，9 个月之后，广东省却再一次修改条例，将合法生育的奖励假期从 30 日延长至 80 日，女职工的产假最多可达 208 天，目前位居全国各大省份之首。

类似的调整是全国性的。在计生条例发布后的这段时间内，已经先后有 29 个省份完成了对省内计生条例的修订，利用奖励假期的模式，在不同程度上延长了产假时间。

从家庭角度来说，产假的延长无疑是一项绝好的福利。上班族妈妈们在产后能够得到更充分的休息、更好地保养身体的同时，还能多出时间陪陪宝宝和家人。从这方面看来，这似乎是一个对于职业女性的福利条例，但我们知道事情并非那么简单。

在各省计生条例调整陆续出台之时，一些正值毕业求职季的女大学生就纷纷抱怨，认为这一政策会加剧她们求职的严峻性。事实上，从招聘到薪资，职场中的性别歧视问题一直位于公众的视野之中。据统计，除服务、模特、礼仪等少数特殊行业可能相反外，很多情况下存在对女性的一定程度的歧视。长达半年时间的产假确实是一个很重要的因素。

这一问题在计生条例修改前即普遍存在，并且很遗憾的是，它很难在短时间内得到解决，因为这密切关系到经营者的自身利益。在一些经营者看来，带薪产假会为公司增加一笔可观的可见成本，还会导致休假后员工工作熟练度下降、需要额外时间适应等问题，对公司的信息交流形成阻碍，造成隐形的额外成本。如此一来，这些企业在招聘中只希望雇用不需要产假的男员工，以及部分能力强到可以抵消这些成本的女员工。

在影响求职的同时，已经入职的女员工也不得不多一分忧虑。公司虽然必须按照规定，为妈妈们提供相应天数的假期和相应比例的薪资，却仍可以从很多方面上对她们施加压力。薪资、项目、升职，经营者可以为女性员工创造各种各样的机会成本，给她们施加压力,使她们在生育大事上犹豫不决。这种压力是隐形的,你不会知道产假归来后几年薪资不见上涨,其理由有几分是能力不足,几分是隐形的利益压榨。

笔者认为,国家出台这一政策除了推广鼓励二胎政策,必然也主要出于对广大女性的关爱考虑,后续对各地方政策落实的督促工作也十分到位。奈何在利益的驱使下,总会有企业打出擦边球。无论是招聘环节还是事后隐形施压环节,都难以制定标准的法律条例来约束和规范。目前大多数女性所受到的招聘等隐形歧视,只要企业没有违反规定限制产假、克扣薪资,都没有办法通过申诉或其他途径得到补偿,很多处于只能自认倒霉的状态。

而另一方面,有人认为这样的状态似乎也不能完全归咎于经营者,因为他们出于自身利益的这些考虑,也是经济平衡中重要的一方面。无论如何,完全自由流动的市场是最高效的,它与社会公平、社会保障的冲突是不可避免的。在二者之间究竟要维持什么比例的平衡,又应该如何去做到,便是社会面临的一道难题了。

如果经过一定时间的酝酿,这一新产假条例的出台已经明显恶化了职场上对女性的性别歧视状况,国家可以考虑出台一些对企业的专项补贴政策,来弥补福利政策对受福利者群体带来的隐形负面影响。毕竟,健康和家庭、职位和发展,都是广大女性人生中不可缺少的一部分。

(案例作者:潘小军　文俊涵)

相关材料

29省产假最大相差80天：广东最长可休208天①

我国产假的基础规定为98天。在此基础上,《中华人民共和国人口与计划生育法》制定了"奖励假期"这一概念,即符合法律、法规规定生育子女的女性,可以获得延长生育假的奖励或者其他福利待遇,目前各省最少为30天,即共计128天产假。

2016年9月29日下午,广东省十二届人大常委会第二十八次会议表决通过关于修改《广东省人口与计划生育条例》的决定,合法生育的奖励假期从30日大幅延长为80日。女职工产假因而从128天增至178天,特殊情况(如剖腹产)可另加30天,达208天,目前正在休产假的员工可直接享受延长假。

截至2016年10月,全国绝大多数省份均已经完成了计生条例的修订,共同点一是晚育假的取消,二是产假天数不同程度上的延长。调整后,女职工的产假天数为128天至208天不等,其中多数为"98＋60"的158天,而广东省的208天成为各省份中最长的产假时间。

---

① 资料来源:李丹丹,《新京报》,2016年10月2日。

在计生条例的修改上,广东省一直走在前列。

2015 年 12 月 27 日,全国人大常委会审议通过修订后的《人口与计划生育法》。在此之后,全国诸多省份都加紧了计生条例的修改步伐,以便与上位法保持一致,而广东省即是全国第一个完成计划生育条例修订的省份。广东省卫计委表示,该版条例的修订坚持以人为本的原则,从修订进度就充分说明了这一点,尽早出台,尽早让群众享受生育政策调整的成果。新条例删除了很多与"全面二孩"政策不相协调的规定,省际间生育政策的适用按照有利于当事人的原则,由当事人自行选择适用等。

至于产假延长,很大程度上也是为了配合"全面二孩"政策。

北京大学社会学系李建新教授分析认为,全面二孩政策放开后,我国并没有出现预期的生育反弹。由于生育成本和抚养成本都在增加,生育形势未达预期。广东省计生条例修订后延长了产假,这个改变是促进生育的政策。广东是改革发展的排头兵,应该在改革的道路上走得更远。

中山大学人口学讲师王军也表示,从广东省的出生人口数据看,全面二孩的效应没有预期那么大。城市女性由于工作生活等各方面压力,生育意愿不是很强烈。因此,广东省立足于本身的情况延长产假。

广东省统计局发布的数据显示,由于人口规模以及育龄妇女基数庞大,"十二五"时期广东省人口自然增长率明显高于全国平均水平;广东人口年龄结构继续表现出"两头低、中间高"的总体特征,即少年儿童人口与老年人口占比相对较低,成年人口比重较高;此外,广东是全国人口总抚养比相对较低的地区之一。

广东省统计局官网的文章称,"全面二孩"人口生育政策的有效落实,不能仅靠调整法律政策,还应该有更多的公共配套服务措施来促进家庭的发展能力,解决实施政策调整后所带来的妇女就业、孩子养育以及入学入托等问题,才能让老百姓既能生得起,还能养得起。(有删节)

案例 3 "超级明星"带来的思考

导读： 演艺圈和体育产业存在着"超级明星"现象。影视和体育明星拥有天然的号召力和无数的粉丝，同时电影的拷贝和电视播出的成本较低，使得他们获得超出个人禀赋的高额收入。然而，顾客数（需求方）不同引发的成本差异导致了有些行业，比如理发业，不可能出现"超级明星"。随着网络行业的飞速发展，"网红"在当今中国已经成为一个不容小觑的产业，一些著名"网红"的赚钱能力相当惊人。可以预见，未来出现"超级明星"的行业会越来越多。

"超级明星"是指少数杰出人物在其从事的活动中占据支配地位，并拥有暂时的垄断权力而获得巨大市场份额和超出个人禀赋的高额收入的社会现象，在演艺圈、体育产业最为明显。超级明星拥有天然的号召力，身边围绕着无数的粉丝，时刻准备接受众人的尖叫和崇拜。大部分当红或创下辉煌成就的明星多是普通平民出身，凭着自己的天赋才能，靠着坚强的毅力，勤奋努力，终于熬出头。很多明星没有成名前，生活其实是非常艰辛的，他们的工资和我们正常人接近甚至不如我们的平均水平。进入不了一、二线队伍，多数演员的收入也不过相当于普通小白领。而一旦成名出彩，就如同鲤鱼跃龙门，在生活水平上有了质的飞跃。尤其成为超级明星后，除了有令人咋舌的高额片酬外，给广告代言的酬劳以及对于自己名字所代表品牌的运用使得他们的收入惊人。而对于有的行业，比如理发业，尽管个人的能力和努力程度也会引起行业内收入的差别，但是最好的理发师的收入比起最好的演员和运动员来说，相差万里。为何会有如此大的差距？

从经济学的角度考量，产生超级明星的市场有两个典型特征。首先，市场上每位顾客都想享受最优生产者提供的物品。我们更倾向于好的事物，自然而然理发要找手艺好的发型师，买烧饼要买最香的，看演出要看最精彩的。其次，使最优生产者以低成本向每位顾客提供物品成为可能的是生产这种物品所用的技术。春节联欢晚会就是这样一个传播平台，每年观看直播的观众多达几亿人。已经成名的演员可以在亿万海内外观众面前保持知名度；尚未出名的演员，在这里可以一夜走红。尽管参加晚会的报酬仅为两三千元，有的甚至是"零出场费"，但是在春晚舞台上表演后，他们的人气会居高不下，商演或影视片酬也会呈"火箭式"增长。互联网的出现，更是使得以低成本向每位顾客提供物品成为可能。作品和体育赛事能够快速和广泛地呈现在电脑屏幕上，媒体传播信息的边际成本越来越低。例如，演艺圈的 A 先生是最棒的演员，那么每个人都期待他的下一部作品，看两遍只有 A 一半才华的演员主演的电影并不是最好的替代品。由于电影可以拷贝，A 先生可以同时向数百万人提供他的劳务，为众人服务是低成本的(此时边际成本已经为零)。然而,顾客数(需求方)不同引发的成本差异导致了理发行业不可能出现"超级明星"。大家或许可以接受一个技艺是顶级发型师一半的理发师为自己做一个价格是其一半的发型,毕竟发型根据技艺不同最后得到的效果差别不大。但是,发型师在同一时间只能服务一位顾客,即使技艺精湛,若不使用抬高价格的手段,发型师终究只有 24 个小时可以为他人服务。扩大销售范围的边际成本不同决定了理发行业里的能工巧匠没办法成为超级明星。

理发业是一个按业绩提成的"绩效行业",业绩的高低除了要有技术做基础外,还需要从其他方面拓展。顶级的理发师注重提高服务的整体水平、销售能力、自身形象的塑造以及相关发型秀的创造能力。他们在海内外表演、授课,享有专家级别的待遇,也拥有大量粉丝,言行受到极大的关注。赖维安是香港环球美发美容协会主席,是与教育、美容、发型有关的世界名人。他不再仅仅是一位技艺娴熟的发型师,更拥有美发潮流的引领者的身份。通过出版剪发经典教材和网络发型秀视频,赖维安让更多的人享受到技艺的提升。附加了这一"媒体身份",赖维安的身价也骤然提高,当属理发界的"超级明星"。

可见,并非各行各业都存在超级明星。演艺界超级明星现象的存在是因为他们为足够多的人带来了更廉价的享受。理发业受其服务范围和服务成本所限无法与真正的超级明星相比,收入也低了很多。超级明星的出现有时候对其他从业者来说反而不是好消息,因为会占据大部分的资源。超级明星薪酬占比过高不仅会造成影视片质量"缩水",而且还会挤压其他演职人员的收益,不红的同行能够得到的可能只是最基本的工资。

随着近年来网络行业的飞速发展,媒体传播信息的边际成本越来越低,出现了许许多多在网络中拥有极大号召力的人。"网红"在当今中国已经成为一个不容小觑的产业,一些著名"网红"的赚钱能力甚至超过了一线明星。可以预见,未来出现"超级明星"的行业会越来越多。

(案例作者：陆蓓　肖诚凯)

相关材料

遏制"天价片酬"就要从分配入手[①]

天价明星何时休? 最近,广电总局有新消息:将加快推进《电影管理条例》修订,进一步研究遏制明星"天价片酬"的有效措施。2016 年有个热词叫"影视 IP",说的是根据"知识财产"(Intellectual Property)进行影视开发、改编,如潘金莲、湄公河都是人人皆知的

---

① 资料来源：王庆峰,《南方日报》,2017 年 1 月 6 日。

IP。结果，不少人借势提出"明星IP"，意思是明星也是大众化认知。其中的指向很清楚，"明星IP"对标"粉丝经济"！只要有人买单，什么热门拍什么。孙悟空是超级IP，但并不见得比"小鲜肉"值钱，要是当红明星来饰演悟空，那才叫一举两得。然而明星并不直接等同于演技，有了各种超级IP，也不一定会讲好一个故事，这个道理已经被票房口碑两极化屡屡证明过了。

如果最热门的明星总是意味着最强劲的票房号召力，那么"天价片酬"就有理可循。芝加哥经济学家舍温·罗森有个"超级明星理论"，说超级明星具有垄断势力，容易在市场上占据支配地位，从而产生"赢家通吃"的结果。这话一点都不假，有一组数据可以证明：央视曾揭秘演员高片酬，明星演员片酬最低的2 500万元，最高的超过1亿元，基本上占据制作成本的50%以上。近30年，明星片酬平均涨幅超过了5 000倍，而科学家、教授和各行各业劳动者的收入涨幅却相形见绌。

"天价片酬"的最大问题，在于严重伤害了影视作品的质量。这一点，主要是因为"赢家通吃"状态下，明星拿走制作成本的大头。而做好一部电影有很多关键因素，导演、编剧、场面制作等，都是需要花钱见功夫的活。然而，一些偶像明星一个表情演完一部戏，就可以拿去一半多费用，其他人怎么办？更要命的是，这种游戏必须要玩下去，哪怕经纪人坐地起价，明星还是要靠哄抢。根本原因在于电影市场不冷静，这几年不断攀升的票房数字，令太多资本都想冲进市场分一杯羹。

过去很多人认为，观众用选择投票，把烂电影踢出来，能有效倒逼好电影产生。然而事实证明，这种"明星中心制"其实是一种路径依赖。你越是想摆脱"天价片酬"，越是会被证明为不明智之举。过去的2016年全国电影总票房为457.12亿元，市场热度持续攀升，资本还在不断涌入。资本具有风险偏好，既然有成熟的明星路径可走，为何不走？在这种心态下，市场竞争就不再是最优解，一个强有力的政策指引极为必要。

如何指引？一言以蔽之，要遏制"天价片酬"，不如从转变思路开始，变"明星中心制"为"编剧中心制"，以收入激励为核心要素，彻底打破当前的利益分配格局。（有删节）

案例 4　题中题——从分配角度看应试制度

导读： 2016年高考前夕，江苏、湖北等地"跨省生源调出"计划，使得高考考情变得备受关注。关注的背后，其实是对各省高招名额分配差距的不满。在我国人多资源少的背景下，高考制度尽管有无情的一面，但与依靠权力、金钱、关系来进行无序的恶性竞争相比，它仍不失为一个公平竞争的平台。教育资源的分配不均，本质上就是区域经济社会发展不平衡。这时候就需要各级政府来做平衡者，这样的平衡不是固守成规，也不是一味追求公平，而是缓和社会矛盾，给经济社会发展提供尽可能适合的环境。随着人们教育水平的整体提高，因受教育程度不同而产生的相对收入不平等的状况会得到进一步的改善。

除了天赋和出身，教育是决定一个人社会经济地位的最主要因素。要在市场经济制度下平衡收入分配，调节教育资源的分配无疑是最有效、最长远的方式之一。中国绝大多数优质教育资源都是公立资源，由政府把控。因而可以说，中国政府克服收入不平等的最重要手段不是别的，正是中国的教育制度。

教育资源的分配大体上可以分为两类。一类是普惠性的分配，义务教育制度是其中的代表。这类分配的功能是"兜底线"，也就是保证公民受教育程度的下限不至于过低。另一类是选拔性分配。由于教育投入的回报取决于个体的智力和意志品质，彻底的平均主义只会造成巨大的浪费，因而较高级的教育资源就不得不借助选拔性分配。在中国，这种选拔性分配就是应试制度，其中最有代表性的莫过于"千军万马过独木桥"的高考制度。

高考是选拔，但并非单纯的择优。作为政府主导的分配方式，高考在择优的同时必然要兼顾平衡。每当某地要动高等教育的蛋糕时，难免会引起一些家长的抗议，经过媒体的渲染，时常引发大范围的社会讨论。2016年5月，江苏、湖北等地考生家长在各自省份的教育厅和一些地市的教育局门前聚集陈情，抗议本省须向中西部省份"输出"高考招生名额。此次争论的焦点是计划招生体制的问题。

在现代中国，很多重要制度上都寻得见古代的影子。要充分理解高考在平衡收入分配上的意义，不妨先看看中国古代的科举制度。在古代中国，科举是实现社会阶层跨越的主要手段。考生不论出身如何，都能参加科举，只要在科举上有所突破，最起码能摆脱艰苦的农业劳作。最幸运的考生则能进入权贵圈子，前途不可限量。"富家不用买良田，书中自有千钟粟。安居不用架高堂，书中自有黄金屋。出门莫恨无人随，书中车马多如簇。娶妻莫恨无良媒，书中自有颜如玉。男儿欲遂平生志，六经勤向窗前读。"宋真宗的《劝学诗》露骨而生动地概括了科举对于平民百姓改变命运的意义。同样的意思被现在的家长日复一日地灌输给孩子，足见现代应试与古代科举的相似之处。

自诞生之日起，科举制度的意义就不止选贤任能那样简单。科举制度开辟了中国古代阶层爬升的通道，提高了阶层之间的流动性。使得即便在皇权帝制下，社会阶层之间也不至于完全割裂。隋唐以后，中华虽然有国土分裂、朝代更迭，但更多的是统一与稳定，科举制度是原因之一。既然科举制度关系到国家的向心力，如果某些地区不擅此道，为避免分裂，最高统治者就不得不采取某种倾斜政策。明朝洪武三十年的"南北榜案"就是这种倾斜的典型表现。

对于"南北榜案"，《明史·刘三吾传》中有这样一段简短而值得玩味的描述。大意是说，在洪武三十年，老儒刘三吾和白信蹈等人担当会试的考官。结果中榜者全是南方人，北方竟无一人。北方学生就控告刘三吾等南方人偏袒同乡。朱元璋很生气，派张信等人复查试卷，打算补录一些优秀的北方学子。结果张信呈上来的"优秀"试卷粗鄙拙劣，的确比不上南方学生的水平。北方学生又说是刘三吾为逃避责罚，嘱咐张信挑了些差卷呈上。朱元璋大怒，将白信蹈、张信等人处死。刘三吾年事已高，躲过一死，被发配边疆。之后，朱元璋亲自主持考试，重新选拔了六十一人。这一次，榜上没有一个南方人。

有趣的是，《刘三吾传》在前一段，称："三吾为人慷慨，不设城府，自号'坦坦翁'。至临大节，屹乎不可夺。"似乎是当时的史家在向后人暗示，"南北榜案"实属冤案。毕竟，刘三吾在洪武三十年已是八十四岁高龄，本该是颐养天年的时候，何必再苦心经营"乡谊"？再说张信，明知朱元璋盛怒，身负复阅重责，岂肯为老儒刘三吾铤而走险？而朱元璋命对白信蹈、张信等涉案二十余人施以凌迟极刑，又专门挑了六十一名北士，又分明是夸张的作秀。种种迹象表明，刘三吾和张信本是秉公办事。只是由于北方更靠近元朝的统治中心，又经历了更残酷的战乱，教育水平相对滞后，北方学生的水平确实不及南方学生。但如果朱元璋站在南方学子一边，不仅会寒了北方学子的心，还会导致权力向南方士族集中，最终的结果将是北方的分离与反叛。朱元璋从南向北统一中国，必然对南北分裂格外警惕。如此，只好牺牲掉那些不明就里的官员。在朱元璋心中，资源的平衡分配和国家的统一稳定，比选贤任能和爱卿性命加起来都重要得多。可怜刘三吾等人，看得来锦绣文章，却猜不透帝王心思。

"南北榜"之后，明朝确立了分地区录取的制度，一直延续到现在。有人认为，目前高考的招生偏向西部地区，偏向少数民族。很多人批评这种倾斜不公平。然而，如果中小学教育资源在区域间的分布本来就不公平，那么全国完全统一的、所谓"公平"的高考就不公平，甚至达不到最弱的公平——机会平等。撇开价值问题不谈，只要户籍制度还界定着中小学教育资源，只要一些少数民族还不能像汉族一样通晓汉语，盲目实行无差别的择优录取就无异于歧视与隔离，其结果必然是欠发达地区的人口长期集中在社会底层和边缘，造成社会割裂、对抗甚至动荡。

更容易被忽略的是，除了区域和民族，在贫富的维度上，应试制度也发挥着平衡分配的职能,这集中体现在考试的内容和方式上。明清时期实行"八股取士",考试范围固定,只考四书五经;答题形式固定,只能写拘谨的八股文。"八股取士"一方面维护了儒家思想的统治地位,另一方面也在客观上维护了寒门学子录取的机会。试想如果考什么风花雪月、填词作赋,榜上有名者固然有才,但想必多是权贵子弟。

再看高考的范围和形式,避免出身影响成绩的意图就更加明显。高考的大纲清晰明确,什么定律要考,哪篇古文要背,规定得一清二楚。然而题目会在限定的内容上穷尽万千变化,不要求广博,但要求娴熟。这样的考核下,聪明勤奋的寒门学子仍有一定的录取机会。而富家子弟的优势只在于能多请家教、多报补习班,家庭的财富暂时不像在市场上那样管用了。试想,如果只要求大学以最高的效率培养人才,最好的方式当然是录取素质全面或者特长突出的学生。那就该像欧美的私立高校那样,在成绩之外,看奖状荣誉,看沟通能力,看文体特长,还看阅历眼界。如此一来,底层家庭的孩子希望渺茫。多年来北方省份的高考成绩不计英语听力部分,近年来教育部门严格限制自主招生和竞赛保送的比例,凡此种种,从择优角度上看是低效的,在平衡角度上看则是必要的。

当然,这里谈应试制度平衡分配的功能,并不是要为现行的制度作"存在即合理"的辩护。与高考有关的各项制度,显然远没有达到完美无缺的地步。但任何试图改变这套制度的动议都不应空谈形式上的公平或者纯粹的效率,而忽视中国的应试制度在平衡分配方面所起的基础性作用。在现阶段,高考招生的某种倾斜是必须的,要探讨的是倾斜的结构和程度。高考大省的残酷竞争,中央部属高校对所在地考生的照顾,以及所谓的"京沪特权",这些问题都值得妥善的剖析与应对。同时,从平衡的角度看,高考的范围与形式尚不宜大改,而降低高考的偶然性则是可以先行的改革方向。

2016 年 6 月,英国民众对是否留在欧盟进行公投,脱欧派胜出。11 月,特朗普在大选中击败希拉里,当选第四十五任美国总统。与此同时,在法国、德国、瑞典和丹麦等国,右翼政党的支持率快速上升。这些事件都明确地反映出西方发达国家中保守主义和民粹主义抬头的倾向,其背后则是精英阶层和普通大众在认知和利益上的尖锐冲突。西方世界是否就此陷入封闭和倾轧尚难断定,但西方国家教育资源分配不平衡、社会流动性差无疑是社会割裂的主要原因。作为幅员辽阔、人口众多而发展不平衡的多民族统一国家,中国不能不引以为戒。

（案例作者：陆蓓　张翕）

相关材料 1

明史·刘三吾传[①]

三吾为人慷慨,不设城府,自号"坦坦翁"。至临大节,屹乎不可夺。懿文太子薨,帝御

[①]　资料来源:张廷玉,《明史》卷二十五,中华书局,1974 年 1 月。

119

东阁门,召对群臣,恸哭。三吾进曰:"皇孙世嫡承统,礼也。"太孙之立由此。户部尚书赵勉者,三吾婿也,坐赃死。三吾引退,许之。未几,复为学士。

三十年偕纪善、白信蹈等主考会试。榜发,泰和宋琮第一,北士无预者。于是诸生言三吾等南人,私其乡。帝怒,命侍讲张信等覆阅,不称旨。或言信等故以陋卷呈,三吾等实属之。帝益怒,信蹈等论死,三吾以老戍边。帝亲赐策问,更擢六十一人,皆北士。时谓之"南北榜",又曰"春夏榜"云。建文初,三吾召还,久之,卒。(节选)

相关材料 2

江苏高考将向中西部招生近 4 万引疑虑,回应:本省录取率不降①

2016 年 5 月初,江苏省部分学生家长向该省教育厅反映,对该省今年将调出 38 000 个招生计划至中西部地区表达疑虑,认为不能拿减少本省考生的名额来扶持贫困地区。

家长们面对一下子要减少这么多本省考生的名额,内心无法接受这样的事实。许多家长抱怨,在原本 985、211 学校持续减招的背景下,江苏一下子又要调出 3.8 万个指标,这对江苏学子的影响不容忽视和回避,增加跨省招生名额直接影响了本省学生的求学机会。何况江苏省的考题每年都比多数省份难度要大,减招方案对考生来说不公允。还有家长表示,马上临近高考,现在突然告诉我们江苏省要减少这么多考生名额,把这些名额给中西部地区……如果要出台这样的政策,是不是应该早一点通告?

江苏省教育厅连夜紧急召集会议,并于 5 月 11 日上午 10:05 分通过其官方微博"@江苏教育发布"回应了社会质疑。根据《教育部国家发展改革委关于做好 2016 年普通高等教育招生计划编制和管理工作的通知》(教发〔2016〕7 号)要求,2016 年江苏承担国家专项计划 66 450 个,比 2015 年增加 26 350 个。其中本科 29 950 个,比 2015 年增加 9 350 个;专科 36 500 个,比 2015 年增加 17 000 个。

江苏省教育厅的这份说明表示,国家专项计划主要安排在河南、广西、贵州、甘肃等10 多个中西部省份和录取率较低的人口大省等地区招生。从省际间比较来看,由于江苏省高等教育资源丰富,教育部安排江苏省本科招生计划总规模较大,但在有专项计划安排的有关省份中,江苏省本科调出专项任务计划占本科总计划的比例较低。其中关于38 000 人的调出计划为指导性计划,具体安排为本科 9 000 人和专科 29 000 人,已经充分考虑了省内高考考生的本专科录取率不降低的因素。

江苏省教育厅表示,不管出什么样的事情,首先要确保考生有一个好的学习环境,不要因为这件事情影响考生的心情,让考生考好,这是最重要的。因为一个考生牵涉到一个家庭,甚至对整个社会的稳定都很重要。(有删节)

---

① 资料来源:龚菲,澎湃新闻,2016 年 5 月 11 日,http://www.thepaper.cn/newsDetail_forward_1468023。

案例 5 加班还是休假？

导读：每逢节假日，加班是最为困扰上班族的问题。加班会为职场员工带来额外的压力，但与此同时，也会带来额外的薪资。有些员工希望找个不加班的好工作，也有一些劳动者们不仅对取消休假毫无怨言，甚至毛遂自荐走到加班的工作岗位上。不同的人对加班的态度为何如此不同？更多的财富和休息哪个更重要？是奋战在工作岗位勤劳致富，还是放下包袱去寻找诗和远方？从国际层面看，为什么高收入国家比低收入国家更喜欢休闲而减少工作时间？这是偏好问题，也是一个决策问题。只有真正理解经济学原理中的消费者选择理论才能更好地回答这些问题。

加班很辛苦，但未必大家都不喜欢

随着市场竞争的日益激烈，许多企业都对员工提出了加班的要求。双休日加班，小长假也加班，一年忙到头，公司白领频频吐槽工作压力大，需要放缓脚步平复疲惫的身心。《劳动报》记者在 2015 年五一小长假的一份对于加班的态度的调查报告显示，在随机访问的 50 名上海市民中，超过八成表示不愿意接受节假日加班的选择。当问及主要原因时，市民提到最主要的三条原因是：加班费用支付不及时，希望多陪陪家人，以及想拥有更多自己支配的时间。也就是说，即便不考虑用工方在加班费用上的违约问题，多数员工也更希望放弃额外的加班费用而多换取休息的时间来享受生活。

当公司白领苦苦挣扎寻求更多的休假时，却仍有一部分劳动者群体主动接受加班机会，坚持投身到工作一线中，例如收入偏低的农民工群体。由于经济条件并不好，农民工在节假日也没有足够的消费力去投入到社交娱乐当中，假期对他们的吸引力并不大。这些农民工所从事的行业一般是基础的服务行业，这些行业在节假日期间用工需求较大，雇主因此可以获得较高的利益，随着行业的不断规范，雇主也不太会拖欠工资。对于这些农民工来说，平时的收入对基本生活需求的满足还是紧张的，而在节假日通过加班获得多倍工资补偿，具有更大的实际意义。通过节假日加班，这些劳动者可以在不需要过多劳动投入的情况下获得足够的经济补贴，改善经济收入，从而解决实际的生活问题。正因为如此，我们才能经常看到在节假日里餐厅服务人员不减反增，装修工人仍然准时上门粉刷房屋，商场的保安执勤也能配备充足应对海量的购物客流……

那么为什么同样面对节假日加班，有的人强烈反感而有的人却欣然接受呢？这实际上是由消费者的偏好以及收入状况共同决定的。

消费者选择理论解释工作还是休假

员工选择工作还是休假,属于消费者选择的问题。从经济学模型来看,考虑某个消费者需要在休假和经济收益之间进行选择决策,消费者需要在其消费预算约束线上寻求其效用最大的消费组合。当消费者的收入水平发生变化时,其对休假的选择水平变化会受到两种因素(收入效应以及替代效应)的影响。对于农民工来说,其初始收入水平较低,在面临节假日加班时,其收入效用大于休假对它的替代效用,因此,农民工会选择更多地加班赚取财富满足对日常消费的需求。对于大多数上海市民来说,收入水平相对较高,加班的收入效用不足以弥补休假对其产生的替代效用,因此更愿意享受休闲,不愿意加班。

高收入国家员工更爱休假

2012 年经济合作与发展组织(OECD)的一项调查发现,其成员国中,西欧和北欧的高福利发达国家人均工作时间明显短于南欧和东欧。在经济状况不佳的希腊,国民平均工作时间为每年 2 042 个小时(即每周 39.72 小时),远高于美国(每年 1 789 小时)、日本(每年 1 729 小时),而工作时间最少的则是德国,平均每年是 1 371 小时。2014 年 OECD 调查的 36 个成员国中,最为勤劳的是墨西哥人民,平均每年工作 2 228 小时,而墨西哥是个典型的发展中国家,人均收入水平不高。2014 年墨西哥人均收入 13 245 美元,远低于瑞典的 35 837 美元,芬兰的 32 438 美元,丹麦的 34 347 美元,荷兰的 36 402 美元,更低于挪威的 47 557 美元,美国的 43 017 美元。经济水平较低地区的人民更愿意牺牲闲暇时间来换取经济报酬。高收入国家的人民则更愿意休闲,从而享受生活而非用工作来换取加薪。而对中国来说,2014 年人均收入为 7 476 美元,人均劳动时间超过 2 288 小时/年。总体上看,中国人均休闲时间较少,2015 年中央电视台发布的《中国经济生活大调查》数据显示,中国人每天的休闲时间平均是 2.55 小时。年收入在 2 万元以下的较低收入人群中,12.01% 的人没有休闲时间,休闲时间在 1~2 个小时之间的比例最大;而年收入在 10 万元以上的较高收入人群中,只有 5.87% 的人没有休闲时间,休闲时间在 2~3 个小时之间的比例最大,休闲时间在 3 小时以上的高达 33.87%。可见,年收入 10 万元大概是收入上的"休闲门槛"。

总之,工作与休闲是人们日常生活中的"经常性选择",不同收入水平的人群具有明显的偏好分异:低收入人群通常表现为收入效应大于替代效应,选择更多的工作,更少的休闲。而高收入人群,通常替代效应大于收入效应,乐于选择更多的休闲。

(案例作者:范纯增　刘通)

越来越多农民工选择假日加班①

2015 年 5 月 1 日早上 4:30,南京五台山汉庭酒店厨师王翠华像往常一样早早起床,给 150 多位住店旅客做早饭。本来五一节可以休息,但她却主动选择了加班。王翠华住的宿舍有 7 人,五一节都在加班。"想休平时也可以休,但今天跟平时干一样的活,可以拿 3 倍的钱!"谈及节日加班,一位舍友觉得理所当然。和汉庭酒店的工作人员一样,溧阳一家燃烧器设备公司的 300 多名员工五一节期间都选择了加班。喷漆工王金宝说,节假日景点都是人,玩也没什么意思。王金宝的工资 200 元一天,五一加班一天就可以拿 600 元。

国家统计局刚刚公布的数据显示,农民工人月均收入 2 864 元,这个工资在城市只能满足最基本的生活需求。如果从马斯洛的需求层次论上看,大多数农民工的需求仅停留在第一和第二个层次,即基本生存和安全需求上,尚未达到较高需求层次。如果工资只能满足基本需求,公休假期加班就成了很多打工者的自然选择。

农民工业余生活的贫乏则是吸引他们节假日加班的另一个重要原因。今年 27 岁的南京江宁统宝光电的操作工景亮来自洪泽,五一节也在加班中度过。景亮的父母和哥哥在温州、上海等地打工,一家人只有过年时才回家团聚,他平时下班回到宿舍也只能玩玩手机或者和工友打打牌,不如加班多赚点钱。调查数据显示,农民工在工作之余,67%的人选择和家人、朋友聊天,51%的人选择睡觉和什么也不干,43%的人选择打牌下棋,还有 32%的人选择逛街和去公园。如何丰富农民工的假期生活,让他们在工作之余也能享受轻松和快乐,需要我们共同来关注。(有删节)

相关材料 2

全球各国员工平均一年工作时间排名②

经合组织(OECD)调查了包括经合组织成员国在内的 36 个国家员工平均每年的工作小时数,发现希腊是这些国家中工作时长最长的国家之一——以每年平均工作 2 042 个小时(即每周工作 39.27 小时)高居排行榜第四。与之相对,一直自诩工作认真努力的德国人是这些国家中工作时间最短的国家:德国员工的年平均工作小时数只有 1 371(即每周工作 27.37 小时,也许德国人效率高吧)。

---

① 资料来源:黄红芳,《新华日报》,2015 年 5 月 2 日。
② 资料来源:全球各国员工工作时间/休假对比:中国心酸,环球网,http://tech.huanqiu.com/news/2015-11/8005565.html。

表 5-1　各国员工平均年工作时间（小时）

排　　名	国　　家	工作时间	排　　名	国　　家	工作时间
1	墨西哥	2 228	19	新西兰	1 762
2	哥斯达黎加	2 216	20	意大利	1 734
3	韩　国	2 124	21	日　本	1 729
4	希　腊	2 024	22	加拿大	1 704
5	智　利	1 990	23	西班牙	1 689
6	俄罗斯	1 985	24	英　国	1 677
7	拉脱维亚	1 938	25	澳大利亚	1 664
8	波　兰	1 923	26	芬　兰	1 645
9	冰　岛	1 864	27	卢森堡	1 643
10	立陶宛	1 834	28	奥地利	1 629
11	爱沙尼亚	1 859	29	瑞　典	1 609
12	匈牙利	1 858	30	瑞　士	1 568
13	葡萄牙	1 857	31	斯洛文尼亚	1 561
14	以色列	1 853	32	法　国	1 473
15	爱尔兰	1 821	33	丹　麦	1 436
16	美　国	1 789	34	挪　威	1 427
17	捷　克	1 776	35	荷　兰	1 425
18	斯洛伐克	1 763	36	德　国	1 371

案例 6　共享单车——消费新风尚

导读：2014年，北大毕业生戴威与4名合伙人共同创立了ofo，致力于解决校园内的出行问题。2015年5月，超过2 000辆共享单车首次亮相北大校园。截至2016年11月，在各大城市的街头巷尾，摩拜、ofo、小鸣、小蓝、骑呗等多家共享单车的身影已随处可见……为何共享单车这个两年前还完全陌生的概念，如今却成了投资人和创业者争相进入的市场？其背后的强大驱动力，就在于消费者的偏好。

不论是北京还是上海，不论是大学校园里、地铁站边还是菜市场旁，五颜六色的共享单车如今已随处可见——只要用微信扫一扫，就能以1元/小时左右的价格使用这些单车，去你想去的任何地方。怎么用经济学的理论去解释共享单车这种全新出行方式的蓬勃发展呢？我们知道，繁荣的行业供给背后都有着强劲的市场需求，清晰地反映着消费者的偏好。

首先，我们不妨假设所有的消费者都是理性的，他们对各自消费束的偏好都具有一致性，并且这种偏好是良性的。对于出行的选择，消费者需要考虑他们用于交通出行的时间，和花费在交通出行上的金钱，这两者共同构成了消费者可能的预算约束。一般而言，这两者都是越少越好，因为这意味着消费者会有更多的时间和金钱用于其他事务上。换句话说，消费者会更加偏好于用时短、花钱少的交通方式。

值得一提的是，共享单车的主要用途是实现短途行程，例如在校园内的出行，从家或公司到地铁站的短途代步等。对于这样的出行目的，消费者都有哪些选择呢？我们选取了最主要的公交、步行、出租、骑车4种方式（此处排除地铁出行，因为地铁往往更适合3公里外更长距离的出行）。一般而言，这些选择的基本费用排序为"出租＞公交＞骑车＞＝步行"，基本时间花费排序为"出租＜公交＝骑车＜步行"。

但是考虑到目前大城市拥堵不堪的交通情况，对于消费者1到3公里的短途出行来说，出租车和公交车的便捷性被大大削弱了。不仅是堵车要花费大量时间，公交车往往需要等待5到10分钟甚至更久，而出租车在早晚高峰更是一车难求。另一方面，很多时候公交车可能需要转车，3公里内的出租车出行又不太合算。也就是说，这两种交通方式要么花的时间太多，要么花的钱太多。总而言之，基于良性偏好的消费者往往更加倾向于选择适中的出行方式，即消费者会选择花的时间更少一点，同时又能保证花的钱不多的消费。如此看来，骑车显然成了理想的选择：租用自行车的费用很低，在出行上也比走路更

第五篇　劳动市场经济学及消费者选择

加快捷。对于每天都要完成的通勤任务,这个特点更具有一般性。

为了分析更加直观,不妨引入衡量消费者偏好的一个指标——效用来分析(值得一提的是,效用的数值大小本身没有多大意义,只是用效用值的相对大小来衡量消费者对于不同消费束的偏好程度)。假设消费者在 1 到 3 公里的短途出行时面临出租车、公交、步行、骑车 4 种选择,将交通拥堵、等车时间等因素考虑在内后,每个选择相对应的金钱和时间的花费情况大致如表 5-2 所示。

表 5-2　出行费用、时间和出行方式

选　　择	成　　本	时　　间
自行车	1	5
出租车	10	3
公　交	5	5
步　行	0	7

若用 C^* 代表消费者原来用于除交通出行外其他商品的消费,T^* 是消费者原有的闲暇时间。再假设消费者通过以上任意一种出行方式到达目的地获得的效用是相同的(暂且不论消费者对于不同交通工具的舒适度体验),那么就得到了消费者对其他消费 C 和闲暇时间 T 的消费束,如表 5-3 所示。

表 5-3　出行费用与出行方式选择

选　　择	C	T
自行车	C^*-1	T^*-5
出租车	C^*-10	T^*-3
公　交	C^*-5	T^*-5
步　行	C^*	T^*-7

通过这些数据我们可以画出消费者对于闲暇时间和其他消费的图像,如图 5-1 所示。

从图 5-1 中不难发现,骑车的选择所在的无差异曲线要高于其他选择,换句话说,它对于消费者来说是更受偏好的。正是这种偏好决定了消费者对于骑车出行的强劲需求。

但也许你会质疑:自行车不能随身携带,怎么能保证满足消费者随时随地的需求呢?事实上,这也正是共享单车火热的奥秘,因为它解决了这一用户痛点:共享单车不需要传统公共自行车的停车桩,且在人流量大的地方都有车辆布点,因此使用者可以随时随地有车骑、随时随地停车;同时共享单车的单价也极为便宜,按半小时 0.5 元算,每分钟的实际价格也就几分钱。这种便捷和便宜的特性,使消费者有了更充分的激励去选择共享单车。由此共享单车的风靡似乎也就不足为怪了。

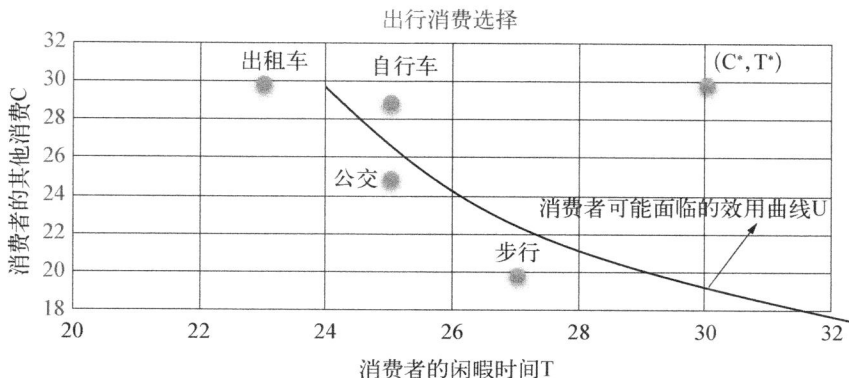

图 5-1　时间-费用与消费者出行选择

（案例作者：范纯增　孙国栋　王家璇）

相关材料 1

共享单车：你用着开心就好[①]

2016 年 11 月 20 日在乌镇世界互联网大会,摩拜单车 CEO 王晓峰表示对于共享单车的具体盈利模式还不明确,不过新的东西,赚钱的途径一定不是从既有的模式里面来的。这种有着橙色车轮车筐、靠二维码解锁的自行车一出现,就以其新颖的运营和使用方式,被定义为摩拜单车模式。交通部长在给它做广告,北京市交通委在世界大城市发展论坛上,也拿摩拜单车做演讲案例。而对于使用者而言,一转身间,身边可能就有一辆摩拜单车,到地铁、到公交站、到公司,最后一公里可能就这么简单地解决了。

流动的一抹橙色,照亮最后一公里

当公交、地铁、出租车甚至滴滴顺风车等交通工具,解决了四五公里、十几二十几公里以上出行难题之时,从家门口到公交站点、从公交站点到家门口的那一两公里,成了公共交通服务的短板。

对于不少规模较大城市的学生而言,需求明显。学校在几站地之外,出了地铁学生们还要背着沉重的书包步行十几二十分钟,如何解决让人颇费心思。买一辆自行车用于往返地铁,会担心安全问题,会惦记维修保养问题。城市单车如果能全面布局,对家长和学生们就方便多了。对于不同目的地的出行者这种需求更为重要。正是因为有这样的需求,不仅是摩拜单车和 ofo 单车,在全国各地,城市共享单车正如雨后春笋般出现,比如优拜单车、小鸣单车、一步单车、野兽骑行等。

[①]　资料来源:桑雪骐,《中国消费者报》,2016 年 12 月 1 日。

相关材料 2

借还方便，申城上线"自行车版 Uber"①

使用摩拜单车首先要下载"摩拜单车"APP，缴纳 299 元保障金，并输入真实姓名和身份证号完成注册。在打开 APP 后，通过软件自带的实时地图可以清晰查看到附近可租用自行车的分布，点击屏幕上任意单车标示，会显示你与这辆自行车的距离、路线、步行所需时间。

每辆自行车都有自己唯一的编号，点击软件中的"扫码开锁"，将手机摄像头对准车把中间的二维码，手机立刻显示"开锁中"，不出 10 秒，位于后轮的电子锁就自动打开。值得一提的是，软件还考虑到了夜晚摄像头难以清晰捕捉二维码等情况，特设"打开手电筒"和"手动输入编号"的选项。

从车锁被打开后，系统就开始计费，每半小时收费 1 元。自行车的还车方式非常便捷，它没有固定的停车桩，使用者只要在任意马路边画白线的公共停车区域停车，并手动拉下锁环即可结束计费。使用完成后，会在自己的 APP 中看到此次的骑行时间、距离及消耗的卡路里和节约的碳排量。"摩拜单车"还上线了预约的功能，用户可提前预约车辆，自行车将保留 15 分钟，避免了使用者下地铁后无车可用的尴尬局面。总体看来，相较于传统的公共租赁自行车，"摩拜单车"的还借都更加自由，不再局限于停车桩。人们不需要去指定的地点办卡、付费，也不再需要去指定站点停车还车。

为用户购买了骑行意外险

摩拜科技 CEO 王晓峰公开表示"摩拜单车"的初衷就是：用人人都可以支付得起的价格，帮助每一位城市人更便捷地完成短途出行。2014 年上海全市出行总量达到了 5 500 万人次/日，居民平均出行距离 6.9 公里/次，其中 55% 的出行距离低于 5 公里/次，同时上海交通拥堵出现持续恶化，中心城区早高峰部分地面道路路段行驶车速低于 10 公里/小时。此外，1 辆普通三厢汽车的占地面积达 10 平方米，而 1 辆单车占地仅 1 平方米。

"摩拜单车"采用了全铝车身加橙色五幅轮毂，铝材料不仅防锈，还是普通车架的 2 倍安全系数，同时第一次在城市自行车上采用了只有高端摩托车上才会用的技术：轴传动和单摆臂，车身一体成型工艺。在注册时还为用户购买了骑行意外险，以确保用户安全。（有删节）

---

① 资料来源：查睿、舒晓程，《新闻晨报》，2016 年 4 月 24 日。

第六篇

宏观经济学数据

案例 1　中国 GDP 结构的变化

导读：GDP 是在某一既定时期一个国家内生产的所有最终物品与劳务的市场价值，可以从收入、支出和增值等多个角度计算。以支出法计算是最常用的 GDP 计算方法。中国作为最大的发展中国家，经历了以下转变：从计划经济到市场经济，从闭关锁国到对外开放，从经济低速增长到高速增长，从较小的总体规模到世界第二大经济体，从产业结构低级阶段到高级阶段。在此过程中，其 GDP 结构发生了深刻的变化。

按照支出法，GDP 由 4 个部分组成：消费（C）、投资（I）、政府购买（G）和净出口（NX）。若 GDP 用 Y 表示，则 Y＝C＋I＋G＋NX。从中国名义 GDP 看，1952 年中国 GDP 为 692.2 亿元，其中居民消费为 453 亿元，政府购买为 93.3 亿元，投资为 153.7 亿元，净出口额则为－7.8 亿元。2015 年中国 GDP 为 699 109.4 亿元，其中居民消费、政府购买、投资和净出口额分别为 265 980.1 亿元、96 286.4 亿元、312 835.7 亿元和 24 007.2 亿元（见图 6-1）。若以 1952 年为基期，即 1952 年为 100，则 1978 年、2010 年和 2015 年

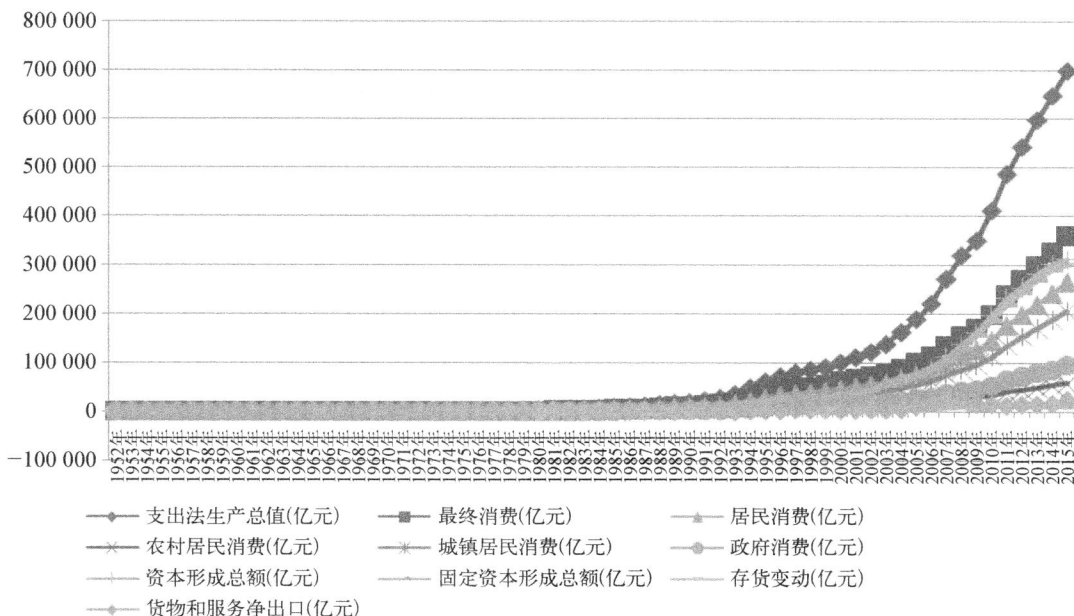

图 6-1　1952 年—2015 年中国名义 GDP 及结构

资料来源：中国统计年鉴 2016。

我国的 GDP 指数分别为 471.4、9 705.85 和 14 210.8。中国实际 GDP 分别增长 3 263.03 亿元、67 183.89 亿元和 98 367.16 亿元。若以 1978 年 GDP 指数为 100,2015 年我国 GDP 指数则为 3 014.6,真实 GDP 为 110 898.09 亿元(国家统计局,2017)。

从我国 GDP 的一、二、三次产业结构看,1952 年其增加值比例为 50.5%、20.8% 和 28.7%,2015 年则为 8.8%、40.9% 和 50.2%(见图 6-2)。

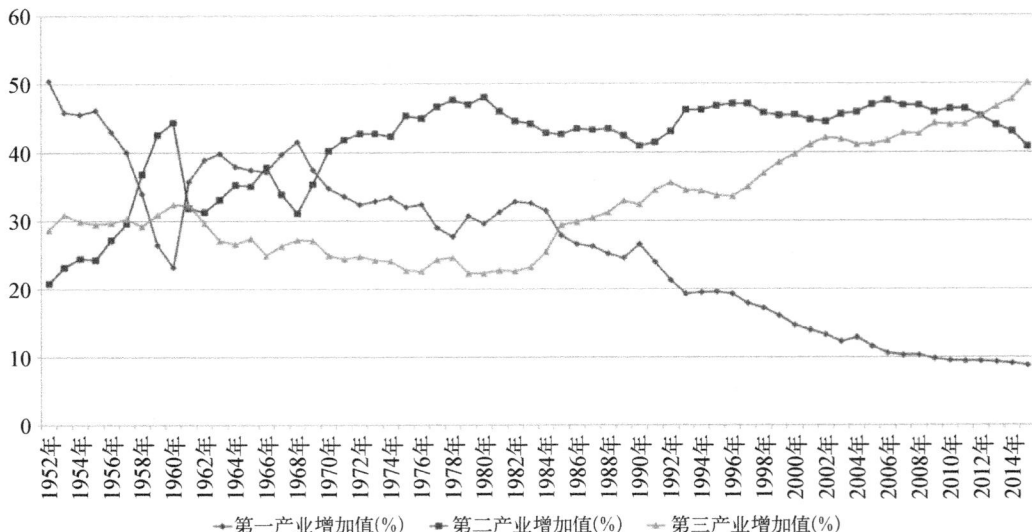

图 6-2　中国三次产业增加值结构

资料来源:中国统计年鉴 2016。

从消费(政府和居民)、投资和净出口对我国 GDP 的贡献看,1978 年三者的贡献分别为 38.3%、67% 和 -5.3%,2015 年则分别变为 59.7%、41.6% 和 -1.3%(见图 6-3)。

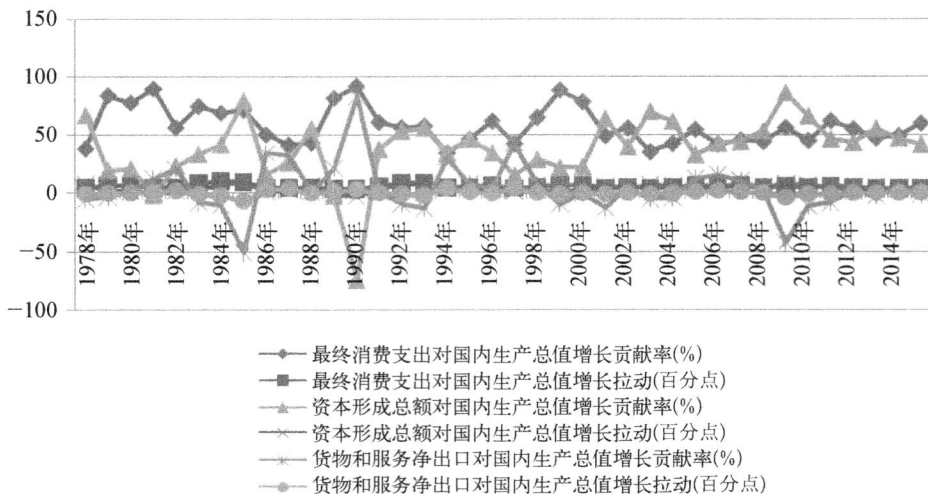

图 6-3　中国消费、投资和净出口对 GDP 增长的贡献率及对 GDP 增长拉动的百分点

资料来源:中国统计年鉴 2016。

从三次产业对 GDP 增长的贡献看,1978 年分别为 9.8%、61.8%和 28%,到 2015 年分别变为 4.6%、42,%和 52.9%(见图 6-4)。

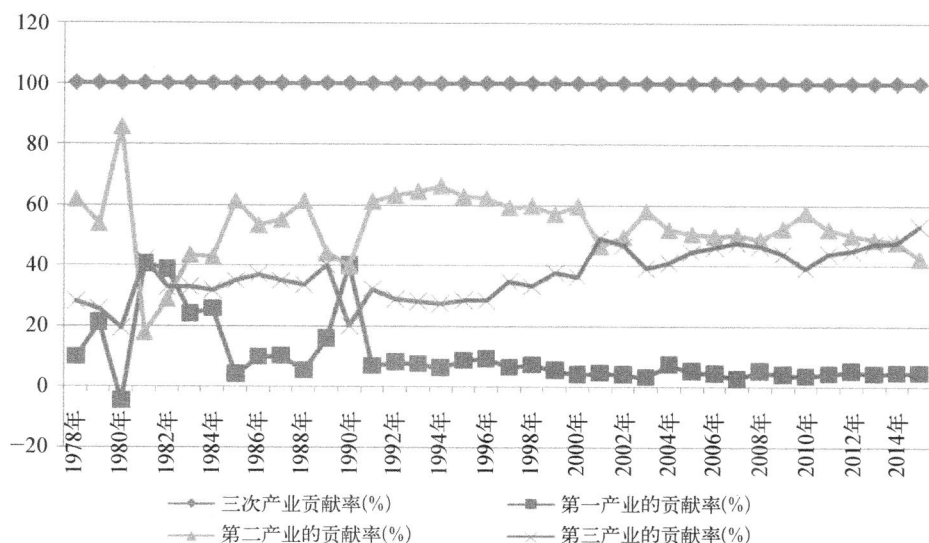

图 6-4　中国三次产业对 GDP 增长的贡献率

资料来源:中国统计年鉴 2016。

从 GDP 增长看,改革开放以来中国经济总体呈现高速增长。1981 年—2010 年我国的 GDP 平均年增长率达 9%以上,其中有 15 年的年增长率在 10%以上。近年来我国经济增速虽然放缓,但增长率仍然在 7%左右,各产业部门的增长率也具有大体一致的趋势(见图 6-5)。

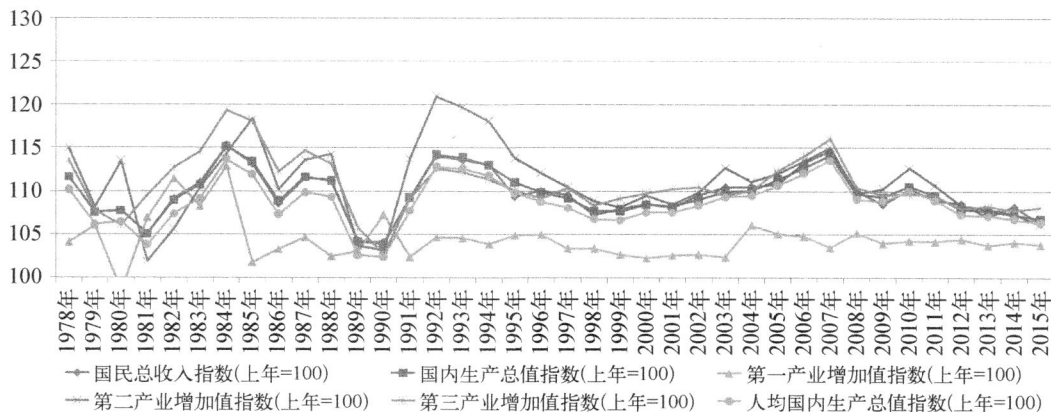

图 6-5　中国 GDP 及各产业部门增长率(1978 年=100)

资料来源:中国统计年鉴 2016。

综上所述,改革开放以来,中国 GDP 总体规模不断扩大。在我国 GDP 中,居民消费和投资是最主要的组成部分,其次是政府购买,再次是净出口。其中第一、第二和第三产业增长的波动大体一致。构成 GDP 的三次产业中,第三产业比重不断上升,第二产业比重逐步下降,第一产业比重也逐步下降。消费、投资和净出口对 GDP 增长的贡献率波动较大,其中最终消费和投资的贡献率起主导作用,净出口对 GDP 增长的贡献较小(见图 6-5)。

(案例作者:范纯增　郑佳欣)

参考文献

中国统计局.中国统计年鉴 2016[M].北京:中国统计出版社,2017.

案例 2　炸酱面证明不了购买力平价理论

导读：政治家要懂一点经济学，经济学家也要懂一点政治。本案例中的购买力平价理论是宏观经济学中国民收入核算理论里面有关 GDP 的内容。经济学专业的学生如果留心的话，一定能一眼看穿拜登吃炸酱面的意图。该案例的原文发表于《文汇报》文汇时评专栏(中国新闻名专栏)，该专栏的编辑有着敏锐的意识。拜登是 2011 年 8 月 18 日吃的炸酱面，媒体报道出现在 8 月 19 日，本案例作者是在 8 月 22 日将《炸酱面证明不了购买力平价理论》稿件发给编辑的，次日即见报。

2011 年 8 月 18 日，美国副总统拜登在北京吃炸酱面，此事被媒体热炒，各大网络论坛中的讨论也热火朝天。在百度上搜一下，可以找到相关文本 552 万条，用 google 搜索纯英语文本，也有 27 400 条。

关于此事，评论或解读有许多种。笔者以一名经济学者的眼光看，这是一个目的明确的"政治秀"，试图证明人民币币值"被低估"。尤其将此事与拜登访华的两大主题——人民币升值和美国国债问题联系起来看，就更能洞悉拜登吃炸酱面的目的。

5 个人吃顿饭只花了 79 元。在对相关背景不作任何说明(比如"吃面"在中国算是怎样"规格"的"吃饭"，又比如同是"吃面"，不少中国人如今也吃三四十元一碗的面)的情况下，这条新闻足以让没有在中国生活过的世界人民惊异于中国物价的低廉，换句话说，就是人民币"太值钱"了！按照联合国千年发展目标确定的标准，日均消费低于 1 美元属"绝对贫困"，以此对照，中国这样的物价，即使在最贫穷的非洲国家也够低了。

根据笔者的经验，一般外国人不像中国人这样善于算术，在国外的超市或小卖部，不时可见他们掰着手指头费劲算账。因此，拜登在北京的饭账能向他们传达一个有"说服力"的事实：人民币和美元的汇率应当是一比一。这有着经济学理论依据——购买力平价理论。

购买力平价理论(purchasing power parity，PPP)，即所谓的单一价格规律，是指同样的物品同一时间在不同地方不能以不同的价格出售，或者说任何一单位通货在世界任何地方都有相同的购买力("一物一价"法则)。如果 5 个人在世界任何国家花 79 美元吃一顿饭，恐怕也很少有人会说贵，所以，根据拜登在北京的饭账，再笨的外国人也能得出结论：中国的人民币至少和美元一样值钱。

不过，购买力平价理论并非像拜登用炸酱面"证明"的那样简单。根据世界各国实际情况观察,不仅中国,越是收入水平低的国家,其本国汇率越是低于购买力平价。这是因为,即使"一物一价"的法则在工业制品等贸易产品上基本成立,但在非贸易产品和很多服务上,却反映着工资水平的差距,反映着越是低收入国家其服务价格越便宜的"巴拉萨-萨缪尔森(Balassa-Samuelson)法则"。由此,经济发展水平越高,汇率与购买力平价的理论数值间偏离幅度越小,当接近发达国家水平时,汇率就会下降到与购买力平价大体相当的水平;反之,与购买力平价差别就较大。中国是发展中国家,人均收入水平位于世界后列,购买力平价理论并不适用。

中国人显然不屑于驳斥拜登这顿炸酱面所能"证明"的所谓购买力平价理论。因为5个人花79元吃一顿饭,即使在中国也不是"典型"的下馆子价格。如果非要证明中国物价和国外物价的比例关系不可,我们能举出的例子比拜登多得多,而结论肯定是相反的。如此说来,拜登颇费心思安排的这场秀的效果可能让他失望了。稍有经济学常识的人都知道,购买力平价理论有其固有的缺陷和适用条件,这个由瑞典经济学家卡塞尔在1922年提出的理论并不能帮助美国政治家。不过,拜登确有高超的政治技巧,用人均消费15.8元(约2.5美元)吃炸酱面,来说明"中国物价便宜",注定能引起媒体的大量报道和公众的广泛关注。

笔者这几天很是遗憾,人家吃一顿饭就轻而易举地表达了自己的意图,而中国的实际情况和利益诉求却因此被屏蔽,加上外媒有意无意的渲染,恐怕没几个美国人能知道真相,更遗憾,我们的媒体也太帮美国人忙了。看吧,有些国内媒体的报道多么细致:炸酱面5碗45元、凉拌山药1份8元、拌黄瓜1份6元、凉拌土豆丝1份6元、包子10个10元、可乐2瓶4元,合计79元。我看了简直气不打一处来。拜登吃饭的那家店是北京鼓楼东侧的姚记炒肝店,我好像也在那里吃过炸酱面,并非那么便宜。5个人之所以只花了79元,拜登确实是要了滑头。这些人并没有吃店内特色的炒肝、卤煮火烧。这也太抠门了吧?难道五个家伙都是素食主义者?

笔者在这里一厢情愿地想,如果中国媒体换个角度报道该多好,比如中华美食的文化内涵、养生价值等,就是不和你扯价格。果真如此,拜登在消化炸酱面之时也会佩服我们媒体的水平吧?我想自己这应该不算是狭隘的民族主义,人家能用平民化的政治外交手段,我们为什么不能?

(案例作者:罗守贵,原载于2011年8月23日《文汇报》文汇时评专栏,略有改动)

相关材料

拜登昨日中午到北京鼓楼吃炸酱面　5人共花费79元[①]

要想吃炒肝,鼓楼一拐弯。鼓楼东侧的姚记炒肝店,竟然把访华的美国副总统拜登

---

① 资料来源:王彬,《北京晨报》,2011年8月19日。

都吸引来了。不过,拜登一行并没入乡随俗地吃店内特色的炒肝、卤煮火烧,而是点了5碗炸酱面。直到拜登走了,"姚记"一家子也没明白,美国副总统为何对他们情有独钟。

昨天下午1时25分,鼓楼前的马路上,美国大使馆的车队快速驶来,停在了鼓楼东侧。连路边的市民都知道,访华的美国副总统拜登来了。大家都以为拜登的目的地是鼓楼,但眼尖的市民发现,车队的目的地是鼓楼东侧的姚记炒肝店。

大约半个多小时后,车队离开,记者随后进入店内,此时的顾客并不多。在里侧的一个包间里,姚记炒肝店第二代传人之一的姚燕,向记者讲述了拜登来店内吃午饭的前前后后。

姚燕说,前天中午,美国大使馆就派了两个人到店内调查,出示了名片,拍摄了店内的情况,但也没说拜登要来,他们也没在意。昨天上午10时左右,他们得知拜登要来店里吃午饭。"没接待过这么高级别的贵宾,我们都不知道该怎么准备好了。"姚燕说,这个消息让他们既惊喜又紧张,家里人全都赶到店里做准备。收拾了一个包间,还准备了崭新的餐具。"就是这个包间。"姚燕指着记者所在的包间说,拜登来了以后,表示要坐在大堂,餐具也和其他食客的一样。

1时30分,拜登带着孙女,在新上任的美国驻华大使骆家辉的陪同下,走进店里。姚燕说,有人告诉她,按照美国的习惯,店主要到门口迎接,当她刚走到门口,拜登已经进来了。"他很友善,亲切不失诙谐。"姚燕说,拜登进来后,和其他客人热情地打招呼。由于语言不通,拜登较多地采用肢体动作,拍拍肩膀、握握手,客人则报以掌声。

席间,拜登还向其他客人道歉说:"对不起,打扰大家吃饭的时间了。"在翻译的同声传译后,食客回应"没关系"。拜登还故意坐到另一桌食客旁边,当大家误以为他要一同就餐时,拜登笑着又坐回自己的位子。

对于客人拍照的要求,拜登没拒绝,还和姚燕等人亲切交谈。姚燕说,她家有个亲戚在美国定居,拜登听说后,询问住在哪个城市,并邀请姚家今后去美国时,可以找他玩。姚家9岁的姚忆著给拜登等人送餐巾纸,拜登高兴地说了"谢谢",并搂着她合影。

临别之际,拜登和姚家的十余口人以及伙计一起合影,姚燕对拜登的临别赠言是:祝两国更加繁荣富强,两国人民幸福安康。姚燕说,拜登回应"你就是一个很好的外交家"后乘车离开,整个就餐时间只有20多分钟。

拜登去姚记炒肝店,吃没吃北京特色的炒肝、卤煮?拜登一行点了炸酱面、凉菜等。姚燕表示,西方人普遍不喜欢食用下水,以前光顾店里的外国人也不知道卤煮、炒肝,爱吃春卷、炸酱面,因此对拜登没点炒肝并不感到意外。

"他们吃得很香,炸酱面吃得干干净净,包子剩了几个。"姚燕说,最初的菜谱本是拜登同行的人定的,但是在点菜时,拜登亲自点的最终的菜品。一顿饭花了79元,拜登掏出了一张百元纸币结账,明确表示结余的21元当作小费。结账的姚龙连连推辞,但最终拗不过拜登,还是收下了。

　　对于为何选择到姚记用餐,美国驻华使馆新闻参赞包日强表示:"我们当时给他推荐了好几家富有中国特色的餐馆,最后基于日程和方便的考虑,就决定去这家了。"(有删节)

案例 3　新技术,新增长,新生活

导读:从 2015 年开始,我国政府将"互联网+"上升到了国家战略层面,这一决策不仅对互联网相关产业的发展起到了巨大的推动作用,而且也使得很多传统行业找到了新的增长点。本案例基于经典的经济增长理论,从生产者和消费者两个维度对"互联网+"的作用进行分析,反映出技术创新在经济发展和社会进步过程中起到的核心作用。

经济学原理来源于生活,因而生活中的大多数现象都可以用经济学知识来很好地解释。政府的政策本质上也是要服务于经济增长和社会发展,因而我们也可以从经济增长理论的角度来理解近年来政府的一些政策,这其中"互联网+"颇具代表性。

经过梳理我们可以发现,国内的"互联网+"理念最早是 2012 年于扬在易观第五届移动互联网博览会发言时提出的,其后李克强总理在出席 2014 年首届世界互联网大会时指出:互联网是大众创业、万众创新的新工具。2015 年全国两会上,全国人大代表、腾讯公司 CEO 马化腾的议案指出:"互联网+"利用互联网的平台、信息通信技术把互联网和包括传统行业在内的各行各业结合起来,从而在新领域创造一种新生态。同年的十二届全国人大三次会议上,李克强总理在政府工作报告中将"互联网+"提升到国家战略层面,提出"制定'互联网+'行动计划,推动移动互联网、云计算、大数据、物联网等与现代制造业结合,促进电子商务、工业互联网和互联网金融(ITFIN)健康发展,引导互联网企业拓展国际市场"。2015 年 12 月 16 日,第二届世界互联网大会在浙江乌镇开幕,中国互联网发展基金会联合百度、阿里巴巴、腾讯共同发起倡议,成立了"中国互联网+联盟"。

经济发展的过程本质上是生产和消费二者持续的良性互动。从生产端来分析,我们可以以经典的生产函数模型为例:$Y = AF(K, L, H, N)$。总产出由几方面要素决定:自然资源、人力资本、物质资本、生产函数和技术创新。其中,自然资源在短期内是难以发生变化的,而且像煤炭、石油等工业的命脉都是不可再生的。人力资本和物质资本处于不断积累的过程当中,但难以发生飞跃式的变化。生产的根本决定要素在于技术创新和生产函数,而"互联网+"恰好能对二者起到巨大的推动作用。传统的零售行业和运输行业配合上"互联网+"就催生了蓬勃的电商行业;而传统的医疗行业配合上"互联网+"则为精准医疗等优化服务带来了更多可能。其他诸如工业生产、线上教育等行业也在"互联网+"的催化下极大地降低了生产成本,提高了生产效率。这是"互联网+"带来的技术创新。同时,互联网的普及也降低了厂商搜寻信息的成本,包括寻找原料、市场以及员工的成本,这表现出"互联网＋"优化了生产函数配置生产要素的能力。除此之外,"互联网＋"带来的学术交流合作等方面的便利,也为知识创新提供了更多肥沃的土壤。

从需求端来分析,可以参照经济学原理所述的"人们会对激励做出反应"。这里的激励主要是作用于消费者了。例如原来的饮食消费,需要牢记招牌店家、老字号,现在有了大众点评;原来的娱乐消费,需要仔细向店家咨询,反复跟朋友打听,现在有了美团、糯米;原来的长途旅游,需要投奔亲朋、研读攻略,现在有了携程、途牛;原来的穿衣购物,需要踏破铁鞋、货比三家,现在也有了淘宝、京东。一方面节约了时间,另一方面丰富了选择,这样的激励如何不会刺激消费呢?消费者也在搭乘"互联网＋"的顺风车上提升了幸福感。当然,在消费欲望被更好地满足的同时,钱包鼓一点是更有必要的,这一期许在招聘网站蓬勃兴起的今天也不再是难题了——当然,是相对于个人能力而言的。

综上,我们可以发现"互联网＋"虽然是国家旨在促进经济发展而提出的一项战略,但实际上它的起源是企业家的智慧,而更深层次则是根植于消费者和生产者对新技术、新生活的诉求和努力。伴随"互联网＋"相关产业的不断进步,相信我们的社会也会走向更美好的明天。

(案例作者:罗守贵　栾强)

相关材料

"互联网＋"让生产力提高十倍! 广州制造迈向广州智造[1]

通过机器人和大数据,定制家具生产效率提升10倍!记者从广州市工信委获悉,作为国家中心城市,广州市大力发展新业态,集聚经济增长新动能,"智造"升级,引导企业不断创新生产经营形态及商业模式,加快产业转型升级。

"机器人""互联网＋"助推"广州智造"。在广汽、尚品宅配、无线电集团的下属工厂内,多种机器人灵活应用,提高着生产效率。通过大数据管理及机器人的应用,尚品宅配的日常生产能力提高了10倍,并实现了零库存,交货周期也从30天下降到15天左右。据不完全统计,每10亿元的智能化系统产值,可带动高端装备制造产业产值50亿元。

工业4.0智能化和互联交互在尚品宅配得到了充分应用。从客户下订单到企业获取订单、采购原材料以及在工厂组织生产变为产成品,然后通过智能物流运送到客户手中,客户使用这个产品涉及整体售后服务,全过程是智能化的。通过云计算、大数据"互联网"应用,尚品宅配成为中国家居电子商务的领航者,获得了"全球十佳网商"、国家工信部颁发的"2016中国智能制造试点示范企业"等称号。

在智能制造业方面,"龙头"项目带动作用尤为重要。广州加快中国(广州)智能装备

---

[1] 资料来源:耿旭静,《广州日报》,2016年11月18日。

研究院、国家机器人检测与评定中心（广州）等重点项目建设，广州市工业机器人及智能装备产业实现年产值 400 亿元，应用范围涉及汽车零配件、电梯、制药等 10 多个领域，广州数控、启帆工业机器人等 2 家企业入选"中国机器人 TOP10"。

3D 打印正热，广州 3D 打印产业园成为国内 3D 打印龙头企业的聚集地，聚集网能、捷和、建锦道等约 20 家 3D 打印企业，推进文博等 3D 打印企业与医疗、教育等产业进行深度合作。

《广州制造 2025 战略规划》表明，广州将重点打造智能装备和机器人、节能和新能源汽车、新一代信息技术等十大重点领域，开展先进制造业、信息化、汽车产业、琶洲互联网创新集聚区等专项规划，全面布局"十三五"发展。

《关于加快先进制造业创新发展的实施意见》表明，广州将力争 2020 年实现全市创新型企业产值达 1.8 万亿元，规模以上工业企业建立研发机构比例达 50%，新增创新型市场主体超 1 万家，培育 1～2 家国家制造业创新中心，将广州打造成为珠三角创新驱动发展的引擎和龙头。

广州专门设立了扶持新业态发展专项资金。2014 年以来累计安排 1.13 亿元专项资金，支持 142 个新业态项目，财政资金的示范拉动效应达到 1∶83。突出创新驱动，鼓励企业创新生产经营形态和商业模式。

广州大力推进智慧城市建设，信息技术新业态涌现。大数据云计算服务能力是信息技术新业态发展的基石，广州推动华南首个数据交易服务平台——"广数 Datahub"于今年 6 月正式上线运营，建成广州超算中心、亚太信息引擎、中国电信沙溪云计算中心等一批云计算、大数据中心，培育杰赛科技、亿程交通等一批新业态企业。强大的硬件基础吸引了互联网产业集聚发展。

广州通过加快发展生产服务业新业态，促进"生产型制造"向"服务型制造"转变。传统制造企业纷纷"触电"。全市制造业电子商务普及率保持在 70% 以上。通过改造提升与培育新建相结合，推动黄埔状元谷电子商务基地、巨大设计创意产业园等一批新业态园区服务功能不断提升。据统计，广州市近八成 A 级物流企业与制造业形成了不同程度的联动。

广州市工信委负责人介绍，广州实施"强链、补链、建链"三大行动。出台《广州市加快新业态发展三年行动方案》《关于促进广州市服务业新业态发展若干措施》等，对龙头企业实力强、产业基础好、辐射作用大的新业态领域实施"强链"行动，对"微笑曲线"两端竞争力和辐射力还有待提升的新业态领域开展"补链"行动，对处于初创阶段且具有比较优势的新业态领域实施"建链"行动。（有删节）

案例 4 食品占比下降,中国 CPI 构成权重趋于成熟

导读:我们通常用 CPI 来衡量通货膨胀,进而衡量生活费用的变化。CPI 有同比和环比之分,前者与历史同期比较,后者与上一个统计段比较。我国 CPI 的构成与美国略有出入,在一定程度上折射了我国消费结构升级转型的迫切需求。随着产业升级转型,服务业占比将逐渐增加,食品在人们日常消费中的占比将逐渐减少。

我们通常用 CPI 和 GDP 平减指数来衡量经济中物价总水平的变动,也就是我们常说的通货膨胀。其中,CPI 衡量消费者购买的一篮子商品与服务的价格水平,而 GDP 平减指数衡量当期国内生产的所有最终商品与服务的价格变化水平。由于 CPI 的一篮子商品与服务和人们的日常生活息息相关,因此我们通常更多地使用 CPI 衡量购买力的变化。

用 CPI 反映物价水平,进而描述生活费用的变化主要有两种形式——同比 CPI 和环比 CPI。前者与历史同期比较,是年度指标;后者与上一个统计段比较,是月度指标。一般来说,由于 CPI 体系中许多商品价格的走势都具有规律性,CPI 同比用得更多,也就是与前一年的相同月份比较的。相关材料中提到"7 月份全国居民消费价格总水平 CPI 同比涨幅连续第三个月回落",即 2016 年 7 月较上年 7 月涨幅有所回落。但同比指标有一定的局限性,同比 CPI 不能真实反映当月物价变动情况,在很大程度上受上年同期消费者物价水平的影响。而且,由于统计方法的原因,同比 CPI 存在"翘尾因素",影响全年物价变动测算的准确性,全年消费者物价变动不但包括了本年度物价上涨程度,而且还包括了上年度物价上涨的部分因素。环比 CPI 的好处是可以更直观地表明阶段性的变化,但是会受季节性因素影响。比如上月的 CPI 为 5.5%,下月的 CPI 为 6.4%,环比增长 18% 左右。而如果遇到春节等特殊节日,上月为 4%,下月可能为 8%,这样环比就增加了 100%。

我国 CPI 指数的构成包括八大类:食品、烟酒及用品、衣着、家庭设备用品及其维修服务、医疗保健及个人用品、交通和通讯、娱乐教育文化用品及服务、居住。美国 CPI 的构成与我国略有不同。根据 2011 年的修订,美国 CPI 指数的成分共有八类,包括食品及酒和饮料、住宅、衣着、教育和通信、交通、医药健康、娱乐、其他商品及服务,其中 2011 年住房占 41.02%,交通价格的权重为 16.87%,食品价格的权重为 15.25%,医疗价格占比为 7.06%,教育和通讯占比为 6.79%,娱乐的权重为 6.04%。与美国相比,我国食品价格权重更高,但正如相关材料中提到的,我国正处于消费升级阶段,随着人们生活水平的提高和消费观念的改变,旅游等现代服务业的占比将逐渐增加,而食品消费占比将逐渐减少。

图 6-6 是 2011 年和 2016 年我国 CPI 各组成成分占比比较。相比 2011 年,2016 年 CPI 的各组成成分中食品的占比明显减少,而居住的占比显著增加,这在一定程度上反映了近几年房价涨幅较大和恩格尔系数有所下降的特征。

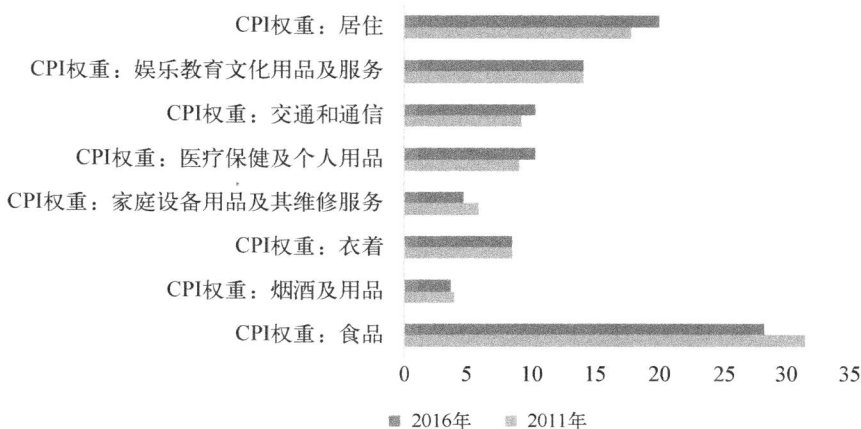

图 6-6 我国 CPI 构成

资料来源:Wind。

尽管如此,食品仍然是 CPI 中占比最高的组成成分,因此食品价格的变化对 CPI 的影响仍然非常显著。而在食品大类中,猪肉作为人们日常需求较大的食品,其价格的影响尤其需要关注。正如相关材料中提到的,猪肉价格的大幅回落对 CPI 产生了较大的影响。

随着我国目前“去产能”和产业升级转型的推进,未来服务业将进一步发展,在人们日常支出中所占比重也将日益增长,而食品对 CPI 的影响将逐渐弱化。但即使在发达国家,例如美国,食品在 CPI 中的占比也有 15% 左右,因此食品价格将始终是影响我国物价水平的重要指标。

(案例作者:黄丞　周仕盈)

相关材料

CPI 同比涨幅连续第三个月回落　非食品价格对物价影响逐渐增加[①]

国家统计局 9 日发布的数据显示,7 月份全国居民消费价格总水平(CPI)同比上涨 1.8%,涨幅比上月回落 0.1 个百分点,已是连续第三个月回落。业内专家认为,猪肉价格涨幅的明显回落,是影响 CPI 同比涨幅下降的主因,但非食品价格的普遍上涨,对物价的影响逐渐增加。

据国家统计局发布的数据,7 月份食品烟酒价格同比上涨 2.8%,影响 CPI 上涨约

---

① 资料来源:袁军宝、陈爱平,新华网 http://www.xinhuanet.com/fortune/2016-08/09/c_1119362723.htm。

0.83个百分点。在各类食品中,猪肉价格同比涨幅明显回落,对CPI影响明显。7月份,猪肉价格同比上涨16.1%,影响CPI上涨约0.42个百分点,而6月份猪肉价格同比上涨30.1%,影响CPI上涨约0.71个百分点。

虽然CPI同比涨幅继续回落,但7月份鲜菜、水果价格相比6月份有所上涨,带动7月份CPI环比上涨0.2%。记者在上海、济南等地的菜市场了解到,7月份以来白菜、卷心菜等部分蔬菜价格开始上涨,大蒜价格也有所提高。据国家统计局发布的50个城市主要食品平均价格变动情况数据,相比上月同期,7月下旬大白菜、黄瓜、油菜价格涨幅均超过10%。

虽然食品烟酒价格在CPI各类商品中的权重只有约三成,但梳理近年来的历月数据,其在绝大多数月份里都扮演着CPI同比上涨最大的推手。例如今年前6个月其贡献率均超过50%,最高月份的贡献率超过70%。

不过,这一情况正在发生改变,7月份食品烟酒价格的贡献率不足50%。由此可见,非食品类价格对物价的影响正逐渐加大。

统计显示,7月份非食品的其他七大类价格同比六涨一降,已成为CPI同比上涨的主动力。其中,其他用品和服务、医疗保健、居住、教育文化和娱乐、衣着、生活用品及服务价格分别上涨4.4%、4.3%、1.6%、1.6%、1.4%、0.6%,交通和通信价格下降1.6%。

受暑期出行人次增多影响,飞机票和旅行社收费价格环比分别上涨12.1%和6.5%,合计影响CPI环比上涨0.13个百分点。除季节性因素外,一些专家认为,随着中国经济转型及消费结构的变化,非食品类价格在物价中的影响将越来越大,其价格变动和经济形势的联系也更为紧密。

业内专家认为,下半年我国食品类价格缺少上涨动力,但我国经济新旧动力转换趋势日渐明显,服务业发展加速,大宗商品价格稳中有升,综合来看,预计下半年物价仍将平稳运行。

虽然我国制造业回升还面临一定压力,但在消费引领下,非制造业发展呈现出明显活力。7月份中国非制造业商务活动指数为53.9%,比上月上升0.2个百分点,连续两个月回升,非制造业稳中向好,增速略有加快。

大宗商品方面,虽然国际原油价格上涨动力不足甚至有所回调,但煤炭、钢铁价格近期仍在上涨。国家统计局数据显示,7月份,全国工业生产者出厂价格环比由降转升,从上月下降0.2%转为本月上涨0.2%。

交通银行首席经济学家连平分析说,下半年非食品价格涨幅将继续保持平稳,旅游、服务类价格将稳定上涨,货币流动性对物价的抬升作用上半年已经显现,进一步推高CPI的作用有限,预计下半年CPI运行将趋于平稳。(有删节)

长期中的真实经济

案例 1 "4 万亿元刺激经济计划"与产能过剩

导读：2008 年美国次贷危机引发的全球金融危机爆发后，通货紧缩的呼声再次高起。为防止经济衰退，我国出台了 4 万亿元投资计划，试图力挽狂澜，助推新一轮经济的高速增长。随后，伴随着我国经济进入新常态阶段，宏观经济运行指标持续走弱，各界展开了对 4 万亿元刺激经济计划的反思。

2008 年席卷全球的国际金融危机爆发后，以美国为首的西方国家先后实行了多轮量化宽松政策，以刺激经济增长。危机后拉动中国经济增长的第一驾马车出口情况急转直下，出口额大幅下滑。2008 年初还保持着超过两位数的高速增长，下半年迅速转为负增长，随后进一步恶化，2009 年第一季度出现了两位数的负增长。与此同时，伴随着出口的下降，工业生产大幅下滑甚至停滞，大量出口企业破产倒闭，沿海地区出现了"失业潮"现象。政府希望通过强有力的政府投资、为企业减税、夯实低收入阶层保障乃至提高他们的收入等措施来启动内需和投资，以弥补出口造成的增长缺口。中国政府于 2008 年 11 月 9 日宣布了 4 万亿元的投资计划，以刺激经济。这个规模相当于当时中国 GDP 的 16%，为全球之最，也为经济史之最。计划实施后，我国经济在经历了短暂的通货紧缩后便迅速进入高速增长的轨道。短期内中国经济增长迅速反弹，过剩产能被旺盛的需求扩张所掩盖。但政策退出之后，诸多产业大幅上升的资本支出无法消化，反而加剧了产能过剩。

经济学家林毅夫在 2007 年曾提出，产能过剩可能独立于行业外部条件或经济周期波动的影响，主要是由投资的"潮涌现象"导致的，即企业对某一产业的前景正确预知并达成共识后，许多企业的投资像波浪一样，一波接着一波涌向同一产业。然而当每个企业的投资完成后，不可避免地将会出现产能严重过剩。时隔几年之后，4 万亿元投资计划的后遗症逐渐显现出来，主要表现为房地产库存高企，尤其是二三线城市房地产库存严重积压，地方政府和非金融企业债务问题加剧，银行不良贷款大幅增加，违约风险加大，钢铁、煤炭等行业存在严重的产能过剩问题。

以习近平同志为核心的党中央结合中国经济发展阶段和全球经济格局变化，提出了中国经济从最早的"三期叠加"再到后来的"新常态"，反映了政府从强调刺激经济增长的"需求管理"到重视探索经济增长本源的"供给管理"的思维变化。正如李克强总理形容的，中国经济困难和希望并存，希望大于困难，关键是要把培育新动能和改造提升传统动能结合起来，形成中国经济的"双引擎"，实现大众创新、万众创业。而供给侧结构性改革，着力提高供给体系的质量和效率,成为推动经济向前发展的着力点。

(案例作者:胥莉　张珺涵)

相关材料

4万亿政府投资拉动了什么?[①]

基于外需与内需的双重萎缩状况,自2008年9月开始,央行逐步下调金融机构贷款利率,放开货币政策。在2008年11月27日央行的最新举措中,金融机构一年期人民币存贷款基准利率分别下调各1.08个百分点,以支持货币政策对经济增长的拉动作用。另一方面,国务院也于11月公布了10项以扩大投资为主、在未来2年内投入4万亿元的"救经济"措施,这也再一次开启了以政府投资拉动经济增长的大门。对于政府经济刺激计划的出台,各方给出了许多积极评价,欧洲中央银行行长特里谢就指出:"中国政府的新举措可帮助全球经济降低下行风险,渡过现在的艰难时期。"

凯恩斯告诉全球政府,在有效需求不足时,扩大政府调节消费倾向和投资引诱的功能,能够提高社会总需求,最终实现充分就业的经济均衡。政府的这次出手的确有助于缓解全球性经济衰退。但这都只是"救急"的行动,其长远绩效如何、能否像人们期望的那样成为拯救经济免于衰退的"仙丹灵药",也许并不乐观。

首先,综观此次已经公布的政府4万亿元投资刺激内需计划,大部分仍然以基础设施投资建设为主。其中,2008年第四季度新增投资1 000亿元的方向为:100亿元用于建设保障性安居工程,340亿元用于农村民生工程与基础设施建设,250亿元投资于铁路、公路、机场等重大基础设施,130亿元用于加快医疗卫生、教育文化等社会事业发展,120亿元用于节能减排和生态工程以及60亿元用于加快自主创新和结构调整。毋庸置疑,无论是两年内的"四万亿"投资,还是2008年底前的1 000亿元建设资金,在短期内都会最大限度地化解大规模失业的风险,从而在维护社会稳定方面带来积极的社会效应,防止经济出现"硬着陆"。其中对农村医疗卫生改革的投入,也将会极大地提高我国农村人口的生活质量,降低其预防性储蓄的数量,从根本上带动消费支出的增加。

然而,从上述投资方向与构成来看,此次政府支出大部分仍旧属于外延型的经济扩张,对技术升级、结构调整涉及甚少。与我国这种铺开摊子搞建设不同,美国当选总统奥巴马在其公布的经济促进计划中,将大部分的政府投资用于技术的改造、升级、研发、创新。这个被美国人称为"新世纪的罗斯福新政"不仅考虑了如何使当前的美国经济走出困境,而且从长远上看也为美国长期的经济增长奠定了生产力的基础。

其次,政府在基础设施及铁路建设等方面的投资会在很大程度上进一步强化国有企

---

① 资料来源:何流,新浪网http://finance.sina.com.cn/g/20090108/15405734004.shtml。

业的垄断势力。垄断权力的上升势必会对经济效率产生消极影响,这也是造成中国经济结构失衡的重要原因之一。特别是对通讯与交通运输行业而言,国有资本控制着它们的经营与服务,而这些领域正是消费者投诉最集中的地方。根据中国消费者协会的统计,对手机运营商和快递、邮寄、交通运输的投诉占据了前两位。

最后,此次政府大规模支出很难对我国产业结构进行调整,对中国的长期增长影响不大。我国的结构调整需要更多源自内需的激励。实现产业结构的均衡调整并非易事,国家在产业政策上给予长期持续的支持是结构调整成败的关键。执行经济刺激计划不能使结构失衡恶化。虽然此次经济刺激计划可以在一定程度上对产业结构的调整起到推动作用,但是最终要实现产业均衡发展的难度可想而知。如果资金使用不慎,很可能造成向已经过热的经济部门追加投资的情况,这又会对未来经济的运行带来进一步通货膨胀的威胁。(有删节)

案例2 中国高储蓄率之谜

导读：中国是全球居民储蓄率最高的国家之一。高储蓄率的可能原因有：居民的收入水平提高，未来收入预期不乐观，社保体系不完善，收入分配不均，人口老龄化，投资渠道有限，等等。中国的高储蓄率为经济增长发挥了重要作用。不过，随着经济增速放缓，投资需求可能会快速降低，要刺激消费需求，必须正确地引导居民的储蓄，建立一个高效利用储蓄资金的金融体系。

根据国际货币基金组织、世界银行以及美国中央情报局2015年度《世界概况》，卡塔尔、科威特以及中国大陆在收入储蓄排行榜上位居前三甲，美国是同期储蓄最低的国家之一。中国的国民储蓄率从20世纪70年代至今一直居世界前列，90年代初居民储蓄占国民生产总值的35%以上，到2015年中国储蓄率更是高达46%，而全球平均储蓄率仅为19.7%。改革开放以来，伴随着我国储蓄率的上升，我国的投资率也逐步提高，一直维持在高位的储蓄率为投资提供了充沛的资金来源。然而，高储蓄率转化为高投资率，导致了我国粗放式的经济增长，不利于经济的平稳运行，并带来了结构性失衡、财政隐患与金融风险等一系列问题。中国目前的储蓄率过高还是正常？如何有效利用我国的高储蓄率优势？我们不妨从我国高储蓄率的成因和形成机制入手。

中国总的储蓄率之所以这么高，原因之一是改革开放以来经济的快速发展，增加了国民和政府的财富。伴随着国民收入的快速增长，它们的边际消费倾向会趋于下降，相应的剩余（储蓄倾向）会趋于上升，这种储蓄率的上升正好又为工业化加速创造了条件。中国的高储蓄率很大一部分来自政府和企业，而居民的储蓄更多的是在社会保障未完善下的一种被动选择。居民增长的财富通常会以何种形式持有呢？2017年央行公布的第一季度城镇储户问卷调查结果显示，倾向于"更多储蓄"的居民占42.3%，倾向于"更多投资"的居民占33.9%，倾向于"更多消费"的居民占23.8%。储蓄始终是排在股票投资、债券投资、房产投资之前的居民首选投资项目。在资本市场欠发达、融资渠道不完善的今天，多数人还是依赖银行体系。虽然这几年也出现了较多的理财产品、私募基金、信托计划等投资工具，但是与储蓄相比，这些金融工具透明度较低，交易结构设计复杂，缺乏有效监管，资金风险较大；而储蓄方式的期限灵活多样，简单方便，安全性高。

拥有更多财富的国民为什么不选择将钱用于消费，而是储蓄起来呢？首先是国民的未来收入预期。如果对未来的就业形势不乐观，未来收入和生活的不确定性增加，那么自然就不敢将更多的资金用于即期消费。其次是社会保障体系尚不完善。很多人储蓄的目的是为了应对未来的不时之需，比如用来解决失业、医疗等方面的问题。中国普遍存在看病贵、买房贵、上学贵的现象，无论是年轻人和老年人都不敢花钱，不得不选择多存钱。而储蓄率较低的其他国家，社会保障不仅项目多、范围广，而且体系完善。比如多数发达国家的社会保障体系包括医疗服务、残疾保险、退休及残疾人子女教育补助金、社会保障与福利金、失业救济金、对低收入家庭子女的津贴、对失业者的工作训练补助以及学童营养补助等。再次是中国收入分配不均，收入差距逐步扩大。有研究表明，个人收入分配差距越大则平均消费倾向越低，平均储蓄倾向越高。2016年中国的基尼系数是0.465，超过了国际公认的0.4的贫富差距警戒线，说明我国收入差距已经非常明显。拥有消费能力的高收入群体没有消费欲望，而低收入群体没有消费能力，从而整体上的消费倾向偏低而储蓄倾向偏高。最后一点，传统的节俭美德在一定程度上抑制了消费，导致储蓄水平的增加。随着中国老龄化加重，老年人口占比加大。老年人受中国传统的思想教育影响大，消费与储蓄观和青年人不同。

高储蓄和低消费并重的特点导致中国的经济增长长期依靠投资和出口拉动，并在很大程度上导致了经济的内外失衡。总储蓄大于总投资，多的部分只能靠出口消化，导致了出口导向型的经济模式；同时，高储蓄也抑制了消费，不利于扩大内需。储蓄水平高，用于消费的资金相应减少，而消费的不足又直接限制了进一步的投资。任何的生产最终必须与消费相对应。储蓄率过高，消费不够，不足以消化产能，企业的利润恐怕就很难保障。消费不足，不能拉动生产，也不利于正在进行的供给侧改革和国民经济的持续发展。此外，长期超高的储蓄率某种程度上可以说是普通居民财富的一种流失，在物价上涨的情况下，实际利率可能为负，储蓄存款一直都处于贬值状态，高额储蓄客观上也给储户利益带来一定的侵损。

储蓄和消费是经济发展的两个方面，它们互相影响、互相促进。目前中国正在经济转型阶段，转变经济发展方式的目标之一就是由投资和出口拉动转为主要由消费拉动。要刺激消费需求，必须正确地引导居民的储蓄，建立一个高效利用储蓄资金的金融体系。

（案例作者：陆蓓　柳蕊）

相关材料

2016世界储蓄排行出炉　中国居民储蓄率全世界排名第三[①]

据国际货币基金组织、世界银行和美国中央情报局2015年度《世界概况》称，卡塔尔、科威特和中国大陆在收入储蓄排行榜上位居前三甲。

[①]　资料来源：南方财富网 http://www.southmoney.com/shuju/201605/578572.html。

经济学家认为，储蓄对经济发展而言无功无过，不过在判断一个国家是进口国还是出口国的时候，会考虑到这个国家的投资情况和储蓄水平。世界上收入储蓄水平最高的10个国家和地区分别是：卡塔尔、科威特、中国大陆、韩国、博茨瓦纳、挪威、尼泊尔、中国台湾、土库曼斯坦和印度尼西亚。

中国长期保持高储蓄率的原因可能有以下几点：第一，储蓄跟文化有关系。亚洲人有节俭的习惯，亚洲国家的储蓄率都明显高于西方国家。第二，我们的社会保障体系还不是很完善。很多人储蓄的目的是为了应对未来不时之需，比如用来解决失业、医疗等方面的问题。第三，我国的消费金融不够发达。在当前情况下，我们目前可能要攒二三十年才能买得起一套房子，如果消费金融很发达，可能就不需要储蓄，而是用信贷的方式来完成这个消费，这样就可以降低我们的储蓄率。第四，国内的消费有一些被低估了。因为目前有很多服务类的消费不在我们的统计范围之内，或者很难精确地统计，比如像租房子的开支也是重要的消费内容，但目前却很难在税控范围之内。

储蓄率居高不下的同时，中国居民的消费意愿却在减弱。2011年初，央行公布的储户问卷调查报告显示，高达85.8%的城镇居民倾向于储蓄，只有14.2%的居民倾向于更多消费，这是1999年进行问卷调查以来的最低值。

国务院发展研究中心研究员吴敬琏认为，长时期存在的过度储蓄和消费不足这种不平衡已经阻碍了中国经济的增长，保持GDP的持续平稳增长，缺乏内在的动力，就是最终需求不足。

"过高的储蓄率对企业的发展是不利的。"曾刚认为，储蓄率过高可能导致消费不足，从某种程度上来讲，任何的生产最终是要面对消费的，也就是说你的产品要卖得出去，要有人买你的东西才能维持生产。所以储蓄率过高肯定是不行的，这样的话消费不够，不足以消化产能，企业的利润恐怕就很难保障。

但是，这也并不表示一个国家的储蓄率越低就越好。曾刚表示，储蓄率过低可能会导致消费过度膨胀，这种消费也是不可持续的，它会产生一些虚假的繁荣。尤其是像美国，储蓄率很低，但是消费却很高，超过自身借贷能力，资金又没有相应来源，就会形成一些信贷的膨胀。美国次贷危机的产生就和这个有一定关系，所以储蓄过高和过低都是不好的。

"所以，我们应当降低储蓄率，保持储蓄在合理、适度的水平。"曾刚表示，我们不能简单地参照美国的标准，而是要找一个适合我们自己国情的标准，进行适度调整，这样可以使我们的总需求结构更加优化。为此我们要完善社会保障体系，包括医疗、失业救济等一系列的保障，使人们未来的不确定性降低。此外，要适度发展消费信贷，优化消费的环境和消费金融的环境，这样才有利于我们降低储蓄率，优化经济结构。（有删节）

案例 3 小小余额宝撬动中国大金融

导读：从 2013 年 6 月蚂蚁金服（支付宝）和天弘基金公司联手推出余额宝产品以来，余额宝的用户数量持续增长，用户规模已突破 3 亿。除最基本的理财功能外，余额宝还可直接用于购物、转账、还款缴费等支付，成为当今中国最贴近老百姓的金融产品之一。本案例对余额宝的产品模式和发展过程进行分析，简要说明金融体系的运行规律和互联网金融的创新意义。

对于一个刚刚走入大学校门的大一新生来说，最熟悉的支付手段大概就是我们的校园卡和手机里的支付宝 APP 了，通过它们可以轻松便捷地完成消费和交易，而不需要从银行卡中取出现金。一个有趣的现象是，现在的年轻大学生，不再像从前一样将每月到账的生活费存在银行卡里，而是放入余额宝中，不仅可以随时用于消费、转账、缴费等支出，而且每天都可以收到几分到一角不等的收益。那么，方便快捷的余额宝到底是一种什么样的金融产品呢？

余额宝是蚂蚁金服（支付宝）于 2013 年 6 月推出的余额增值服务，把钱转入余额宝中实际上相当于购买了一款由天弘基金提供的名为"天弘增利宝"（现改名为天弘余额宝货币）的货币基金。余额宝与普通的银行存款有着本质的区别：银行是存储利息，而余额宝则为基金收益；买余额宝的风险比银行存款稍高。

基金根据投资人风险承受能力不同设计为很多种，供不同的人群选择。按照风险从高到低的顺序分为：股票型基金、债券型基金和货币型基金。股票型基金的股票仓位不能低于 80％，债券型基金 80％以上的基金资产投资于债券，货币型基金主要投资于短期货币工具，如国库券、商业票据、银行定期存单、政府短期债券、企业债券、同业存款等有价证券。余额宝就属于货币型基金，它一改以往动辄 5 万元、10 万元起步的高门槛理财产品的弊端，推行最低购买金额为 1 元的政策，而且每天的收益会自动转入自己的余额宝账户。2013 年一经推出便引发热捧。更为重要的是，余额宝的收益率非常高，甚至一度超过了五年期定期存款利率。2013 年末到 2014 年初，余额宝收益率基本保持在 6％以上。2014 年 1 月 2 日，7 日年化收益率更是达到了 6.763％的最高水平，创造了收益神话。尽管近两年有所回落，但其收益率仍然远高于同期活期存款利率。那些经常网购的上班族和有少许闲置资金但被高门槛的理财产品挡在门外的人士会选择把钱存入余额宝。成立仅仅半年，余额宝的客户数就达到 4 900 万，资金规模达 2 500 亿元。与此同时，银行存款

第七篇 长期中的真实经济

153

的数额却在下降,2014年1月人民币存款减少9 402亿元。在互联网平台高效运作的助推下,数以千万计的投资者蚂蚁搬家式地把钱转入余额宝,余额宝也被指责为"寄生虫""吸血鬼",初生的互联网金融在争议中飞速发展。

那么,是什么决定了余额宝的高收益率呢?货币基金主要用于货币市场操作,尤其是银行间的同业拆借。余额宝将90%以上的资金投到银行的协议存款中,因此绝大多数情况下余额宝的收益率与银行间资金拆借利率是相吻合的。由于中国银行业的垄断特点,银行存贷款利差大,银行可以轻轻松松赚钱。例如,银行的活期存款利率为0.35%,无风险流动贷款的利率基本在4%以上,两者的利息差异即是银行的利润,完全与储户无关。余额宝背后的货币基金将中小散户的钱化零为整地存入银行,凭借大户身份与银行谈判,将存款利息谈为4%~5%,甚至更高。货币基金抢夺了银行的垄断利润,然后将利息差异返还部分给中小散户,这样中小散户就可以赚比银行存款更多的利息。尤其在面临"钱荒"时,收益更为可观。一方面央行通过公开市场操作(逆回购、银行市场贴现、央行票据等)实行紧缩政策,部分外资热钱"跑路",市场上的短期货币供给减少;另一方面由于经济下行,银行的贷款合同期限错配管理出现流动性危机,银行对于短期资金注入的需求大增。双重因素共同作用导致银行间拆借利率不断攀升。如果余额宝以这个价格把钱拆借给银行,余额宝的收益率会上升,中小散户的收益也会水涨船高。可见,余额宝事实上是一种互联网上高利息的活期存款,把原本小额客户无法享受到的"优惠"的存款利率的蛋糕通过积少成多的方式分给了普罗大众,从而大大降低了理财门槛。

随着央行多次下调存款准备金率和存贷款基准利率,市场上主要投资工具的收益率也悉数走低。余额宝的年收益率从最初的6%跌至3%左右,10万元以上的大户大量流失,取而代之的是小微用户数量的稳定增长。从某种意义上说,余额宝已经脱离了单纯的理财产品的限制,在移动支付时代完成了成为一种便捷的现金管理工具的华丽转身。在收益率逐渐走低的同时,余额宝作为现金管理工具的属性会更加突出,其购物、转账、缴费、还款等不断拓展的丰富功能才是其长久的生命力所在。

最初,余额宝以诱人的收益和超高的流动性带领现金管理工具达到了巅峰。随后,银行、基金公司、互联网金融公司纷纷效仿,开启了"宝宝类"产品模式。原来那些在金融市场边际之外的、被前人所忽视的需求与供给,被互联网聚集起来进入边际之内。老百姓的散碎银子汇聚在一起化为滔滔江水,推动了整个经济的发展。"宝宝"们做大了市场资金的蛋糕,并通过货币基金对接银行金融体系,增加了企业贷款和公共建设贷款——让国民储蓄与国民投资更好地相匹配,不正是金融体系存在的价值吗?

有人问:金融市场化改革的目标是什么?2013年诺贝尔经济学奖得主罗伯特·希勒对此十分感性地回答:"理想的金融体系可以让每一个社会成员的积极性和创造性都不会因为资金不足而变成空想。在这样的体系中,金融会服务于民众的梦想。"余额宝的横空出世拉开了互联网金融的序幕,作为互联网与金融的结合,小小的余额宝撬动了中国整个金融体系,让我们离梦想更近了一步。

(案例作者:罗守贵　张陶钧)

相关材料

余额宝变形记:从用户到场景都在变　三年成功因普惠定位[①]

就在余额宝走过三周年之际,其用户数量也突破 2.95 亿人,成为全球"拥趸"最多的公募基金。

三年间,余额宝的用户结构发生了巨大变迁:10 万元以上的"大户"在去年上半年的牛市行情中流失近八成,取而代之的是"小散"们的快速增长——在收益率持续下行的当下,余额宝通过向三四线城市及农村的"下沉",实现了用户数量的逆市上扬。

三年间,余额宝的应用场景也在不断升级拓展:从 Web 端到移动端 App,从缴费转账、买车买房的消费场景,到投资定期理财、基金产品的理财场景,余额宝试图用有温度的场景金融服务来不断提升其现金管理工具的内在价值。

余额宝在改变自己,也在改变这个行业。而这一切的变化,让市场见证了比余额宝今日之江湖地位更为重要的东西,即"普惠"的价值——以余额宝为发端,一场全民理财的"启蒙"运动拉开序幕,在互联网科技与资产管理行业发展的共振下,"普惠金融"逐渐成为时代热词。

2013 年 6 月 13 日,余额宝"横空出世"。时值市场资金面紧张,货基收益率一度异常高企。凭借支付宝强大的平台号召力和货币基金本身的赚钱效应,余额宝规模出现爆发式增长。

不过,去年上半年的牛市行情,使得余额宝一度经历了较大比例的规模回撤。天弘基金电商产品部总经理李骏透露,2015 年上半年余额宝 10 万元以上的"大额客户"流失了近八成。

据统计,三年前,首批余额宝用户主要来自一线城市,这是因为一线城市用户对互联网的认知和接受度更高,更容易接受创新的互联网金融产品;而目前,余额宝的触角不仅在大城市延伸,在三四线城市及农村地区,其用户的增长更加明显。

早在几年前,余额宝就接入网购、生活缴费、转账等小额生活场景,随后还与购车、购房等大额消费场景结合。例如 2015 年推出的"余额宝买房"活动,买房者通过淘宝网支付首付后,首付款将被冻结在余额宝中,在正式交房前或者首付后的 3 个月,首付款产生的余额宝收益仍然归买房人所有,相当于边买房边赚钱,真正"房到付款"。

除了消费场景,在余额宝基础上还延伸出理财场景。在支付宝的兄弟 App 蚂蚁聚宝

[①]　资料来源:丁宁,《上海证券报》,2016 年 6 月 27 日。

第七篇　长期中的真实经济

上,余额宝可以作为购买定期理财、基金产品的基础账户,用户资金的转出、转入都经过余额宝,既实现了高流动性,又都助用户实现收益最大化。

"丰富的场景,简单便捷的用户操作,已经逐渐形成的用户习惯,是余额宝的优势。"祖国明表示:"依靠大数据、云计算,我们将与合作伙伴一起为用户提供更个性化、更有温度的场景金融服务,让余额宝真正成为深入用户生活方方面面的现金管理工具。"具体来说,未来余额宝的应用场景不仅会覆盖小额、碎片化的生活场景,还将拓展更多大额的消费场景、风险偏好更高的理财场景,甚至未来会推出一些"超前性"的场景。

而从用户角度看,上述变迁自然带动了行业更加敬畏"小微"的能量,使得金融理财走下神坛,成为普罗大众的一种生活方式。

在业内人士看来,公募基金是一种小资金汇聚成大资金、共享专业理财服务的产品形式,从总体上讲是一种零售业务,因此具有天然的普惠属性;而正是基于其普惠定位,余额宝引领了传统金融的客户边界、业务边界的拓展,惠及亿万客户。

"从本质上看,互联网以其广泛覆盖、低成本的优势,首先会惠及以广众人群为目标客户的金融领域,因此互联网金融首先是普惠金融。"谈及互联网金融的未来,周晓明表示,"金融行业根植于自身业务,着眼于客户需求,置身于互联网生态,积极扎实地进行业务探索和实践,一定可以在未来呈现互联网金融的丰富图景。"(有删节)

案例 4 从谈判势力看劳动法——兼议修改《劳动合同法》之争

导读：2008 年出台的《劳动合同法》旨在保护我国劳动者的合法权益,构建和发展和谐稳定的劳动关系。然而,伴随着实体经济的下滑,劳动关系领域出现了一些新的变化:企业用工成本大幅攀升,劳资纠纷频发,修改《劳动合同法》的呼声越来越高。但修改法律是一项系统性工程,涉及的利益主体广泛。能否在资本和劳动力之间实现不偏不倚的"黄金分割",构建市场体制要求下平等的劳资关系,事关未来长期的经济与社会发展。资本主义国家劳资关系的历程说明,过度偏向资本或劳动力的法律都不可取。劳动合同立法应当在牢固的实证研究基础上,于劳动者权益和企业权益之间寻求平衡。

劳动力是生产活动的重要要素,提供劳动力则是个人收入的重要来源。因而,用来规制劳动力市场的法律深刻地影响着整个经济体的效率与公平。各国的劳动法无不庞杂,但本质上无非都是分蛋糕的比例。这个比例决定了雇佣双方如何划分其共同创造的财富。因此,为了简化分析,不妨将庞杂劳动法规压缩到从 0 到 1 的线段上。这样,不同程度的劳动法就对应着劳动力在共同产品中所分得的比例,或者说劳动力的谈判势力。同时,蛋糕的分法决定着蛋糕的大小,一方谈判势力的大小与其实际所得的利益之间并不是简单的单调关系。在劳动法的立法过程中,劳资双方的利益对抗已然十分激烈,而法律所对应的具体后果扑朔迷离,更加大了各方的分歧。

中国于 2008 年开始实行《劳动合同法》,并于 2012 年进行了一次修改。除了规范劳资双方的缔约行为,《劳动合同法》的内容总体上加强了劳动者的谈判势力。该法从诞生之日起,就受到了各方的关注和讨论。以张五常为首的一些经济学家认为《劳动合同法》限制了缔约的弹性,会削弱中国相对于其他国家的竞争力,最终的结果将是:制造业外流,结构调整迟滞,大量农民工失业。前任财政部部长楼继伟也持类似观点,曾在多个场合呼吁再次修改《劳动合同法》。劳动密集行业的企业负责人更是叫苦不迭,认为《劳动合同法》大幅抬高了用工成本。另一方面,也有一些经济学家认为《劳动合同法》并没有明显增加企业的用工成本,反而有可能起到"效率工资"的作用,促进企业利润增长。从社会上较为集中的不同声音看,一派观点认为该法存在对劳动者的过度保护,另一派则认为这种倾斜在"资强劳弱"的国情下是必要的。

客观而言,《劳动合同法》的施行及修改与近年来劳资纠纷增加、外资撤离以及实体经济下滑可能有某种内在关联。然而上述话题宏大而繁杂,我们不妨从历史的微光中找寻一些启示。

在资本主义社会的早期阶段,法律层面对劳动者的保护不强,对企业行为的限制较少。因此劳动者的谈判势力弱,收入低,仅能勉强维持生存。在这种情况下,劳动者是真正的"无产者",其挑战现有秩序的机会成本极低。正如马克思所说:"无产者在这个革命中失去的只是锁链,他们获得的将是整个世界。"最终这种偏向资本的划分也给资本家带来了麻烦,从19世纪上半叶的"欧洲三大工人运动",到1871年的巴黎公社革命,再到1886年的芝加哥工人大罢工,这些工人运动不断锤击着资本主义社会的根基。到20世纪30年代,大萧条席卷了资本主义世界。虽然西方经济学界对于大萧条发生的原因莫衷一是,但在导致大萧条发生的诸多原因中,财富高度集中、贫富差距悬殊所导致的耐用消费品需求不足无疑是一个要点。这一连串事件之后,资本主义国家陆续出台了一系列约束企业行为的反垄断法,以及诸多保障劳动者权益的法律。此消彼长,劳动者的谈判势力大幅提高。之后,在20世纪后半叶,"社会主义化"的资本主义迎来了蓬勃而稳定的发展阶段。基于这些事实,可以说,过于偏向企业和资本的谈判势力划分会冲击市场秩序,容易造成"双输"的局面。如果这时向劳动者一方有所倾斜,既可以提高效率,又能够促进公平。

到了20世纪90年代,冷战的结束和信息技术的发展极大地推动了经济全球化。众多发展中国家参与到全球分工体系当中,以低廉的劳动力和土地成本挤进产业链的中低端。相比之下,美国等西方国家制定的反垄断法和劳工保护法逐渐成为相关行业的拖累,资本带着工作岗位不断流出。曾作为美国工业象征的汽车工业日渐萎缩,昔日繁华的汽车城底特律沦为"垃圾城市"。苹果公司作为信息化浪潮中美国范儿的图腾,其大多数产品也是在美国之外组装的。当然,美国制造业的外流是多方面因素共同作用的结果,但僵化的合约结构、沉重的福利负担以及势力强大的工会无疑是重要的原因。美国的资本在全球化过程中回报颇丰,而低端劳动力却受制于名义上保护劳动力的法律,面临艰难的行业转移。认识到这些,就不难理解鼓吹贸易保护主义的特朗普如何能在中低收入的白人群体中大收选票并当选总统。可见,在经济全球化的今天,一国的法律如果太偏向劳动力,就会在相关行业失去竞争优势,行业资本和岗位就会流出。皮之不存,毛将焉附?忽视行业竞争力,名义上守护劳动者的法律也可能最终伤害劳动者。

资本主义国家近200年的历程说明,过度偏向资本或劳动力的法律都不可取,法律不能走极端。这对于正在推动依法治国的中国有重要的借鉴意义。在劳动力市场中,雇佣双方既存在利益的对立,也存在利益的共享。能否在资本和劳动力之间实现不偏不倚的"黄金分割",构建市场体制要求下平等的劳资关系,事关未来长期的经济与社会发展。

中国既要促进经济长期稳定发展,又要在发展的基础上保障低端劳动力的权益——这一陈述已经得到全社会的认同。那么《劳动合同法》在过去几年中究竟造成了哪些后果？是否有利于实现这个目标？不得不说，这一实证性质的问题至今仍未得到令人满意的回答，这也正是修法之争愈演愈烈的重要原因。为了进一步凝聚共识，就必须认清过去几年中《劳动合同法》在宏观与微观层面的具体影响，这需要大量严谨翔实的实证研究，在这方面还有很长的路要走。

（案例作者：陆蓓　张翕）

相关材料

政治局会议再提降成本　劳动合同法修订迫在眉睫[①]

上周召开的中共中央政治局会议提出，降成本的重点是增加劳动力市场的灵活性、抑制资产泡沫和降低宏观税负。这应该是决策层首次赋予去产能如此清晰的内涵。由此形成的去产能三大政策支点中，"增加劳动力市场灵活性"此前不大提及，这或许表明，修订现行的劳动合同法已经提升到了议事日程。

一些企业界人士对此抱有很大的期望。此前曾有学界和企业界人士抱怨，劳动合同法对劳动者和企业的保护不平衡，对企业利益保护不足，这导致了劳动力市场的僵化，对企业发展不利。比如法律严格限制用人单位解雇权利的同时过度放任劳动者辞职的自由，扩大标准劳动关系的适用以至于没有给灵活用工留出足够空间，等等。在过去一年多的时间里，财政部长楼继伟也曾多次公开批评劳动合同法，认为其弊端主要在于降低了劳动力市场的流动性和灵活性。

政治局会议没有做出更多的解释。我们倾向于认为，这可能会成为重要议题之一。不过修法何时启动，是否会在增强劳动力市场灵活性方面做出针对性的安排，还有待观察。劳动合同法是否对劳动者形成过度保护，争议持续多年，至今难以取得基本共识。从不同立场和认识角度出发，对这一问题的回答差距甚大甚至针锋相对。

劳动合同法被认为是一部完善劳动合同制度、明确劳动合同双方权利义务、保护劳动者合法权益、构建和谐劳动关系的重要法律。无疑，这部法律 2008 年颁布实施后对维护劳动者权益起到了非常大的推动作用。当年全国人大常委会执法检查结果表明，不仅劳动合同的签约率提高，从全国看，合同短期化现象也明显减少，就业稳定性普遍提高。然而媒体引用全国总工会掌握的企业用工情况称，劳动合同法施行这些年，绝大多数企业的用工都比较灵活，并非必须与劳动者签订"长期合同"。另一项引自国家统计局的监测结果表明，在 2014 年 2 亿多的农民工中，与企业签订无固定期限合同的只占 13.7%，超过 60% 的属于违法用工，企业没有遵守劳动合同法与农民工签订劳动合同。

所以相当一部分参与讨论者坚信，对劳动者保护过度根本就是伪命题。在某些语境

[①]　资料来源：《经济观察报》，2016 年 7 月 30 日。

下，那些主张现行法律对企业利益保护不足，呼吁修法赋予企业和劳动者同等权利的人，他们的言论被贴上"拉偏架"的标签，甚至被指不顾现实为资本代言，结果只能导致劳动者利益受到更多侵害——这已经脱离了问题研讨的边界。

在当下的现实中，更多关注劳动者权益保护没有错。不过即使如此，来自企业界的声音恐怕也不能听若无闻。一些法律学者坚持，法律仍有值得深思和修正之处。劳动合同法实施后，一些用工单位大规模采取劳务派遣方式，被认为是规避新法，损害了劳动者权益。2012年通过的劳动合同法修正案就此对劳务派遣做了严格规范，不过此后又出现了各种名目的用工方式。有观察者相信，凡此种种，如果仅仅将其看作企业规避法律责任的"作恶"行为，大概也有失偏颇，无助于构建良性的劳动合同关系。（有删节）

案例 5　延迟退休会增加失业吗？

导读：十八届三中全会决议提出，要"研究制定渐进式延迟退休年龄政策"。渐进式退休是符合我国国情的，因为我国现行职工退休年龄是 20 世纪 50 年代制定的退休政策规定的，已不再适合人口老龄化的今天。但是这一新政策遭到了公众的质疑，认为延迟退休可能会挤出适龄工作者，从而会大幅度提高失业率。本案例将从失业的原因和本质来分析延迟退休是否真的会对失业率产生影响。

目前，我国人口老龄化形势严峻。根据国家统计局发布的最新数据，2016 年我国 60 周岁及以上人口有 23 086 万人，占总人口的 16.7%；65 周岁及以上人口有 15 003 万人，占总人口的 10.8%。预计到 2020 年，60 岁以上人群占总人口的比例将接近 19%，65 岁以上人群占总人口的比例将接近 13%。老龄化的趋势使得劳动力人数和需要赡养的老年人群和学生人群的比例减少，社会总体压力上升。因此，通过延迟退休增加劳动力人数是基于现实情况做出的改革。

从经济学原理的角度来看，失业主要分为摩擦性失业和结构性失业两类。摩擦性失业主要源于个人偏好和技能与工作岗位之间不匹配而导致的短期失业。延迟退休政策中存在对于不同岗位的区别对待（工人退休年龄 50 岁，干部退休年龄 60 岁），主要延迟了干部级别的退休年龄，对于新进入职场的求职者而言并没有直接减少工作岗位的负面影响，两者所处的竞争市场不同，所以延迟退休年龄对于摩擦性失业的负面影响将会很弱。而结构性失业通常被解释为实际工资刚性造成的等待性失业，它往往使得有劳动能力的人仰仗国家的福利补给而不愿参与工作，导致劳动力参与率下降，社会在赡养此类人群中的支出增加，延迟退休年龄反而能改善这种情况，且结构性失业需要调整产业结构来调整就业的供给关系，在调整过程中，延迟退休也可以给予新生力量薄弱的工作岗位以更长的改革缓冲期。

除此之外，研究延迟退休年龄是否会对失业率产生影响，还应该将现在就业人群结构的变化考虑在内。近年来，我国的出生率下降，若维持原有的退休年龄不变，将会出现人口老龄化、劳动力人口下降的情况。另外，我国劳动力平均受教育程度提高，使得劳动力的工作时间隐形缩短，两者将会共同导致劳动力供给逐渐从过剩向短缺转变。延迟退休年龄可以使劳动力供给增加，恢复到原有的市场均衡状态。

从市场的供求关系来看，延迟退休年龄可以使大众的消费水平提高，进而提高对商品和服务的需求,供给也相应提高,这会创造出更多的工作岗位,失业率自然也就相应降低了。

对欧洲国家早年延迟退休对于青年失业率的影响分析可以发现:在德国、意大利等延迟退休的 21 个国家中,有 11 个国家的失业率下降,5 个国家失业率没有明显变化。在挪威等 4 个退休年龄提前的国家中,有 1 个国家的失业率升高,其余 3 个国家的失业率没有明显变化。由此可以看出,延迟退休的政策并没有像想象中那样使青年失业率升高,反而造成了相反的结果。

总而言之,国际经验表明,延迟退休无论对摩擦性失业的影响还是对结构性失业的影响都比较弱,甚至可以产生积极作用。从我国就业人群的结构变化而言,劳动力市场的供给减少需要通过延迟退休来恢复供给,而且更多的劳动力促进了更多的需求,对降低失业率也将会有积极作用。

所以,应当解除延迟退休可能带来失业率大幅度上升的担忧,解决失业问题应着眼于制定实施有效的公共政策来促进就业:如从改变寻找工作者的工作理念、提高技能与工作岗位的契合度来尽可能减少摩擦性失业,从改变产业结构和就业者的教育结构来统筹规划就业市场的供求关系以便尽可能减少结构性失业,等等。

(案例作者:范纯增　王昱文)

相关材料

延迟退休对青年就业影响小(新论)[1]

近来,社会对延迟退休年龄议论颇多,担心延迟退休政策会极大地影响就业。"老年人不退,不腾岗位,年轻人怎么就业呢?"然而,只要认真研究分析延迟退休的制度设计,就能发现它对就业的影响没有人们想象中那么大。

从节奏上看,延迟退休将实行"小步慢走"而非"一步到位",每年只延迟几个月,影响人数非常有限,不会对劳动力需求产生大的冲击,因此,对就业的总体影响小且缓和。

更何况,延迟退休并非所有群体同步推行,而是从目前退休年龄相对偏低的群体开始逐步实施。这一政策的推出时机,实际上充分考虑了我国人口老龄化和劳动力变化的状况。从 2012 年开始,我国劳动年龄人口逐步减少,2030 年之后,减少幅度还将进一步加大。从 2011 年高峰期的 9 亿多人,减少到 2050 年的 7 亿人左右,劳动年龄人口减少的趋势,显然会和延迟退休对就业的影响,产生对冲效应。

实际上,劳动力市场的新陈代谢,远不是"老的不退休,年轻的别想进"。即使不实行延迟退休,有些行业、一些单位因为缺工,本来就有相当部分劳动者退而不休。根据 2010

---

[1] 资料来源:郑东亮,《人民日报》,2016 年 8 月 10 日。

年第六次全国人口普查数据,60至64岁的城镇男性劳动者还在工作的有近1/3,且从第五次人口普查以来呈提高趋势。因此,从总量上看,即使延迟退休导致老年劳动力留在市场中,并不一定就会减少年轻人进入。

老年劳动力和青年劳动力不但并非完全的替代关系,还存在互补关系。一些旧有的工作,年轻人未必"看得上",同时也可能"做不了"。这些领域的老年人退休了,不但他们所从事的工作没人做,甚至也会导致劳动力市场上的结构性短缺,使得一些工作没有足够的人能做。比如,我国健康医疗产业发展迅速,却严重缺少医生,缺少护理人员;还有一些工作没有足够的人愿意去做,比如养老服务业。可见,延退占用的就业岗位,和青年的就业愿景重合度不一定很高。随着技术的进步、劳动生产率的提高和产业结构的调整,产生了许多适合青年进入的新行业或职业。在这个意义上讲,青年的就业机会,主要还是决定于经济发展和转型升级,以及青年群体的就业方向与能力。

随着受教育年限的延长,劳动者的工作年限实际上被隐性地缩短了,这将导致社会总体劳动力资源减少更多。而渐进式的延迟退休,是维持"人口红利"的一种方式。在产业结构提升、劳动条件改善的情况下,老年劳动者可胜任的工作岗位其实变多了,如果未老先退、能干先休,这是对社会人力资源的巨大浪费。对于劳动者而言,按照养老保险多缴多得的机制,退休金收入也不会有大的影响。

我们也应该看到,延迟退休对大龄劳动者特别是技能单一的大龄女性劳动者的就业,有一定影响。为此,我们需要开发更多的适合岗位,采取有针对性的就业扶持政策支持这些劳动者就业,同时加强对大龄劳动者的权益保障。只有配套政策措施更完备,实施延迟退休政策的积极效益才能更好地释放出来。(有删节)

案例6　上调失业保险金标准的利弊分析

导读：政府的失业保险是给失去工作的工人提供部分保障的计划，并且失业保险仅仅向那些由于以前的雇主不再需要其技能而被解雇的失业者支付补助。本案例从一条题为"今年七省份上调失业保险金标准"的新闻入手，讨论现阶段我国的失业保险金标准上调是否会对劳动力市场造成巨大的消极影响。

人们的生活费用通常用居民消费价格这一指标来衡量。国家统计局发布的数据显示，2016年上半年我国居民消费价格同比上涨2.1%。由过去的数据我们也可以看出，我国居民消费价格（CPI）多数年份是在上涨的。

由于企业为了提高员工的效率会支付更多的工资——效率工资，物价变动会以比较快的速度反映在在职人员的工资收入中，因此在职人员的生活质量并不会因为CPI的上涨而下降多少。然而对于暂时依靠失业保险金生活的失业人员，他们领到的非常少的失业保险金正在被不断上涨的物价侵蚀，他们的实际生活水平是在不断下降的。

近几年，多地上调了退休人员养老金，加之工资、物价有所上涨，各地最低工资标准也陆续提升。据公开报道，2016年最低月工资标准上海为2 190元，天津为1 950元，山东为1 710元，山西为1 620元，青海为1 270元（国家统计局，2017）。在此背景下，2016年7月我国失业保险金标准也进一步提高。根据《失业保险条例》第十七条规定：失业人员失业前所在单位和本人按照规定累计缴费时间满1年不足5年的，领取失业保险金的期限最长为12个月；累计缴费时间满5年不足10年的，领取失业保险金的期限最长为18个月；累计缴费时间10年以上的，领取失业保险金的期限最长为24个月。因此，上调失业保险金的标准，可以在一定程度上保障失业人员暂时的生活水平，减轻失业的痛苦。

失业保险制度可以使失业者在基本生活需求被满足的同时从事寻找工作的相关活动，促进其再就业，具有积极的意义。

首先，失业保险金在一定程度上是能对劳动力市场发挥积极作用的。失业保险金是一项社会福利。我国《社会保险法》规定，失业保险金的标准，由省、自治区、直辖市人民政府确定，不得低于城市居民最低生活保障标准。在我国，失业人口中年轻人、女性、低教育水平者占比较大。如中国政法大学发布的《中国就业歧视现状问卷调查报告》发现，有

14%的招聘单位明确要求只招男性,有15.4%的女性受到结婚或生育方面的歧视。2011年,中国妇联发布的《女大学生就业创业状况调查报告》指出,女大学生就业难主要表现为遭受就业性别歧视。上述这些人群也是就业市场上的弱势群体,他们在就业市场上的流动率较低,重返劳动市场的机会比较小,家庭储蓄也比较少,对于这部分群体而言政府的失业保险金有极大的帮助。

其次,失业保险制度为失业者提供了一定程度上的基本生活保障,这使得失业者能够拒绝一些不符合自己的兴趣和技能的工作或是薪水不如意的工作,有机会寻找更好的工作,使得就业者能更好地与适合自己的工作相匹配。如果失业者能够找到适合自己的工作,一定程度上社会的劳动效率就能够得到提高。

但人们也会对"激励"做出负向反应。

首先,当失业保险金低于可获取的工资时,失业者还是会尽力去寻找工作以获得收入,维持基本生活水平;而当失业保险金的标准上调使得失业者在失业后一定时间内能获得更好的生活保障时,失业者可能就不会去努力寻找一份新工作。这就意味着失业保险金标准的上调会在一定程度上增加摩擦性失业。所谓摩擦性失业,是指由于工人寻找最符合自己兴趣和技能的工作需要时间而引起的失业。

其次,上调失业保险金使人们再就业的压力减小了,甚至越来越接近最低工资标准的失业保险金标准会让一些失业者认为比起去工作赚钱,还不如依靠失业保险金生活。这种主观上不愿意工作的想法可能会造成更高的失业率。如果劳动者认为即使失业了也有失业保险金赖以生活,因而工作懒散导致失业,那么这在某种程度上应算作"自愿失业"或自然失业。在美国,自20世纪30年代以来,失业保险制度就在为失业者提供补助。这种补助传统上只有26周,但实际上一直在不断延长,因此很多人长时间不工作而靠补助生活。因此,失业保险金标准的上调可能进一步增加失业。

但是,与欧美等发达国家相比,我国的失业保险金给付水平低,尚无法保障失业者的生活。此外,对于更有能力的失业者而言,更强的竞争力会使他们更快返回就业市场。因此,可以认为,失业保险金上调对我国失业率的影响是有限的。

(案例作者:范纯增　沈芯如)

相关材料

今年七省份上调失业保险金标准　看看有你家乡吗[1]

2016年12月7日河北省印发《关于调整失业人员失业保险金标准的通知》,将从2017年1月1日起再次提高失业保险金标准。调整后,最高标准从930元提高到1 090

---

[1]　资料来源:邱宇,中国新闻网 http://news.china.com.cn/2016-12/10/content_39888787_2.html。

元,最低标准从 650 元提高到 940 元。其中,最低标准比调整前的最高标准还高出了 10 元。

2016 年以来,至少已有河北、北京、上海、天津、山东、山西、青海等 7 个直辖市和省份宣布上调失业保险金标准,其中,青海每人每月增加 350 元,涨幅最大。具体来看,自 2016 年 10 月 1 日起,山西月最低失业保险金标准提高到 930 元,最高标准提高到 1 130 元;自 2016 年 9 月 1 日起,北京月最低失业保险金标准涨至 1 212 元,最高标准涨至 1 321 元。

自 2016 年 7 月 1 日起,山东月最低失业保险金标准从 850 元提高至 900 元,最高标准从 950 元提高至 1 000 元;青海月最低失业保险金标准从 720 元增至 1 070 元,最高标准从 740 元增至 1 090 元;天津月最低失业保险金标准提高到 1 010 元,最高标准提高到 1 050 元。

自 2016 年 4 月 1 日起,上海月最高失业保险金标准提高至 1 520 元,延长领取期支付标准最低为 941 元。

根据《失业保险条例》(以下简称《条例》),城镇企业事业单位失业人员可享受失业保险待遇,领取失业保险金。领取失业保险金需要具备哪些条件?《条例》规定,其条件包括:按照规定参加失业保险,所在单位和本人已按照规定履行缴费义务满 1 年的;非因本人意愿中断就业的;已办理失业登记,并有求职要求的。

根据人社部发布的数据,2015 年,全国失业保险金月人均发放水平由 2014 年的 852 元提高到 960 元。2015 年末,全国领取失业保险金人数为 227 万人,比上年末增加 20 万人。

失业保险金作为社会保障体系的一项,其上调与整体社保待遇的提高有关。近几年,多地上调了居民最低生活保障标准和退休人员养老金等,加之工资、物价有所上涨,各地最低工资标准陆续提升,如果不适当上调失业保险金,失业人员的实际生活水平就会下降。

失业保险费率阶段性下调未来是否会影响标准提高?根据《条例》,失业保险金从失业保险基金中支取。失业保险基金的来源之一是城镇企业事业单位、城镇企业事业单位职工缴纳的失业保险费。

人社部发布的数据显示,2015 年,全年失业保险基金收入 1 368 亿元,比上年下降 0.9%,支出 736 亿元,比上年增长 19.8%。年末失业保险基金累计结存 5 083 亿元。2015 年中央经济工作会议提出,要降低社会保险费,研究精简归并"五险一金"。目前,各地正逐步下调失业保险费率。

根据人社部、财政部联合发布的《关于调整失业保险费率有关问题的通知》,为了完善失业保险制度,建立健全失业保险费率动态调整机制,进一步减轻企业负担,促进就业稳定,从 2015 年 3 月 1 日起,失业保险费率暂由现行条例规定的 3% 降至 2%。

随后,人社部、财政部联合发布《关于阶段性降低社会保险费率的通知》并提出,从 2016 年 5 月 1 日起,失业保险总费率在 2015 年已降低 1 个百分点的基础上可以阶段性降至 1％～1.5％,其中个人费率不超过 0.5％,降低费率的期限暂按 2 年执行。(有删节)

第八篇

长期中的货币与物价

案例 1　中国的法定存款准备金制度

导言： 中国自 20 世纪 80 年代初期开始建立存款准备金制度，1999 年 11 月 21 日，中国法定存款准备金率达到 6% 的历史低点。经历几十年的多次调整，2011 年 6 月中国存款准备金率达到 21.5% 的历史最高位。2011 年下半年以后，中国货币政策再次出现显著拐点，央行存款准备金率开始不断下调。2016 年 3 月，中国存款准备金率再次下降到 16.5%。从国际层面的比较而言，中国法定准备率变动十分频繁，32 年间一共调整了 53 次，平均每年调整 1.66 次，凸显了中国货币制度的国情特色。

存款准备金是指商业银行或其他金融机构为了保证客户提取存款和资金清算而在中央银行所准备的存款。法定存款准备金率，则是金融机构根据法律规定，向中央银行必须缴存的存款准备金占其存款总额的比率。存款准备金可以起到保持资产流动性、加强银行清偿能力的作用。法定存款准备金率通过货币乘数影响银行发放贷款的能力，从而影响整个金融体系的货币供应情况。

中国存款准备金制度的建立实施始于 20 世纪 80 年代。具体而言，中国人民银行（以下简称"央行"）于 1984 年初步建立了存款准备金制度。1985 年，央行设定的法定存款准备率为 10%，并随着当时市场上存在的通货膨胀情况，不断适时上调准备金率。1997 年亚洲金融危机发生，货币流动性迅速趋缓，央行从 1998 年开始大幅下调法定存款准备金率，增加流动性以刺激经济。实践证明，这一政策也有效地促进了货币的供给。如 2000 年，金融机构的贷款量比 1998 年增加了约 2 万亿元[①]，有力地促进了经济增长。从 2004 年开始，信贷扩张速度显现出了流动性过大的迹象，于是央行开始逐年提高法定存款准备金率，以调控宏观经济。2008 年美国次贷危机再次促使流动性受到抑制，配合 4 万亿元国家投资，央行再次大幅降低存款准备金率，增加流动性，抵制次贷危机给中国经济带来的巨大冲击。

2009 年开始，中国的货币供给再次出现了过剩态势，于是央行从 2010 年重新增加存款准备金率，以校正货币流动性。如大中型金融机构的存款准备金率从 2010 年 1 月的 15.5%，增加到 2011 年 6 月的 21.5%。中小型金融机构的存款准备金率也相应从 13.5% 增加到了 18%。从 2011 年底，市场资金供给紧缩，融资需求减少日益成为经济增长的制约因素。为了缓解经济增长的下行压力，保证新常态经济增长，央行开始连续下调

---

① 吴丽华，孟照建.我国连续上调法定存款准备金率的效果评价[J].经济学动态，2008(4)：53-58。

存款准备金率,到 2016 年 3 月 1 日,存款准备金率已经下降到 16.5%。

从中国 30 多年来的变革实践可以发现,在中国法定存款准备金率作为一种重要的货币政策工具而频繁变动,这与国际惯例存在很大差异[1]。与其他国家相比,中国对存款准备金率依赖程度较高,宏观调控中屡屡运用法定存款准备金率进行调整。而美国即使在 2008 年的次贷危机中,美联储主要采用的货币政策是调整联邦基金利率,对存款金支付利息,调整贴现利率,以及其他创新性的金融工具等,并没有直接大幅度下调存款准备金率。英国、加拿大及澳大利亚等国家甚至已经或准备完全取消存款准备金的要求。多数学者认为,由于中国金融市场操作工具有限、再贴现市场交易的约束以及现实中存在流动性过剩、银行超额准备金较多且面临人民币升值的外部压力等,法定存款准备金率政策可以使央行能够更迅速地完成调控目标[2]。然而货币政策理论普遍认为,法定准备金率是一剂"猛药"。调整法定存款准备金率,会通过货币的乘数效应起到对货币供应量的巨大影响,用它来调控经济也存在很大的不确定性,甚至会引发不良的流动性问题。此外,发达国家金融创新迅猛发展,公开市场操作技术完善,存款准备金率能起到的调节货币供给的功能正在减弱。总体而言,中国调整法定存款准备金率对控制信贷规模有较好的影响,对抵制固定资产投资过热(如房地产)也有明显作用。然而对货币量、股市难有实质性影响,有时并不能很好地解决流动性过剩的问题。由于央行一直对存款准备金实施支付利息,一定程度上可以消除由准备金带来的扭曲效应,克服其制度缺陷。然而毕竟调控存款准备金率不是长久之计,为了促进宏观经济的健康发展,中国应该摆脱对法定存款准备金率的过度依赖而与国际接轨。存款准备金制度需要配合有效的公开市场业务操作及其他多种货币政策和宏观政策,才能起到从根本上有效调控宏观经济的作用。

(案例作者:范纯增　刘通)

相关材料

1984 年以来我国法定存款准备金率的调整[3]

中国人民银行决定,自 2015 年 4 月 20 日起下调各类存款类金融机构人民币存款准备金率 1 个百分点。在此基础上,为进一步增强金融机构支持结构调整的能力,加大对小微企业、"三农"以及重大水利工程建设等的支持力度,自 4 月 20 日起对农信社、村镇银行等农村金融机构额外降低人民币存款准备金率 1 个百分点,并统一下调农村合作银行存款准备金率至农信社水平;对中国农业发展银行额外降低人民币存款准备金率 2 个百分

① 闫先东,刘西,马国南.中国法定存款准备金政策动机与货币政策效应.金融研究[J],2012(12):38-53。

② 张迎春.近年我国频调法定存款准备金率的经济学分析——兼析西方国家法定存款准备金制度何以趋于弱化.金融理论与实践[J],2008(11):12-16。

③ 资料来源:存款准备金率历次调整一览表,新浪财经 http://finance.sina.com.cn/money/forex/20150528/102722288538.shtml。

点;对符合审慎经营要求且"三农"或小微企业贷款达到一定比例的国有银行和股份制商业银行可执行较同类机构法定水平低 0.5 个百分点的存款准备金率。

表 8-1　1984 年以来中国央行存款准备金率历次调整一览表

次数	时　间	调　整　前	调　整　后	调整幅度(百分点)
54	2016 年 3 月 1 日	(大型金融机构)17.0%	16.5%	-0.5
		(中小金融机构)13.5%	13.0%	-0.5
53	2015 年 10 月 24 日	17.5%	17.0%	-0.5
52	2015 年 9 月 6 日	18.0%	17.5%	-0.5
51	2015 年 6 月 28 日	18.5%	18.0%	-0.5
50	2015 年 4 月 20 日	19.5%	18.5%	-1.0
49	2015 年 2 月 5 日	(大型金融机构)	19.50%	-0.5
		(中小金融机构)	16.00%	-0.5
48	2014 年 6 月 16 日	对符合审慎经营要求且"三农"和小微企业贷款达到一定比例的商业银行下调人民币存款准备金率 0.5 个百分点		
47	2014 年 4 月 25 日	下调县域农村商业银行人民币存款准备金率 2 个百分点,下调县域农村合作银行人民币存款准备金率 0.5 个百分点		
46	2012 年 7 月 18 日	(大型金融机构)20.50%	20.00%	-0.5
		(中小金融机构)17.00%	16.50%	-0.5
45	2012 年 5 月 18 日	(大型金融机构)20.50%	20.00%	-0.5
		(中小金融机构)17.00%	16.50%	-0.5
44	2012 年 2 月 24 日	(大型金融机构)21.00%	20.50%	-0.5
		(中小金融机构)17.50%	17.00%	-0.5
43	2011 年 12 月 5 日	(大型金融机构)21.50%	21.00%	-0.5
		(中小金融机构)18.00%	17.50%	-0.5
42	2011 年 6 月 20 日	(大型金融机构)21.00%	21.50%	0.5
		(中小金融机构)17.50%	18.00%	0.5
41	2011 年 5 月 18 日	(大型金融机构)20.50%	21.00%	0.5
		(中小金融机构)17.00%	17.50%	0.5
40	2011 年 4 月 21 日	(大型金融机构)20.00%	20.50%	0.5
		(中小金融机构)16.50%	17.00%	0.5
39	2011 年 3 月 25 日	(大型金融机构)19.50%	20.00%	0.5
		(中小金融机构)16.00%	16.50%	0.5
38	2011 年 2 月 24 日	(大型金融机构)19.00%	19.50%	0.5
		(中小金融机构)15.50%	16.00%	0.5

次数	时　　间	调　整　前	调　整　后	调整幅度(百分点)
37	2011 年 1 月 20 日	(大型金融机构)18.50%	19.00%	0.5
		(中小金融机构)15.00%	15.50%	0.5
36	2010 年 12 月 20 日	(大型金融机构)18.00%	18.50%	0.5
		(中小金融机构)14.50%	15.00%	0.5
35	2010 年 11 月 29 日	(大型金融机构)17.50%	18.00%	0.5
		(中小金融机构)14.00%	14.50%	0.5
34	2010 年 11 月 16 日	(大型金融机构)17.00%	17.50%	0.5
		(中小金融机构)13.50%	14.00%	0.5
33	2010 年 5 月 10 日	(大型金融机构)16.50%	17.00%	0.5
		(中小金融机构)13.50%	不调整	—
32	2010 年 2 月 25 日	(大型金融机构)16.00%	16.50%	0.5
		(中小金融机构)13.50%	不调整	—
31	2010 年 1 月 18 日	(大型金融机构)15.50%	16.00%	0.5
		(中小金融机构)13.50%	不调整	—
30	2008 年 12 月 25 日	(大型金融机构)16.00%	15.50%	−0.5
		(中小金融机构)14.00%	13.50%	−0.5
29	2008 年 12 月 5 日	(大型金融机构)17.00%	16.00%	−1
		(中小金融机构)16.00%	14.00%	−2
28	2008 年 10 月 15 日	(大型金融机构)17.50%	17.00%	−0.5
		(中小金融机构)16.50%	16.00%	−0.5
27	2008 年 9 月 25 日	(大型金融机构)17.50%	17.50%	—
		(中小金融机构)17.50%	16.50%	−1
26	2008 年 6 月 07 日	16.50%	17.50%	1
25	2008 年 5 月 20 日	16%	16.50%	0.5
24	2008 年 4 月 25 日	15.50%	16%	0.5
23	2008 年 3 月 18 日	15%	15.50%	0.5
22	2008 年 1 月 25 日	14.50%	15%	0.5
21	2007 年 12 月 25 日	13.50%	14.50%	1
20	2007 年 11 月 26 日	13%	13.50%	0.5
19	2007 年 10 月 25 日	12.50%	13%	0.5
18	2007 年 9 月 25 日	12%	12.50%	0.5

次数	时　间	调 整 前	调 整 后	调整幅度（百分点）
17	2007 年 8 月 15 日	11.50%	12%	0.5
16	2007 年 6 月 05 日	11%	11.50%	0.5
15	2007 年 5 月 15 日	10.50%	11%	0.5
14	2007 年 4 月 16 日	10%	10.50%	0.5
13	2007 年 2 月 25 日	9.50%	10%	0.5
12	2007 年 1 月 15 日	9%	9.50%	0.5
11	2006 年 11 月 15 日	8.50%	9%	0.5
10	2006 年 8 月 15 日	8%	8.50%	0.5
9	2006 年 7 月 5 日	7.50%	8%	0.5
8	2004 年 4 月 25 日	7%	7.50%	0.5
7	2003 年 9 月 21 日	6%	7%	1
6	1999 年 11 月 21 日	8%	6%	—2
5	1998 年 3 月 21 日	13%	8%	—5
4	1988 年 9 月	12%	13%	1
3	1987 年	10%	12%	2
2	1985 年	央行将法定存款准备金率统一调整为 10%	—	—
1	1984 年	央行按存款种类规定法定存款准备金率,企业存款 20%,农村存款 25%,储蓄存款 40%	—	—

资料来源：根据相关材料整理。

案例 2　比特币会成为未来的货币吗？

导读： 2008 年以来，比特币作为一种虚拟货币一直为一些人所追捧，有些人认为这就是未来货币。货币是被用来交易的资产存量。它应当具备储藏手段、计价单位和交换媒介等三种基本职能。了解比特币的前生今世，分析其基本特性，将是辨识和理解货币本质及原理的关键。

2008 年 11 月 1 日，一个自称中本聪（Satoshi Nakamoto）的人提出了他对电子货币的新设想。2009 年，比特币横空出世，并完成了首笔交易。根据中本聪的设想，比特币是一种仅以电子形式存在的虚拟货币。比特币的本质是一堆复杂算法所生成的特解。由于求解方程组可能可以得到无限个（其实比特币是有限个）解，而其中的特解是唯一能解开方程的那一个。

根据本币的设计协议，开采比特币就是通过庞大的计算量不断地去寻求这个方程组的特解，这个方程组被设计成了只有 2 100 万个特解，所以比特币的上限就是 2 100 万。

要挖掘比特币可以下载专用的比特币运算工具，然后注册各种合作网站，把注册来的用户名和密码填入计算程序中，再点击运算就正式开始。完成 Bitcoin 客户端安装后，可以直接获得一个 Bitcoin 地址，当别人付钱的时候，只需要自己把地址贴给别人，就能通过同样的客户端进行付款。在安装好比特币客户端后，它将会分配一个私有密钥和一个公开密钥。需要备份你的包含私有密钥的钱包数据，才能保证财产不丢失。如果不幸完全格式化硬盘，个人的比特币将会完全丢失。

显然，比特币既不是商品货币，也不是法币。一方面，它没有内在价值，除了交易外，没有任何用途；另一方面，比特币不是依靠政府或某一特定货币机构及政府相关法令创造发行的。但也正是这种独立于政府之外的电子现金的特性使很多追捧者十分兴奋，它可能使一些特殊用户更容易参与毒品等非法交易。2017 年 5 月 12 号，黑客勒索病毒对全球近百个国家实施了大规模的网络攻击，电脑在感染病毒后即被锁定，用户被要求支付价值 300 美元的比特币方可解锁。黑客之所以要求以比特币支付，即是看中了比特币能跨境使用、无国界、依赖 P2P 网络、外部无法关闭、交易匿名的特点以及其去中心化、免税、免监管等自由特性。

比特币未来的成长就看它能否成功实现货币的职能：储藏手段、计价单位和交换媒介。许多经济学家怀疑它能否很好地发挥这些功能。

首先,比特币价值的波动很大,持有的财富风险很高。如 2009 年 1 单位比特币的价值约为 0.05 美元,2010 年约为 0.1 美元,2011 年超过 1 美元,2013 年超过 1 200 美元。2014 年大型比特币交易网站 Mt. Gox 因黑客盗窃比特币而破产,极大地动摇了人们对这类虚拟货币的信心,价格下降到 500 美元以下,2015 年甚至一度跌破 200 美元。此后,比特币价格又开始逐渐走高。在要求以比特币支付赎金的黑客勒索病毒袭击全球后的 2017 年 5 月 14 日,1 单位比特币更飙升至 1 805 美元。

其次,虽然用比特币可以购买一些虚拟物品,如网络游戏中的衣服、帽子及装备等,也可以与许多国家货币兑换,但使用它标价还是不方便。迄今只有很少的零售商接受它,即使接受比特币的零售商也只有较少量的比特币交易额。

第三,从法律环境看,只有少数国家对比特币发展提供一些支持,绝大部分国家监管方既警惕又冷淡,其金融法规无法支持比特币的发展。比如英格兰银行近期发布的报告指出,当数字货币被市场全面接受,将威胁英国金融体系的稳定。2013 年 12 月 5 日下午,中国央行等五部委联合发出防范比特币风险的通知,要求各金融机构和支付机构不得以比特币为产品或服务定价。2017 年 9 月中国人民银行等部门明确提出要禁止任何个人和组织从事代币发行融资业务。2018 年 1 月我国政府要求各地区逐步退出比特币挖矿活动。

综上所述,就目前的发展态势看,虽然支持者将比特币看作未来的货币,但这种期望并不确定,很有可能仅是一股投资风潮,将逐步消失。

（案例作者:范纯增）

相关材料

比特币:未来货币还是庞氏骗局?[①]

2008 年 11 月,比特币之父中本聪(Satoshi Nakamoto)在网上发表了一篇研究报告,首次提到了比特币的概念和设计思路。它和传统货币最大的区别在于去中心化,比特币的发行不依靠任何官方机构,而是依靠特定的密码学算法,通过大量的计算而产生,其生产过程被形象地描述成挖矿,比特币的传输流通也不需要依靠第三方,而是采用 P2P 的点对点模式。

诞生于网络的比特币很快就在现实世界获得了认可。2010 年,一个美国小伙子用 1 万个比特币换回了价值 25 美元的 2 块比萨,这是比特币的价值第一次在现实世界得到承认和应用。之后,比特币在现实世界获得了越来越多的认可。包括微软、eBay 在内的众多国际知名企业都宣布接受比特币支付。今年初,微软还正式宣布计划在即将发布的

---

① 资料来源:谢九,《三联生活周刊》,2017 年第 6 期。

Excel 2017 中为比特币提供广泛的支持,允许用户在该平台计算、排版和分析比特币。2013 年,美国得克萨斯州地方法院法官在一起比特币虚拟对冲基金的案件中裁定:比特币是一种货币,应该将其纳入金融法规的监管范围之内。同年,德国财政部认定比特币为记账单位,成为世界上首个承认比特币合法地位的国家。一度强烈反对比特币交易的俄罗斯,2016 年下半年也开始承认比特币的合法地位。

2013 年是比特币历史上重要的一年,这一年,塞浦路斯陷入债务危机之中,作为援助条件之一,欧盟要求塞浦路斯对国内储户开征存款税,这一事件在塞浦路斯引发轩然大波,塞浦路斯人民对于货币当局和欧元的信心下降,开始抢购比特币避险,比特币从诞生以来首次体现出了替代货币的功能。比特币的暴涨吸引了越来越多的中国玩家进入比特币市场,中国资本开始成为推动比特币的主要力量。

也正是在此时,中国监管层开始出手,2013 年 12 月,央行、银监会等五部委联合发布《关于防范比特币风险的通知》。五部委的通知出台之后,比特币的价格暴跌 35%,比特币价格就此急转而下。2014 年 2 月,世界最大规模的比特币交易所运营商 Mt.Gox 宣布,因为交易平台的 85 万个比特币被盗一空,公司申请破产保护。被盗事件再次给了比特币当头一棒,比特币玩家纷纷抛售,到 2015 年,比特币价格一度跌破 200 美元。

2015 年下半年比特币开始强势反弹,2016 年全年涨幅超过 260%,并且在 2017 年 1 月 5 日再度刷新历史高位。2017 年 1 月 6 日,中国人民银行及其上海总部分别在北京和上海约谈了三家最大的比特币交易所——火币网、币行和比特币中国,让其针对近期的异常情况开展自查,并进行相应的清理整顿。2017 年 1 月 11 日,央行联合检查组先后进驻"比特币中国""火币网""币行"等比特币、莱特币交易平台,就交易平台执行外汇管理、反洗钱等相关金融法律法规、交易场所管理相关规定等情况开展现场检查。

作为一种虚拟物品,究竟应该如何看待比特币的价值,尚存在很大争议。有人认为,在人类疯狂投机的历史上,比特币只不过是又一场郁金香泡沫的重演,甚至某种程度上和庞氏骗局无异;也有人认为,比特币是人类货币史上的一场革命,代表了人类货币未来的终极方向。

比特币虽然在设计理念上弥补了现有货币发行的不足,但其是否能成为未来货币尚不可知,它确实体现了未来货币的发展方向。为了避免通货膨胀,比特币的总数量被限制在 2 100 万,这也就决定了其市场容量有限,以目前比特币的市场空间来看,已经被挖掘出来的比特币大概是 1 600 万个,按照每个比特币市场价 800 美元计算,总价值也就是 128 亿美元,从全球范围来看,这样的市场深度和广度还难以承担起更大的责任。

虽然比特币难以承担起未来货币的角色,但是其开发思路却很可能为未来的金融市场提供一条全新的道路。比特币的底层开发技术"区块链"已经成为当前国际和国内金融市场最为炙手可热的概念。比特币网络上的每个节点(或者说每台计算机)都向全网广播每笔交易,这些交易经过矿工确认之后打包到数据块中,串联起来形成区块链,形成了一种全民记账的模式,整个比特币系统的每个节点都有完全一样的账本,这就使得比特币交易几乎没有被篡改的可能性。

其实中国央行对于数字货币本身并不排斥,甚至已经开始主动拥抱数字化浪潮。但央行对于数字货币的开放态度,并不意味着可以接受比特币。央行行长周小川 2016 年曾公开表示要保留货币主权的控制力,数字货币是自由可兑换的,同时也是可控的可兑换。因此,数字货币作为法定货币必须由央行来发行。数字货币的发行、流通和交易,都应当遵循传统货币与数字货币一体化的思路,实施同样原则的管理。然而比特币具有去中心化、点对点传播、匿名等特点,对于资本管制的中国市场而言,这些特点几乎天然具有对抗性,使得比特币游离于监管之外。尤其在当前人民币贬值、外汇储备缩水的大背景下,比特币遭遇监管是必然的。对于比特币的未来而言,来自政策层面的不确定性,将是比特币面临的最大风险。(有删节)

案例3 货币政策、供给侧改革与通货膨胀

导读：提到通货膨胀，一方面我们会想到第一次世界大战后德国的恶性通胀，当时一碗面的价格一天可能变上十几次，即我们说的菜单成本。而另一方面，日本长期以来为20世纪90年代泡沫破灭后长达20年的零增长、零通胀而发愁，安倍政府上台以后开始施行加码宽松的货币政策，即实施量化与质化宽松政策（QQE）以期提振经济。换言之，通货膨胀可以说是一把双刃剑，适度的通胀有利于促进经济增长，而恶性通胀则会给人们的生活带来困扰。

通货膨胀简称通胀，指的是物价总水平的持续上升。提到通胀，一方面，我们会想到一战后德国的恶性通胀，当时一碗面的价格一天可能变上十几次，即我们说的菜单成本。而另一方面，日本长期以来为20世纪90年代泡沫破灭后长达20年的零增长、零通胀而发愁，安倍政府上台以后开始施行加码宽松的货币政策，即实施量化与质化宽松政策（QQE）以期提振经济。换言之，通胀可以说是一把双刃剑，适度的通胀有利于促进经济增长，而恶性通胀则会给人们的生活带来困扰。

在我国，有人算了一笔账——每月存入500元，到退休时可以实现自己养老。实际上这是非常荒谬的，荒谬之处在于没有考虑通胀的因素。如果将通胀因素考虑进来重新计算，每月存500元养老，30年后每月只能提供等价于眼下不到六成的生活支出。国家统计局发言人分析了我国通胀水平不会长期上涨的原因，归纳起来主要包括以下四点：食品丰收使得食品价格稳中有降，传统工业产能过剩使得工业消费品价格上涨压力不大，世界各国正在复苏的进程中，以及我国目前仍保持稳健的货币政策。

理解通货膨胀可以从一个著名的数量方程式入手，虽然简单，但是很能反映本质问题：

$$MV = PY$$

其中 V 是货币流通速度，M 是货币供应量，P 是物价水平，而 Y 是实际产量。在长期中，一般假设 V 较稳定，Y 由生产率和要素供给决定，且不受 M 变化的影响。如果 Y 是固定的，M 增加将引起 P 同比例变化。价格水平变动仅取决于货币数量的变动。换言之，通货膨胀产生于货币供给的迅速增长。以上结论也被称为货币中性。

现实生活中的货币中性往往是不可观测的，我国2003年—2012年CPI的平均涨幅

为 2.87%,而我国实体经济在这段时间也实现了飞速发展,GDP 年均增速一直位居世界前列。货币中性理论实际是一种控制变量的方法,为我们提供了一个理想化的分析框架,让我们抛开实体经济而仅仅考察货币量和通胀之间的关系。然而,货币到价格之间的传导是需要时间的,通常来说,尽管长期来看货币量不会影响实体经济,但短期来看,当货币量增加,优先流入的行业将获益。

正因为如此,我国才需要在特定的时候用宽松的货币政策来刺激经济发展。货币刺激往往在短期内比较有效,但长期来看,经济增长仍然取决于生产率和生产要素。目前我国正在进行供给侧改革,为了提振信心,市场预期会有稳健偏宽松的货币政策,这也使得人们对通货膨胀的担忧更甚。

由于通常我们用 CPI 来衡量通货膨胀水平,而我国 CPI 指数的构成包括八大类:食品、烟酒及用品、衣着、家庭设备用品及其维修服务、医疗保健及个人用品、交通和通讯、娱乐教育文化用品及服务、居住。近几年我国房价高涨推高了租金,也给通胀带来了一些压力。目前推进的供给侧改革核心内容包括"三去一降一补",即"去杠杆、去库存、去产能、降成本、补短板",其中去库存即意图在一定程度上缓解我国房地产市场的泡沫问题。因此在某种意义上来说,我国通胀何去何从,有待供给侧改革的进一步落实。

(案例作者:黄丞　周仕盈)

相关材料

月存 500 元代替社保？ 通胀 30 年或"偷走"四成钱[1]

近日有网友发帖称,每月定存 500 元,30 年后,到退休时足可自己养老。日前,深圳市社保局新闻发言人黄险峰接受记者采访时称,这种说法很不靠谱,一旦被误导而付诸实施,将无法安度晚年。那么,不交养老金、靠自己养老到底靠谱不靠谱?

这个在网上受到网友大力追捧的帖子称:"不想麻烦国家了! 25 岁工作,不交养老金,每月存 500 元,这样 30 年后,55 岁总计可得 381 203.44 元,存 5 年定期可得利息 90 535.82 元,分到每月是 1 508.93 元。再等 5 年拿自己存的退休金,每月就可以得 3 376.23 元,而你的本金还是 38 万多元。我看也别给国家添麻烦了,都自己养老吧。"

黄险峰认为,依靠自己储蓄养老不靠谱,因为面临诸多风险。"首先是通胀风险,物价上涨、工资上涨都是其体现。"

"投资者在制定自己的养老规划之前,一定要考虑通胀水平。"有理财专家称,CPI(消费者物价指数)是衡量通货膨胀的重要指标,CPI 年年涨,意味着我们手中的钱越来越不值钱。假如 CPI 涨幅超过了投资收益率,那就相当于投资实际上是亏损的。

---

[1]　资料来源:吴倩,《广州日报》,2013 年 11 月 13 日。

据该理财专家分析，按 CPI 每年只上涨 2％估算，30 年后，照上述每月 500 元的储蓄养老计划，每月拿到手的 1 508.93 元，实际购买力只相当于现在的 828 元，如果网友现在每月的生活开支是 1 500 元，那意味着，只能提供他眼下六成不到的生活开支。

养老投资除需考虑安全性外，在每月投资金额有限的情况下，还必须兼顾收益性。

按人均寿命 85 岁，年平均通胀率 2％估算，55 岁退休后，要想潇洒地生活 30 年，按现在每月 2 000 元的标准，至少需要 97 万元的养老金储备，若上述网友的年投资回报率在 10％，25 岁开始投资，每月只需投资 431 元，30 年后，已可以储备超过 97 万元的养老金，保持相当于现在每月 2 000 元开支的生活标准。

从收益性考虑，尽管这两年股市亏多赚少，但长期来看，股票市场无疑是一个最便利的高收益投资场所，如果上述网友将每月存 5 年定期的 500 元转投股票基金，30 年下来，有望实现年均 10％的投资回报率。

海通证券以深证成分股指数（深证成指）为例进行测算，假设投资者每月定投一次深证成指指数基金，计算从 2000 年 1 月到 2011 年 5 月任意定投 1 年、3 年和 5 年的年化收益（按月滚动计算），不考虑资金投入时间价值，任意 1 年、3 年、5 年的简单平均收益率均值在 10％～13％之间。

不过，如果网友觉得完全依靠股市更不靠谱，那么，选择股票基金、债券基金、货币基金等不同风险收益水平的基金，长年坚持定期投资一个基金组合，也可在稳健、安全的基础上获取高于银行存款的收益。（有删节）

第九篇

开放经济的宏观经济学

案例 1 在开放中谋增长

导读：为促进我国经济有效转型升级，同时提升我国的国际地位，2013 年习近平主席在出访中亚和东南亚国家期间，先后提出共建"丝绸之路经济带"和"21 世纪海上丝绸之路"的倡议，得到了邻国的一致欢迎，这是"一带一路"倡议的雏形，并且在其后的发展完善中上升到了国家战略层面。我们将基于开放经济的宏观经济学基本理论对这一顶层战略进行探析，以期反映经济理论在指导宏观决策中的强力作用。

"一带一路"是"丝绸之路经济带"和"21 世纪海上丝绸之路"的简称，是我国 2013 年提出的倡议，旨在提升我国的对外开放水平和经济增长质量。其中，"丝绸之路经济带"主要指陆上丝绸之路，东汉起自中国古都洛阳，西汉起自古都长安（今西安），经凉州、酒泉、瓜州、敦煌、中亚国家阿富汗、伊朗、伊拉克、叙利亚等而达地中海，以罗马为终点，全长6 440公里。1877 年，德国地质地理学家李希霍芬在其著作《中国》一书中，第一次把"从公元前 114 年至公元 127 年间，中国与中亚、中国与印度间以丝绸贸易为媒介的这条西域交通道路"命名为"丝绸之路"。而"21 世纪海上丝绸之路"主要指海上丝绸之路，即古代中国与世界其他地区进行经济文化交流交往的海上通道，以中国徐闻港、合浦港等港口为起点的世界性贸易网络，在唐代时最早被称作"广州通海夷道"。

"一带一路"倡议的提出和实施具有深刻的时代背景，并且立足于我国的发展现状。当今世界正在发生着复杂而深刻的变化。一方面，局部投资回报率递减等传统经济无法避免的问题正在逐渐显现，这也导致全球经济的预期增速被不断调低；另一方面，2008 年开始爆发的国际金融危机深层次衍生后果继续显现，世界经济呈现出缓慢复苏、发展分化的态势。与此同时，地缘政治冲突、个别贸易保护、多边投资贸易规则变化不断等问题也愈发凸显，各国面临的发展问题依然严峻。因此，从世界经济大环境的角度来看，我国提出的"一带一路"倡议顺应了世界多极化、经济全球化、文化多样化、社会信息化的潮流，秉承开放的区域合作精神，致力于维护全球自由贸易体系和开放型世界经济。根据顶层设计的精神，共建"一带一路"旨在促进经济要素有序自由流动、资源高效配置和市场深度融合，推动沿线各国实现经济政策协调，开展更大范围、更高水平、更深层次的区域合作，共同打造开放、包容、均衡、普惠的区域经济合作架构。共建"一带一路"符合国际社会的根本利益，彰显人类社会的共同理想和美好追求，是对国际合作以及全球治理新模式的积极探索，将为世界和平发展增添新的正能量。

根据经济总量的核算模型,GDP=C+I+G+NX,外需对经济增长的拉动作用不可或缺,更何况是我国这样外贸依存度极高的经济体。根据国家统计局公布的数据,我国的外贸依存度(进出口总额占 GDP 的比重)在过去 10 年间基本上都保持在 40% 以上,甚为可观。因此,有效利用我国与邻国的贸易伙伴关系和战略合作友谊也是我国经济增长提质增效的一剂良药。

从我国的经济发展现状来看,发展中国家在追赶过程中的增长瓶颈也在制约着我国的经济转型升级。从传统行业来看,钢铁、煤炭等劳动密集型优势产业现在存在较为严重的产能过剩,其下游产业——比如房地产——同样存在库存消化周期漫长的问题,因而单纯靠国内的投资和消费拉动难以解决产能过剩的问题。从贸易现状来看,自国际金融危机对外需产生巨大冲击之后,我国的进口与出口均大幅下跌,在内需仍然不旺的国内经济环境下,我国的高速经济增长无法在短期内恢复。同时,自 2001 年加入 WTO 之后,我国便保持了十几年的对外贸易顺差,而资本管制和结售汇制度更进一步使得我国拥有了庞大的外汇储备,如不能有效利用,既是资源浪费又要承担风险。从产业链来看,由于我国人口规模庞大,经济体量巨大,而且现阶段第二产业仍然占据主导成分,因此我国的油气、矿产等资源的需求对国外的依存度很高,而这些处于产业链上游的资源又是不可再生的,这也推高了我国经济的对外依存度。从国家安全角度来看,我国的工业和基础设施大多集中于沿海,这主要是由于沿海地区的区位优势决定了其具有较高的资本回报率,同时带来的劳动力流动和进一步的产业集聚使得沿海地区成为我国的经济重心,但是一旦遇到外部打击,很可能会导致我国损失核心设施,因此在保证经济有效产出的前提下适当地转移相关产业是有必要的。从国际环境来看,我国的边境地区整体状况处于历史最好时期,中国正以包容的姿态、开放的精神和大国的品格在国际事务中不断发挥更大的作用,为世界经济格局的改善带来了更多的正能量。在这一过程中邻国与我国加强合作的意愿也在普遍上升,这为"一带一路"倡议的顺利实施提供了良好的外部环境。另外,2014 年成立的金砖国家开发银行以及 2015 年成立的亚洲基础设施投资银行也都为"一带一路"倡议的开展提供了充足的金融支撑。

黄凤琳在《两极世界理论》[①]一书中写道:"以开放促改革是我国改革开放的基本经验,其成功秘诀在于通过主动融入世界市场为公司治理、政府治理引入外部监督从而提高治理效率。但是,30 多年来无论是宏观、中观还是微观层面,改革创造的外部监督都不是真正的外部监督,监督主体一定程度上只是治理者的化身,不是来自治理体系外部的主体,效率低下问题仍得不到根本解决,亟待全面深化改革。'一带一路'倡议是今后我国对外开放的总纲领,也理应成为全面深化改革的总钥匙。通过融入国际治理和开展国企的跨国产权合作,'一带一路'倡议的实施在有效避免'西方经验'局限、防止治理本身被'短

---

① 黄凤琳. 两极世界理论——在世界历史的进化结构中发现通往共产主义之路[M]. 北京:中央编译出版社,2014 年.

视'市场消解和坚持'四项基本原则'、壮大国际共运力量的同时,将为我国经济治理、国家治理、社会治理进一步引入来自治理体系之外的监督主体,创造强有力、更有效的外部监督,从根本上解决治理效率问题。这是一个基于社会主义基本原则和改革开放基本经验的理论设想。当前,我们以'一带一路'倡议为引领构建开放型经济新体制即是这样一种努力。"

因此,我们相信"一带一路"倡议将致力于建立一个政治互信、经济融合、文化包容的利益共同体、命运共同体和责任共同体,在探寻经济增长之道、实现全球化再平衡以及开创地区创新型合作等方面为包括欧亚大陆在内的世界各国提供一个互利互惠的发展平台。

(案例作者:罗守贵　栾强)

相关材料

"一带一路"相关报道:桐乡企业抢抓"一带一路"战略机遇[①]

走进浙江晶通塑胶有限公司生产车间,购置的一批新设备正在加紧调试,一旁原有的两条生产线正开足马力生产,"1 至 10 月,公司出口额同比增长 15% 左右,其中'一带一路'沿线国家和地区的出口额增幅达 58%,现在订单已经排到明年 3、4 月份了。"公司董事长戴会斌自豪地告诉记者,以前公司产品全部出口欧美市场,2015 年以来,随着国家"一带一路"倡议的深入实施,公司也把出口版图进一步扩大,如今,伊朗等"一带一路"沿线国家和地区已经成为公司出口的重要客户,而且出口比重还在不断攀升。

如今,越来越多的桐乡企业与晶通塑胶一样,正抢抓国家"一带一路"机遇,加快布局全球化市场。昨天,记者从嘉兴海关获悉,1 至 10 月,桐乡 468 家企业与"一带一路"沿线国家和地区有贸易往来,占桐乡市外贸企业的近八成,累计进出口 68.7 亿元,同比增长 5.9%。其中,累计出口 63.4 亿元,占同期桐乡出口总值的 36%,同比增长 7.5%,成为全省乃至全国融入"一带一路"建设最为紧密的地区之一。

市商务局相关负责人告诉记者,"'一带一路'沿线大多是发展中国家和地区,产业基础相对薄弱,产品市场广阔。这无疑给桐乡的纺织、机械、建材等行业的出口带来了利好,劳动密集型企业可以向周边成本更低的区域转移,从而更专心地利用核心资源研发新产品、新技术。外贸企业也可以充分利用桐乡的产业优势,推动纺织机械、服装等全产业链的出口。"

"1 至 10 月,我们公司出口'一带一路'沿线国家和地区 8 409 万元,同比增长 48%,仅巴基斯坦一个国家,我们今年已经实现出口 3 000 余万元。"浙江永泰隆电子股份有限公

---

① 资料来源:潘晓琴,《嘉兴日报》,2016 年 12 月 3 日。

司营销经理沈云妮已经尝到了"一带一路"发展的甜头,作为一家全球知名电能计量产品的专业制造企业,永泰隆的产品早些年主要出口欧洲地区,然而随着欧洲市场的竞争日益激烈,从"一带一路"倡议提出伊始,公司就开始开拓这一市场。在公司的努力下,对"一带一路"沿线国家和地区的出口份额占公司总出口额的比重快速增长,去年,永泰隆在传统电表的基础上,加大创新力度,向"一带一路"沿线国家和地区推出带有GPRS通讯功能的智能电表产品,市场认可度进一步扩大,"我们有信心在未来这些地区的出口额将占公司的半壁江山"。

数据显示,2016年1至10月,桐乡向"一带一路"沿线国家和地区出口的商品中,排前三位的分别是纺织品、机电产品、服装及衣着附件产品,分别占71%、18%、2%,进口商品中以金属及制品、化工产品以及塑料及橡胶制品为主,分别占65%、14%、7%。(有删节)

案例 2　贸易保护之美韩牛肉风波

导读：2003 年，因美国发生疯牛病，韩国宣布禁止进口美国牛肉。2008 年 4 月，为推动韩美两国签署自由贸易协定，韩美达成放宽进口美国牛肉的协议。这一协议在韩国遭到强烈抗议和抵制，6 月 10 日，约 100 万韩国人在首尔街头集会，抗议政府进口美国牛肉。19 日，韩国总统李明博向韩国国民道歉。分析人士认为，韩美"牛肉风波"是传统的经济民族主义与全球自由贸易发展趋势之间的一次强烈碰撞和较量。韩国经济研究院的分析报告显示，"牛肉风波"不仅给韩美两国带来了严重的政治危机，同时带来了高达 25 亿美元的经济损失。

2008 年 4 月，韩国与美国就恢复进口美国牛肉达成协议，韩方同意进口美国 30 月龄以上的牛肉，并全面开放本国牛肉市场。这一协议不但遭到了韩国养牛业的一致批评，更引发了韩国消费者对美国食品安全的担忧，遭到了韩国民众的强烈反对（有研究表明，染上疯牛病的牛 99% 都是年龄在 30 个月以上的）。5 月初开始，韩国民众在首都首尔举行大规模反对进口美国牛肉的"烛光集会"，从学生到家庭主妇、农民、政界人士等社会各阶层，都加入到了反对进口美国牛肉的示威活动中。由此引发的韩国民众对当选总统李明博奉行过度亲美政策的抗议活动愈演愈烈，以至总统道歉、内阁集体请辞都未能使风波平息。不仅如此，美国农业部副部长康纳 6 月 11 日重申，美国不会与韩国重新商谈此前已达成的牛肉协议。美国政府的强硬态度引起了韩国民众更加激烈的反应，逐渐演变成暴力冲突，导致各种流血和斗殴事件。如今，"牛肉风波"虽已平息，但带来的启示深刻。

我国的牛肉需求和生产状况与韩国大不相同。从当前情况分析，类似的"牛肉风波"事件在我国发生的可能性不大。韩国是世界牛肉消费大国之一，但自给率刚过三分之一，其余全部依赖进口。中国传统肉食以猪肉、鸡肉为主，由于牛肉价格较高，人均牛肉消费量较低。其次，从进口牛肉的消费群体来看，两国情况也不尽相同。我国每年进口牛肉的数量不多，且价格昂贵，主要是供应高档餐厅，对普通民众影响不大。而韩国进口牛肉价格低于本国产牛肉，消费人群遍布社会各阶层。第三，也是十分重要的一点，我国政府始终坚持独立自主的经济政策，从不"依附"别人。在食品进出口国际贸易中，高度重视食品安全。我国于 2006 年 6 月有条件恢复进口美国牛肉，只允许进口符合中国检验检疫要求的美国 30 月龄以下剔除完整脊柱和头骨、脑、眼、脊髓、扁桃体、回肠末端的剔骨牛肉。从这两年的情况来看，进口牛肉未发生安全事件，也没有对国内牛肉生产和消费产生重大影响。

　　韩国虽然反对向美国开放包括大米、牛肉在内的农产品市场,却强烈要求日本开放包括大米、牛肉在内的农产品市场。虽然韩国在多种场合强烈反对贸易保护主义,但有人质疑其包括 2009 年出台的汽车刺激计划都是变相的贸易保护主义。韩国虽然反对农产品自由贸易,却把韩国饮食国际化作为一项战略目标,并发布了"韩餐世界化推进战略",计划 2017 年底前使韩式料理进入世界五大料理之列。实际上,韩国自启动工业化进程以来,对于有比较优势的产业就强调自由贸易,反之就强调贸易保护,实行的是双重标准。

　　从宏观上讲,韩国此次"牛肉风波"是传统的经济民族主义与全球自由贸易发展趋势之间的一次强烈碰撞和较量。随着经济全球化的不断深入发展,国与国之间签署自由贸易协定成为大势所趋。然而自由贸易谈判是一个庞大而复杂的工程,既有利益的共享,也有利益的让渡。韩国"牛肉风波"告诫人们,如果处理不好经济自由化与保护民族产业之间的关系,其后果是严重的。能否把握好这两者之间的平衡,已成为各国在经济全球化进程中面临的重大课题。

(案例作者:胥莉　张珺涵)

相关材料

韩美牛肉谈判未获实质进展[①]

　　韩国外交通商部 2008 年 6 月 16 日发表声明说,韩美两国高级贸易谈判代表已经结束在美国华盛顿就牛肉进出口争议问题举行的磋商,但未取得实质性进展。声明说,两国同意将通过外交渠道保持对话和合作以谋求一个能令双方满意的解决方案。

　　美国贸易代表发言人 15 日在华盛顿表示,两国代表进行了坦诚的交流,但为了找到一个双方都能接受的解决方案,还需要更多的时间来处理技术层面的问题。

　　韩国曾是美国牛肉第三大海外市场。美国 2003 年确认首例疯牛病后,韩国一度停止进口美国牛肉。今年 4 月,为推动韩美签署自由贸易协定,韩美达成放宽进口美国牛肉的协议,并拟定于 6 月实施。但由于担心美国牛肉仍存在疯牛病问题,这一协议在韩国国内遭到强烈抵制。

　　上周,大约 8 万名韩国民众在首尔集会,抗议韩国政府放宽进口美国牛肉,并要求韩国总统李明博辞职。韩国内阁 10 日向李明博集体递交辞呈,以承担由于与美国签署进口牛肉协议而引发国内政治危机的责任。

　　李明博 15 日承诺不会从美国进口月龄超过 30 个月的牛肉,并表示美国方面已经积极回应不会向韩国运送超过 30 个月龄的牛肉。月龄超过 30 个月的牛被认为更容易感染疯牛病。(有删节)

---

①　资料来源:《人民日报》,2008 年 6 月 17 日。

案例 3　中国的市场经济地位与 WTO 反倾销

导读：世界贸易组织（WTO）的基本使命是推动世界贸易自由化。2016 年 12 月 11 日，世贸组织如约给予中国市场经济地位。而日本与欧美各国拒绝承认中国的市场经济地位，在对华反倾销调查中继续使用"替代国"，这无疑是贸易保护主义的行为，不利于世界贸易与经济的发展。政治与经济捆绑使贸易保护主义的弊端充分展现，这一现象值得我们深思。

　　根据 2001 年加入世界贸易组织（WTO）议定书第 15 条的规定，授权世贸组织成员使用第三国即"替代国"价格或成本计算中国出口商品倾销幅度的非市场经济条款于 2016 年 12 月 11 日到期终止。然而日本与欧美等国在"非市场经济地位"条款到期后，仍然不承认中国的市场经济地位，对中国出口产品征收高额的反倾销税。2016 年 12 月 12 日，中国商务部就美国、欧盟对华反倾销"替代国"做法，先后提出世贸组织争端解决机制下的磋商请求，正式启动世贸组织争端解决程序，捍卫自身的合法权益。

　　为什么"市场经济地位"和"替代国"在国际贸易中如此重要？在世界贸易组织框架下，市场经济地位问题是反倾销中一个关键的技术性条款和概念，关乎一国的出口商品在反倾销调查中能否得到公平对待。反倾销成立的必要前提之一是倾销行为的认定，若产品的出口价格低于正常价值，就会被认为存在倾销。如果出口国被认定为市场经济国家，就可根据该国的实际成本和价格来计算出口商品的正常价值。如果被认定为非市场经济国家，则不能使用本国的价格，只能任由调查发起国选用替代国同类产品价格作为正常价值。由此，非市场经济地位国家的出口商品会更高概率地被他国成功"反倾销"，征收不合理的高额反倾销税。反倾销本来是一种防止不公平竞争的贸易救济手段，但由于 WTO《反倾销协议》条文的不严密，导致少数 WTO 成员国出于不正当的动机一直滥用反倾销措施，使其沦为进行贸易保护的手段。

　　中国目前是世界第二大经济体、第一大货物贸易国以及 130 多个国家的最大贸易伙伴。中国产品具有巨大的劳动力和原材料的比较优势，在价格竞争中往往处于明显的有利地位，出口产品易遭受其他国家的反倾销调查。2016 年，中国出口产品共遭遇来自 27 个国家和地区发起的 119 起贸易救济调查案件，其中反倾销 91 起，反补贴 19 起，保障措施 9 起。部分国家频繁通过限制中国产品进口为本国产业提供保护。我国已经成为钢铁行业贸易保护的最大受害国，遭到种种不公平待遇。2016 年对中国新发起的钢铁贸易案总计 43 起,其中亚洲 20 起,北美 7 起,欧洲 5 起,中南美和非洲各 4 起,大洋洲 2 起。反倾销发起国认为,进口的中国钢材严重冲击了他们的钢铁制造业,造成大量工人失业,工作岗位减少。尽管中国企业提供了详细的成本数据证明自己没有倾销,但欧美等国以中国不是市场经济国家为由而根本不承认这些数据,他们选择有利于判定中国产品倾销的"替代国",大大增强了对华反倾销的随意性和武断性,其行为让人不得不怀疑其深层次的动机——贸易保护主义。

反倾销本身还带有非常强烈的政治色彩,每一个经济纠纷的背后都有一个国家利益。我国日益增长的综合国力使欧美等发达国家产生了危机感,企图从经济上对中国进行打压,从而抑制中国快速发展的步伐。美国国内的现实问题是经济低迷,失业率居高不下,财政预算赤字加大。中国作为美国最大的贸易逆差来源地以及重要的海外投资地,自然成为再合适不过的国内政治牺牲品。众所周知,国际贸易带来的好处是巨大的,它增加了物品的多样性,使消费者拥有更多的选择,增加了消费者剩余;通过规模经济降低了成本,拓宽了市场;同时它增加了竞争,并使市场这双看不见的手有了更好的施展魔力的机会;它也促进了先进技术的传播,从而带动整个世界的科学技术的发展。可是,这些显而易见的好处有时却不能战胜来自政治的压力。不承认中国市场经济地位的偏见会加剧国家之间的不信任,不利于世界经济的发展。只有用非政治的眼光,站在纯粹经济的角度来看待中国和其他国家的贸易问题,才是公平的方式。

日本和欧美一些国家否认中国的市场经济地位,采取替代国政策,对中国征收高额的反倾销税,无疑是对中国的歧视。这既不利于世界贸易良好环境的培养,又使国家关系变得更加复杂。如此得不偿失的行为,实在是令人不敢苟同。中国经济的飞速发展以及自入世后对世界经济发展的促进作用有目共睹。世界的进步需要各个国家的共同努力,而不是为了自己国家的利益单方面地实行贸易保护。

(案例作者:陆蓓　杨喻涵)

相关材料

紧跟美国欧洲,日本也用这个议题挑衅中国[①]

2016 年 5 月,欧洲议会以压倒性多数通过决议,拒绝同意中国在当年自动获得"完全市场经济地位"的议案。同时,美国和日本也多次表态,不会承认中国的这一地位,并将维持对不当倾销征收高关税的"反倾销税"机制。

按照当初签订的入世协议,中国应当在加入这一组织 15 年后,也就是到 2016 年 12 月 11 日,自动获得"完全市场经济地位"。既然这样,为何美、欧、日等国还不愿意承认中

---

① 资料来源:燕歌雅行、龙永图,凤凰网资讯,转载自侠客岛 http://news.ifeng.com/a/20161209/50386455_0.shtml。

国的"市场经济"地位?

获得"完全市场经济地位",会在国际贸易中带来实实在在的好处。举例来说,如果中国被美国认可为完全市场经济地位,当美国想对从中国进口的彩电进行反倾销调查时,就只能调查在中国彩电的市场价格是多少。结果发现在中国彩电只卖 300 美元,而在美国的售价却有 350 美元。那么倾销指控不成立,美国也没有理由再去征收高额的反倾销税。

如果美国不认可中国是完全市场经济国家,在进行反倾销调查时,就会是完全不同的做法——他们不会选择调查中国市场的彩电价格,因为它认为中国市场的价格发生了扭曲,调查结果是不真实的。那怎么进行调查呢? 很简单,找一个"合适"的替代国,去这个替代国调查该国彩电的市场价格。

所以,玄机就在于替代国的选择上。

遗憾的是,绝大部分针对中国的反倾销调查所选的替代国对中国企业都很不利。比如选择新加坡作为替代国,该国生产彩电的各项成本远远高于中国,结果一台彩电的市场价格是 500 美元,这明显高于中国彩电在美国的售价。那么,倾销指控成立,美国可以据此对中国彩电加征巨额反倾销税和惩罚性关税。

因为针对中国的反倾销调查,是选择以替代国为样本的,因此中国产品被征收反倾销税的可能性就异常地高。这大大损害了中国企业和工人的权益——WTO 的统计数据显示,2000 年至 2014 年间,以中国为对象的反倾销措施达到 638 件,数量占全球的 27%;以欧盟为例,目前有效的 73 项反倾销措施中,有 56 项针对中国。

更不公平的是,完全市场经济国家可以选择替代国来对非市场经济国家进行反倾销调查,但反过来却不行——中国如果想进行反倾销调查,不允许选择替代国为样本。

换句话说,明明是其他国家在搞贸易保护主义,结果却往往变成了"中国在倾销",并且要为之买单。(有删节)

第十篇

短期经济波动

案例 1 谈谈中国经济"衰退"迹象

导读:本案例内容围绕经济衰退展开,涉及美国 2008 年至 2009 年的金融危机。在所学之余,我们更关心的是中国经济发展的现状。近年来,关于中国经济泡沫严重、增长放缓等的"衰退论"不绝于耳。本案例引用了部分支持和反对"衰退论"的观点,引导大家运用经济学原理进行思考。

中国经济是否即将陷入衰退,一直是众多经济学人士密切关注的话题。从 GDP 总量来看,中国经济始终处于每年 6% 以上的高速增长态势,但增速却逐渐放缓,从 10% 左右逐年下滑到 7% 以下。这引发了诸多问题和猜测:中国经济是否由于前期增长过快暴露了隐患? 增速下降是否是衰退的预兆?

关于中国经济"衰退"的迹象,笔者整理了以下几种说法。

一、民间投资增速低迷现象显著

自 2016 年初,中国民间投资增速呈现骤然放缓迹象,远远脱离了全社会投资增长水平。由于比起政府投资,民间投资才是更加能反映经济状况的指标,所以这一现象成为一些人士对中国经济持悲观预期的依据。

"融资难、融资贵"被指是打击民间投资的主要因素。而事实上,这一看法也遭到了质疑,理由在于融资困难问题是社会经济持续存在的一大问题,并不是 2016 年新生的制约条件。而乐观言论认为,由于一些政策的出台,融资困难现象应当有所缓解,而其他因素,比如市场结构的变化,其所带来的影响也不足以引发大规模的经济衰退。

另一方面,民间投资增速放缓引发了对中国经济发展现状的另一个描述性名词,即"资产负债表衰退"。

二、"资产负债表衰退"

2016 年 7 月,中国非金融企业贷款下降 26 亿元,成为 11 年来首次出现的负增长。对此,中欧陆家嘴国际金融研究院执行副院长刘胜军称,中国经济已显"资产负债表衰退"迹象,即企业在经济景气时过度负债,而当经济萧条降临时资产就会急剧缩水,甚至导致净资产为负。

"资产负债表衰退"将致使企业急于还债而减少投资,这便在一方面解释了民间投资增速低迷的现象。而如果"资产负债表衰退"日益严重,就有可能引发中国企业大规模的债务危机。

好在随后的两个月,非金融企业贷款有所回升,回到了可控范围之内。但7月份的负增长仍成为一个深刻的警示,提醒着我们需要对此做出应对之策,否则终将面临更加严重的后果。

三、部分地区经济衰退

虽说经济增长的地区分化是很正常的现象,但一旦出现负值,就远远超乎正常之外了。从2016年前三季度GDP数据来看,辽宁省的经济出现了2.2%的负增长,成为全国唯一出现这一状况的省份。而辽宁所在的东北三省,只有吉林的经济增幅刚刚超过平均线,黑龙江的增速则在其余省份中垫底。

一直以来,东北地区的结构改革都是国家关注的重点。东北地区人口流失、老龄化加剧对其经济发展产生了不小的牵制作用。同时,作为曾经的"东北老工业基地",历史因素造成的工业结构问题也是关键之一。

为此,国务院很快于2016年11月下旬启动了新一轮的东北振兴战略,加快东北地区民营企业改革,以图尽快弥补这块经济发展的短板。

10月底,《人民日报》发文称,根据前三季度数据,中国经济呈现高于预期的发展态势,整体呈现平稳状态。

中国经济增长的奇迹来之不易,保持稳健增长更是不易。中国经济的确遇到了不少问题,但这些问题会不会逐步扩大到经济衰退的严重程度,尚取决于人为的管控是否到位。我们无法对未来进行准确的预知,但只要专注于当前进行的经济体制改革,并根据各项经济指标运用理性的宏观经济政策进行调控,就能将风险降到最低。

(案例作者:潘小军　文俊涵)

相关材料

中国经济"失速论"已不攻自破①

日前,国家统计局发布了2016年前三季度国民经济运行情况。经初步核算,前三季度国内生产总值529 971亿元,按可比价格计算同比增长6.7%。分季度看,第三季度增长6.7%,延续了此前两个季度的良好势头。分析人士普遍认为,当前中国经济不仅总体平稳,而且一些反映经济运行趋势、增长结构及发展质量的关键数据的表现也好于预期,整个经济"稳中有进、稳中提质"态势明显。同时,这些事实也意味着,此前一些渲染中国

---

① 资料来源:王俊岭,《人民日报海外版》,2016年10月21日。

经济将"硬着陆""陷入衰退"等的"失速论"论调已不攻自破。

工业用电量、发电量、货运量指标均明显好转;社会消费品零售总额同比名义增长10.4%;全国居民人均收入的实际增速高于人均 GDP 增速;民间投资增速比 1 至 8 月份加快 0.4 个百分点;城镇新增就业 1 067 万人,提前一个季度完成全年预期目标……在中国经济的最新答卷中,不仅 GDP 继续保持中高速增长,而且不少关键性指标都好于预期。

中国国际经济交流中心副总经济师徐洪才在接受本报记者采访时指出,今年前三季度中国经济主要数据的表现令人鼓舞,已经让"失速论""硬着陆"等论调不攻自破。"尽管今年三季度中国 GDP 同比增速还是 6.7%,但不要忘了去年中国经济每季度环比也是增长的,因此今年三季度增长的基数实际上比一二季度要大,绝对增量也就更多。与此同时,我们经济增长的含金量也比以前更高了。"徐洪才强调。

而在国务院国资委研究中心研究员胡迟等多位学者看来,在全球经济环境依然充满着不确定性且复苏乏力的背景下,中国当前的宏观经济表现和世界其他国家横向比较依然非常亮眼,保持 6.7% 的 GDP 增速难能可贵。

事实上,与经济增速本身相比,当前经济结构转型和新旧动能转换相关数据的变化显然对判断中国经济中长期走势更具参考意义。

国家统计局新闻发言人盛来运表示,当前供给侧结构性改革取得积极进展,新的动能在加快成长,因此"稳"的基础有所加强。具体来看:一是"三去一降一补"取得实效。例如,前三季度原煤产量同比下降 10.5%,9 月末商品房待售面积连续 7 个月减少,企业成本和资产负债率都有所下降。二是产业结构继续升级。前三季度服务业增加值占 GDP 的比重比去年同期提高 1.6 个百分点,高技术产业增加值、装备制造业增加值增速快于规模以上工业增加值增速。三是需求结构继续升级。其中,高技术产业投资、服务业投资占比在提高,同时高耗能行业占比在下降。

在 10 月 20 日的新闻发布会上,工信部相关负责人进一步表示:前三季度,中国高技术制造业增加值对工业增长的贡献率达到 20% 以上;前 8 个月,工业机器人产量同比增长 30% 以上,太阳能电池、光电子器件产量增长则在 20% 以上。不难看出,这与"单位GDP 能耗同比下降 5.2%""日均新登记企业 1.46 万家"等看似细微的变化一样,不仅有力地印证了中国经济结构调整所取得的实效,更反映出新经济动力的日益强大。

亚洲开发银行在其 9 月底发布的报告中,上调了今明两年对中国经济增长率的预期值;国际货币基金组织(IMF)本月初发布的最新一期《世界经济展望》报告,亦在全面下调发达经济体经济增速的同时,将今明两年中国经济增速预期维持在 6.6% 和 6.2% 不变;彭博社则在报道中称,今年中国实现经济增长目标完全"触手可及"。

有阿根廷学者进一步指出,在第三季度 GDP 发布之前,有部分经济学家曾担心中国经济可能持续减速,但 6.7% 的增幅无疑有力地回击了这些质疑。"中国最新的经济数据让近期饱受利空消息打击的世界经济终于迎来了一丝曙光。"该学者说。

专家表示,在世界经济复苏依旧乏力、贸易保护主义抬头的背景下,中国经济未来依然会面临一些外部的不确定性。但是,只要我们持续坚定推动各项改革措施,积极培育新生增长动力,中国经济就一定能够实现新一轮强劲增长并为全世界带来更多机遇。(有删节)

案例 2　危机中的狂欢——由"双宽松"经济政策诱发的地方财政扩张

导读：为应对美国次贷危机带来的影响，中国政府推出了总规模为 4 万亿元的一揽子经济刺激计划，地方政府债务也出现了爆发性增长。地方债务是把双刃剑，一方面可以解决资金瓶颈，促进地方建设，另一方面债务无序不可控，会酝酿成债务危机。尽管从 2015 年开始，财政部逐步推出债务置换计划，把地方政府短期、高利息的债务转换成长期、低利息的债务，但债务置换只是推迟了存量债务兑付的时间，并没有解决地方政府缺乏偿还能力的问题。

　　2008 年 9 月，美国次贷危机爆发成为全球金融危机，引起全球经济增长放缓。全球消费者信心受挫，外部市场需求大幅萎缩。由于中国尚未完全开放金融货币市场，危机的影响主要通过贸易溢出效应传导到中国，出口贸易受到了很大的冲击。在此背景下，中央政府果断应对，采取积极的财政政策和宽松的货币政策，于 2008 年底出台实施以 4 万亿元财政支出为中心的一揽子经济刺激计划，进行了一次中国式的凯恩斯主义实践。在 4 万亿元投资中，中央财政投资 1.18 万亿元，剩下部分由地方财政来出。在当时，大概鲜有人能意料到地方政府将在拯救经济的紧张气氛中开始一场豪饮。

　　从 2008 年全球金融危机的猛烈度来看，当时中国的总需求曲线有大幅度左移的趋势。因此，为了稳增长、保就业，必须扩大总需求，推动总需求曲线大幅度右移以抵消国内外悲观情绪的冲击。在这个意义上，强力的财政和货币"双宽松"政策可谓及时。从具体的财政支出计划来看，民生工程、基础设施建设以及产业结构调整是支出的主体，这些措施不仅能在短期刺激经济，还能提高社会福利水平，并推动长期供给曲线右移。同时，银监会与央行也放松了信贷的闸门，2009 年与 2010 年的人民币贷款增量都超过了 9 万亿元。扩张性的财政、货币政策使得中国经济在全球危机中出现了一枝独秀式的增长。可以说，中央政府的政策思路是值得肯定的。

　　然而，在中国的经济舞台上演的不是中央政府的独角戏，地方政府的行为也是决定经济绩效的关键因素。不少经济学家都指明，地方政府官员面对的强激励是促成中国经济改革开放以来高速发展的重要原因。受现行官员考核、晋升机制的激励，地方政府领导热切地追求着当地的 GDP 增长和税收增长。在改革开放初期，这种动机有助于地方政府积极地协调各方利益并提供优质的基础设施，这样就很好地解决了外部性——这一主要的

"市场失灵"问题,从而帮助中国经济在处于类似发展阶段的经济体当中脱颖而出。随着时间的推移,这种治理模式也逐渐显露出诸多问题,如偏重经济指标而漠视民生和环保,缺乏协调导致地区间重复建设,问责机制的不完善导致短视行为,等等。在中央政府的弹压下,上述问题尚能在某种程度上得到控制,一旦约束减弱,这些问题必将集中爆发——全球金融危机恰恰提供了这一命题的前件。

在金融危机之前,中国地方政府不能直接、自主地贷款或借债。同时,为了追求 GDP 和税收,地方政府又有强烈的融资、投资冲动。一段时期以来,"土地财政"在一定程度上缓解了这个矛盾。在金融海啸面前,为了与积极的财政政策相配套,中国人民银行从 2008 年 9 月开始连续大幅下调法定存款准备金率,意图通过这种给银行松绑的方式增加货币供给。在"加大金融对经济增长的支持力度"的号召下,各家商业银行如同接到了政治任务,想方设法要把尽可能多的贷款放出去。总行、分行、支行层层加码,一时间甚至出现了银行"倒逼"企业的异象。与此同时,在刺激经济的大主题下,中央政府有意无意中也放松了对地方政府各方面的约束,地方政府开始通过城投公司等融资平台大量举债。加上银行等市场主体料定政府不会赖账,需求与供给一拍即合,远比"土地财政"来得轻松惬意。原本意图配合"4 万亿"支出计划的货币宽松政策,就这样催生了更大规模的、计划之外的地方财政扩张。

一场投资的狂欢开始了。各地领导无不看到中国在城市化方面仍大有可为,并就此展开无穷的想象,不约而同地要通过规划新区和新城来吸引产业和人口。还有更加浪漫的地方领导,竟想到在城市中心复活古城墙和护城河,从而打造旅游文化名城。而为了配合各路豪杰的雄心壮志,加上地方政府煽风点火,钢铁、水泥等重工业项目缺乏论证就匆忙上马,志在多造几个北上广深。凡此种种,如果能在长期中带动地方的经济发展并增加政府税收,进而能够清偿债务,问题倒也不大。但逐渐地,前述地方分权治理的弊病一一暴露出来:重复建设的新区和新城无人问津,设施闲置;仿古的城墙没有吸引到游客,却堵塞了交通;粗放的工业投资在当年是 GDP 增长,过后却沦为过剩产能,政府税收成为泡影。最终,海量投资打了水漂——又何妨? 反正前任借债后任还,地方借债中央还,再借便是了。

狂欢之后,一片狼藉。据中国社科院有关研究团队统计,截至 2014 年末,地方政府总负债高达 30.28 万亿元。按照这个量级,仅利息支出就足以让欠发达地区的政府捉襟见肘。面对严峻的形势,中央政府不得不出手干预。2014 年,全国人大审议通过《预算法》修正案,国务院也印发了《关于加强地方政府性债务管理的意见》,意图规范地方政府的举债行为,厘清融资平台与政府之间的关系,并建立长效机制。然而由于存量债务太多,牵扯面太大,中央政府又不能放任"城投贷""城投债"违约,反而还得帮助地方政府获取在建项目的后续融资,以防止项目烂尾导致更大的浪费。从 2015 年初开始,财政部逐步推出债务置换计划,把地方政府短期、高利息的债务转换成长期、低利息的债务。但债务置换也不过是权宜之计,只是推迟了存量债务兑付的时间,并没有解决地方政府缺乏偿还能力的问题。2016年11月,国务院出台《地方政府性债务风险应急处置预案》,表示地方政府对其举债的债务负有偿还责任,中央不救助、不兜底。这意味着中央不再为地方"买单",地方不得不通过加强征管、缩减开支、处置政府资产等方式填补缺口。

央地博弈还在继续,处理地方政府债务问题将是一个长期的过程。但愿这个举措能够切实规范管理,而不是高高举起,轻轻放下。

(案例作者:陆蓓 张翁)

相关材料

楼继伟:14万亿地方存量债务三年左右置换完成[①]

截至2014年底,地方政府债务余额是15.4万亿元,2015年全国地方政府债务限额为16万亿元。2014年底地方政府债务的债务率为86%,低于100%的警戒线,总体上风险可控。但确实存在一些地区债务规模较大,偿还能力下降,个别地区存在发生局部风险的可能性。有一些地区仍旧违法违规举债、变相举债,或者为企业举债违规提供担保承诺。另外,建立规范的地方政府举债融资机制任务是艰巨的,原来的融资平台市场化转型和或有债务的处置难度比较大。

对于"存量债务下一步如何置换",今年8月份全国人大常委会批准的限额中含有15.4万亿元存量债务,这15.4万亿元中含1.06万亿元是过去批准发行债券的,除去这部分之外,剩余的那些通过银行贷款、融资平台等非债券方式举借的存量债务,国务院准备用3年左右的时间进行置换。

如何防范地方政府直接债务和或有债务风险,有四项措施:一是规模控制,督促地方政府落实限额管理,地方政府的债务余额不得突破已经批准的限额。二是落实偿贷责任,督促地方政府统筹预算资金,偿还政府存量债务,必要时可处置政府资产。全国人大规定地方政府债务由省级发行,所以责任在省,如果有些县的债务率过高,那么这个省就有责任。三是发行地方政府债券,置换到期债务,降低利息负担,缓解当期的偿债风险。四是鼓励地方将有收入来源的项目通过政府和社会资本合作的模式进行改造,也可以化解一部分存量债务。(有删节)

---

① 资料来源:证券时报网 http://kuaixun.stcn.com/2015/1228/12527649.shtml。

案例 3　中国的通货膨胀与失业

导读：失业率和通货膨胀率是备受关注的宏观经济指标。经典的经济学理论认为，社会在短期内面临着通货膨胀和失业之间的权衡和取舍。改革开放以来，中国经济高速发展，中国的失业率和通货膨胀之间是否也存在着上述规律呢？

由菲利普斯曲线可知，短期内通货膨胀率和失业率之间是负相关关系。而长期来看，通货膨胀率和失业率并不存在这种关系。这主要是因为：短期内，物品和劳务的总需求增加，产量越多，物价水平越高，而高产量意味着就业也越多，因此失业率越低，短期菲利普斯曲线斜率为负。而长期来看，产量和失业率是维持自然水平的，那么总需求的增加，引起物价水平的上升，以及通货膨胀率的上升，而自然失业率保持不变，长期菲利普斯曲线保持垂直。

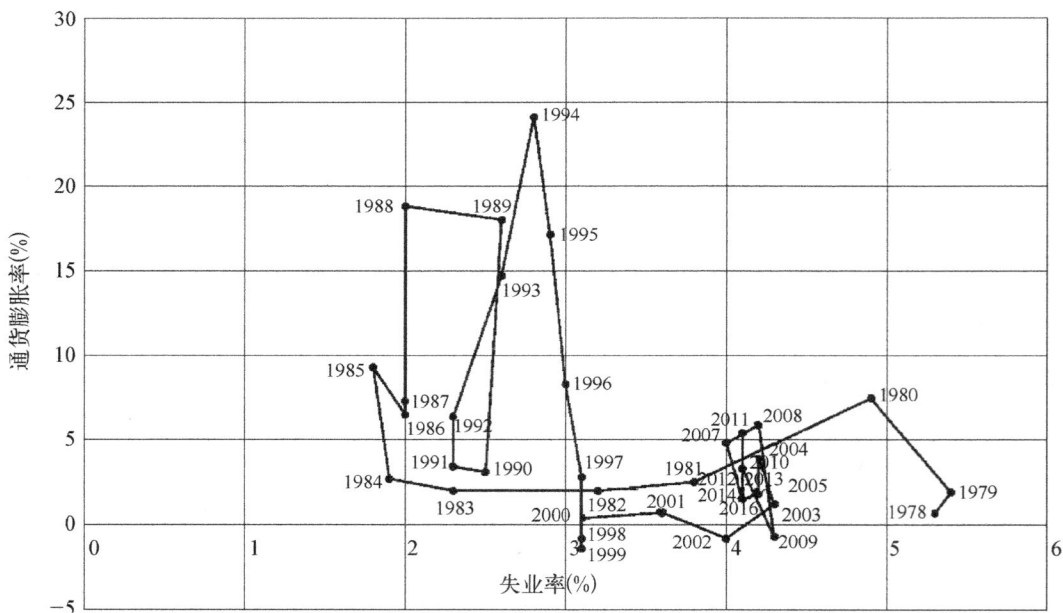

图 10 - 1　中国 1978 年—2014 年间通货膨胀率与失业率

中国在改革开放初期存在较多斜率为负的菲利普斯曲线，如 1979 年—1980 年（失业率下降 0.5%，通货膨胀率上升 5.6%），1983 年—1986 年（失业率下降 0.4%，通货膨胀率上升 0.7%），1988 年—1989 年（失业率上升 0.6%，通货膨胀率下降 0.8%），1990 年—

1991 年(失业率下降 0.2％,通货膨胀率上升 0.3％),1994 年—1997 年(失业率上升 0.3％,通货膨胀率下降 21.3％),2001 年—2002 年(失业率上升 0.4％,通货膨胀率下降 1.5％),2003 年—2004 年(失业率下降 0.1％,通货膨胀率上升 2.7％),2006 年—2007 年 (失业率下降 0.1％,通货膨胀率上升 3.3％),2008 年—2010 年(失业率下降 0.1％,通货膨胀率上升 2.6％)等,上述这些时间段失业率和通货膨胀率是负相关。而在 1978 年—1979 年、1980 年—1983 年、1989 年—1990 年、1992 年—1994 年、2000 年—2001 年、2002 年—2003 年、2005 年—2006 年、2007 年—2008 年则出现了斜率为正的菲利普斯曲线,其中 1978 年—1979 年(失业率上升 0.1％,通货膨胀率上升 1.2％),1992 年—1994 年(失业率上升 0.5％,通货膨胀率上升 17.7％),2000 年—2001 年(失业率上升 0.5％,通货膨胀率上升 0.3％),2002 年—2003 年(失业率上升 0.3％,通货膨胀率上升 2％)和 2007 年—2008 年(失业率上升 0.2％,通货膨胀率上升 1.1％),失业率和通货膨胀双双上升,1980 年—1983 年(失业率下降 2.6％,通货膨胀率下降 5.5％),1989 年—1990 年(失业率下降 0.1％,通货膨胀率下降 14.9％),2005 年—2006 年(失业率下降 0.1％,通货膨胀率下降 0.3％),失业率和通货膨胀双双下降。在 1986 年—1988 年(失业率 2％,通货膨胀率上升 12.3％),1991 年—1992 年(失业率 2.3％,通货膨胀率上升 3％),1997 年—2000 年(失业率 3.1％,通货膨胀率下降 2.4％),2004 年—2005 年(失业率 4.2％,通货膨胀率下降 2.1％)和 2010 年—2014 年(失业率 4.1％,通货膨胀率下降 1.3％),则出现了垂直的菲利普斯曲线,即失业率保持不变(见图 10-1)。可见,从 20 世纪 70 年代末期开始的近 40 年来,中国通货膨胀率和失业率之间的变化比较复杂,既能看见短期的冲突,又能发现长期的均衡,中国的通货膨胀率和失业率之间的这种复杂变换关系源于特殊的中国国情。

　　长期以来,中国"二元经济"并存(即工业部门和传统农业部门并存)的经济发展和欧美成熟的经济体发展有着很大的不同。自 1978 年改革开放以来,中国逐步开始市场化改革,但囿于原有计划经济的色彩,也造成了中国的失业率和通货膨胀率具有一定的中国特色。首先,中国是世界上拥有人口最多的国家,庞大的人口基数,使得劳动力供给长期处于"无限供给"状态。这种过剩首先表现为大量的农村剩余劳动力的存在,而且由于国有体制改革、产业结构调整等原因,城镇劳动力也呈现供给大于需求状态。因此,解决失业和增加就业一直是一个伴随着城乡经济发展的难题。尤其是随着经济的快速增长和城市化进程的加快,大量的农村剩余劳动力进入城市,加大了城市的就业压力。由于高校扩招,大学生、研究生毕业人数迅速增长,人力资本发展与产业结构矛盾突出,再加上中国经济发展的不均衡,导致城镇失业率的较大差异和波动,也进一步凸显了中国的失业问题。由于农村剩余劳动力的流动性很大,中国在这方面的统计数据不足,因此往往只能呈现城镇人口的失业率。虽然仅靠城镇失业率难以精确描绘我国失业人口的全部特征,但也可以从整体上概要反映中国的基本失业特征。

　　若从中国的通货膨胀看,它主要由如下几种动力因素引发:第一,成长型通货膨胀,即由于经济发展必然发生的通货膨胀;第二,转轨型通货膨胀,即由于经济改革所引发的通货膨胀,例如在改革过程中发生的调整商品价格体系,由计划经济向市场经济转变的改革举措等;第三,国际贸易通货膨胀,由于我国长期在国际贸易中处于顺差国地位,国际外汇的涌入造成通货膨胀;第四,腐败催生,腐败现象拉动消费需求,引起通货膨胀;第五,结构因素,即中国经济结构不合理造成的通货膨胀。但也有研究指出,尽管通货膨胀的压力存在,但在经济发展的过程中投资拉动的生产能力在中国经济中占很大比例,而消费需求增长相比投资需求则显得较小。

总之,由于中国的失业和通胀本身的影响因素复杂多变并具有深刻的转轨经济特色,也致使中国的失业率和通货膨胀的关系更为复杂和微妙,但总体上也在一些不同的短期阶段显现出:短期内通货膨胀率和失业率之间呈负相关关系,而长期中自然失业率保持稳定,菲利普斯曲线保持垂直。

（案例作者:范纯增　刘通）

相关材料

10 月份大城市调查失业率低于 5%

国际经济处在弱复苏的状态　国内通货膨胀压力不会明显上升[①]

2016 年 11 月 14 日,国家统计局发布了 10 月份的一系列经济数据。数据显示,10 月份大城市调查失业率继续保持在低于 5% 的水平,连续两个月低于 5%。前三季度,城镇新增就业 1 067 万,提前一个季度超额完成了全年预期目标任务。

2016 年 10 月份,我国经济延续了三季度以来总体平稳的发展态势,除了就业亮点外,工业、服务业均平稳增长。10 月份 PPI 上涨了 1.2%,涨幅有所扩大,表明市场需求正在回暖。很多大宗商品,包括一些原材料产品价格上涨比较快。当前,工业品价格上升,既有需求回暖的因素,也有我们去产能、减量化生产供给方面的因素。短期来说,价格上涨,产品产量不一定会增加。但如果 PPI 或者说工业品价格持续上涨的话,企业利润就会增加,企业就会增加投入,企业产品产量也会增加,这有利于保持工业增速的稳定。由于市场需求有所回暖,生产价格应该会维持在一个相对平稳甚至有所好转的态势,再加上翘尾因素的影响,所以 PPI 下一阶段应该会上涨,或者说保持温和上涨的态势。

2016 年下半年开始,大蒜的价格上涨幅度较大,主要是由于天气原因和种植面积减少,使大蒜的供给或者产量减少,从而导致供需失衡,推高了大蒜的价格。此外也不排除一些资金在里面有炒作的行为。但是这是短期的价格上涨,而且是个别商品的价

---

① 资料来源:邵未来,《劳动报》,2016 年 11 月 15 日。

格上涨,构不成通货膨胀。当前我国 CPI 的走势总体是温和上涨。粮食、工业消费品和服务品是消费品的三大组成部分,我国粮食产量连续十几年丰产丰收,当前粮食价格还是稳中略降,这实际上为价格稳定运行提供了一个良好的条件。其次,在生产领域 PPI 价格的传导作用下,当前工业消费品有小幅上涨的趋势,但工业品总体供过于求,价格上涨的压力并不大。服务品方面,由于人工成本上升,一些服务领域价格改革推进,可能会推高服务品价格。但综合起来看,CPI 不会有明显的大幅度上升。从国际因素来看,当前国际经济还在深度调整,国际经济处在弱复苏的状态。国际贸易尽管 8 月份出现了一些小幅回升,但总体比较低迷。大宗商品今年经历了一个比较大幅度的上涨,继续大幅上涨的概率比较小。这样,输入性的通货膨胀压力也不大。因此下一个阶段 CPI 仍然可能维持温和上涨态势。(有删节)